杭州市哲学社会科学规划课题成果

静苑语言学丛书

否定标记的句法位置及相关问题考察

FOUDING BIAOJI DE JUFA WEIZHI JI XIANGGUAN WENTI KAOCHA

马宏程/著

中国社会科学出版社

图书在版编目(CIP)数据

否定标记的句法位置及相关问题考察／马宏程．—北京：中国社会科学出版社，2014.12
ISBN 978-7-5161-4686-6

Ⅰ.①否… Ⅱ.①马… Ⅲ.①否定(语法)—研究 Ⅳ.①H043

中国版本图书馆 CIP 数据核字(2014)第 190519 号

出 版 人	赵剑英
责任编辑	凌金良　陈　彪
特约编辑	胡国秀等
责任校对	王　静等
责任印制	张雪娇

出　　版	中国社会科学出版社
社　　址	北京鼓楼西大街甲 158 号（邮编 100720）
网　　址	http://www.csspw.cn
	中文域名：中国社科网　010-64070619
发 行 部	010-84083685
门 市 部	010-84029450
经　　销	新华书店及其他书店
印刷装订	北京金瀑印刷有限公司
版　　次	2014 年 12 月第 1 版
印　　次	2014 年 12 月第 1 次印刷

开　本	880×1230　1/32
印　张	9.75
插　页	2
字　数	231 千字
定　价	38.00 元

凡购买中国社会科学出版社图书，如有质量问题请与本社联系调换
电话：010-84083683
版权所有　侵权必究

目　录

序 ………………………………………………………… 徐杰(1)

第一章　绪论 …………………………………………… (1)
第一节　否定范畴与否定标记 ………………………… (1)
第二节　敏感位置与全句功能范畴规则 ……………… (15)
第三节　考察内容 ……………………………………… (23)
第四节　研究概述 ……………………………………… (28)

第二章　各代表语言的否定标记 ……………………… (39)
第一节　汉藏语系 ……………………………………… (39)
第二节　印欧语系 ……………………………………… (97)
第三节　乌拉尔语系 …………………………………… (119)
第四节　阿尔泰语系 …………………………………… (125)
第五节　高加索语系 …………………………………… (138)
第六节　达罗毗荼语系 ………………………………… (141)
第七节　南亚语系 ……………………………………… (145)
第八节　南岛语系 ……………………………………… (152)
第九节　闪含语系 ……………………………………… (169)
第十节　尼日尔—科尔多瓦语系及其他语系 ………… (174)

第三章 否定标记的句法位置 ……………………… (200)
- 第一节 否定标记在陈述句中的句法位置 ………… (200)
- 第二节 否定标记在祈使句中的句法位置 ………… (215)
- 第三节 两个否定标记共现时的句法位置 ………… (234)
- 第四节 否定标记句法位置特征的相关解释 ……… (243)
- 第五节 否定标记句法位置的历时变化 …………… (247)

第四章 与句法位置相关的其他特征 ……………… (256)
- 第一节 语音特征 …………………………………… (256)
- 第二节 语类属性 …………………………………… (258)

第五章 结论 ………………………………………… (267)

参考文献 ……………………………………………… (273)

后记 …………………………………………………… (304)

序

否定范畴普遍存在于自然语言中，不过相应的具体表现形式却有着较大差异。仅就所谓的标准否定（standard negation）来看，不同语言甚至同一种语言中添加的语法标记在语音、形态、语法属性等方面都不尽相同，如果再涉及一个以上的否定成分共现、否定极性成分、语用否定等现象，语言中的否定范畴表现就更显得纷繁复杂、变化多端了。自20世纪初英语中的否定结构得到较为深入的研究之后，中外学者对更多语言的更多否定现象投入了更多的关注，从不同视角（尤其是类型学和生成语法）对这些现象进行了观察、描写和解释，取得了大量非常有建设性的成果。然而，由于经典类型学理论认为否定成份与主要动词之间不存在直接的关联，所以，有关的类型学研究一般只对二者线性顺序的特点做出描述（比如 Dryer 曾统计过一千多种语言后得出十六种相关类型），而很少再进行进一步的理论提升，自然也很难概括出跨语言的共性结论。

本书考察的语料虽然只有二百余种，但已经涵盖了被普遍认可的主要语系，并尽量合理兼顾不同语言的地域分布。本书没有打算探讨否定成分的全部语法性质，而是重点定位于在常规句否定时添加的否定标记的句法位置。这种基于类型学的"大处着眼、小处着手"使本书拥有两个值得称道的优点：它一方面避开了否定范畴表面繁杂现象的干扰,更主要的是避开了否定成分和主要动词关联性的纠缠,将否定成分置于句法生成的整个过程中来考察,使核查否定范畴实现时所触发的句法位置获得了充分的可行性。另一方面,大量来源于不同发生学关系的语料相互印证,使本书的结论具备了较高的类型学价值,也尽可能地逼近了简单、明晰和有限的语言学分析原则。所以,我们可以说本书视角独到,具有独特的重要学术价值。本书还探讨了否定标记与祈使标记共现、两个否定标记共现以及否定标记句法位置的历时变化等问题,这些都是对句法位置论证的完善和补充,明显增强了本书结论的说服力,提升了相关语法探索的理论层次。不过,由于考察需要而使用的众多二手语料无疑增添了甄别的工作量和难度,本书界定的否定标记在某些语料中的适宜性仍值得再斟酌。此外,对于"谓头"(谓语起头)句法位置在具体语言中实例化的动因这个问题,本书如果没有暂时搁置,而是继续挖掘下去,将会使本书发掘和解释问题的深度得到更进一步的提升。

宏程当年听取我的建议选择了理论语言学这个研究方向,之后便一直潜心于此。我近些年与他见面不多,颇多挂念,不过信息往来中得知他疲于繁重的教学工作时仍保持着刻苦勤奋的本色,并入浙江大学博士后流动站继续孜孜务学,实属不易。现在本书出版在即,我由衷地为他高兴,并希望宏程在语言探索的漫漫长路上踏歌前行,收获更多精彩和喜悦。

徐 杰

序于横琴澳门大学

2014 年 11 月 11 日

第一章 绪 论

否定是自然语言中最为复杂的现象之一,普遍存在于人类的思维认知和语言行为中,并且具有丰富多样的表现形式。语言中的否定不是逻辑上真值的否定,而是语义上的主观否定。否定的普遍存在性决定了由否定表达概括出的否定范畴是一种非常重要的范畴概念。

第一节 否定范畴与否定标记

否定范畴体现出否定意义,很多学者常据此把它定性为语义范畴,或者是语义语法范畴,而很少直接把它归为语法范畴。这与对三种范畴指称的理解有关,其实它们在寻求语言形式和语法意义的关系方面是一致的,只是存在着侧重点的差异,语义范畴和语义语法范畴更强调范畴蕴含的语义内容。但随着讨论的深入,和语义内容相对应的语言形式也得到了重视。语义范畴来源于认知范畴的语言化,是一束语言意义的聚集,必须有语言形式与其对应(李宇明 2000);语义语法范畴指的是一定的语义内容和相应的语法形式,主要是和隐性语法形式相结合而构成的语法范畴(胡明扬 1994);语法范畴是指在形式、功能上或意义上有不同特点的语法项目的类别（Hartmann & Stork 1981）；邵敬敏、赵春利（2006）则干脆把语义范畴又叫语法意义范畴、语义语法范畴，是指对语法意义进行抽象所得的范畴。如果把语言形式局限于语法形式，用各种语法形式表达的语言意义就可以概括而成语法范畴。在否定意义普遍存在的情况下，来考察相应语法形式的异同就显得更有意义。因此，我们对语法范畴视角下的否定表现更感兴趣。根据语法形式的特点，学界一般又将语法粗略分为词法范畴和句法范畴。根据邢福义、吴振国（2002：159）的分析，语法范畴在语法意义上包括所有结构意义、功能意义和表述意义。如结构范畴：主谓结构、动宾结构等等；功能范畴：名词、动词等词类范畴；情态范畴：陈述、疑问等语气范畴。那么，否定范畴表达的是哪种语法意义呢？

很明显，否定范畴表达的不是句法结构意义。至于功能意义，两位先生的分析中只列举了词类范畴。由于否定词在词类范畴中的独立性尚有争议，其词类功能意义也未能得到一致认可。而表述意义在这里被看作是语气范畴的语法意义。传统上的语气范畴一般认为只有陈述、疑问、祈使和感叹四种，否定究竟是不是可以算作语气范畴呢？吕叔湘（[1942] 2002）认为："广义的语气包括'语意'和'语势'。所谓'语意'，指正和反、定和不定、虚和实等等区别。所谓'语势'，指说话的轻或重、缓或急。除去这两样，剩下的是狭义的'语气'。"其中的"正和反"，在文中包括"肯定、不定、否定"三类。高名凯（[1948] 1986）也指出否定是语气的一种。傅爱兰（1998）直接把否定看作与陈述、祈使等并列的一种式范畴。而 Whaley（[1997] 2009）则认为否定一般不属于传统的语气（式）范畴，而是与此相关的一个独特范畴,可以出现在任何语气(式)范畴之中。这些论述表明,不管是否隶属于语气范畴,否定具有表述情态的语法意义是可以肯定的,表述的是一种否定情态意义。不过,由于"表述"常被涵盖到广义的"功能"下,即表述功能,因此,我们认为否定范畴应该属于表述性功能范畴。

正是由于否定范畴的表述性功能,致使该范畴通常都是以全句形式出现,① 所以否定范畴也是一种全句功能范畴。全句功能范畴是以全句形式来表达表述性功能的语法范畴,不同于和某个具体语类相关的范畴,比如和名词成分相关的性、数、人称等范畴;也不同于一般的结构关系范畴。这类范畴的作用域是全句,但全句功能范畴又不等同于全句范畴。后者包括可以在句子层面表达的所有语法范畴,比如句子的时、体、态等范畴,根据句式提取出来的处置、被动等语义范畴,句法单位组合时的比较、并列等关联范畴。而全句功能范畴则是重在表述功能意义的全句范畴。因此,否定范畴一般情况下就是全句否定范畴。②

否定范畴概括的是否定意义,但并非所有否定意义都属于否定范畴。二者至少在表达层面和表达手段两个方面存在差异。

---

① 全句,不同于一般意义上的句子,也不同于赵元任、邢福义两位先生分别定义的整句和小句,而是既包括单句和分句,也可以指与主句相对的从句(包含有述谓结构的小句)。赵先生认为,句子可以从结构上分为整句和零句。整句有主语、谓语两部分,是连续话语中最常见的句型。(见吕叔湘翻译的《汉语口语语法》,商务印书馆1979年版,第42页)邢福义先生认为,小句包括单句和结构上相当于或大体相当于单句的分句,排除了充当句子成分的主谓短语。(见《汉语语法学》,东北师范大学出版社2000年版,第15页)

② 如无特殊说明,后文中否定范畴即指全句否定范畴。

1. 否定的不同表达层面

从表达层面上看,否定意义可以存在于词、词组、句子等语法实体平面上。Klima(1964)和邓守信(Teng 1974)等都指出对句子的否定(sentence negation)与对某个语法成分的否定(constituent negation)是性质完全不同的否定。前者的作用范围自然是全句(徐杰、李英哲,1993:83)。徐杰(2006:58)还对这种现象做了较详细的探讨,简单转述如下。先看下列例句。

(1) a. 他不会赞成你的说法。b. 他会不赞成你的说法。
(2) a. 对你他不会客气的。 b. 对你他会不客气的。
(3) a. 他不会听你的劝告的。b. 他会不听你的劝告的。

例中的 a 类句是真正的否定"句",否定词占据的是句子的中心位置。而 b 类句并非真正的否定句,而是包含否定词组的肯定句。也就是说,b 类句中否定的是词组,不是整个句子。一个证据是,这些词组可以用一个同义的不包含否定词的词组替换,替换之后,那些句子作为"肯定句"的本来属性就更为明显。而 a 类句则不能执行此类替换。

全句平面是句子或从句层面,句成分平面是指否定发生在句法成分层面,不影响全句的性质。而单词平面则是指否定发生在词汇层面,不影响到句法。这在其他语言中都是存在的,比如我们熟悉的英语。

(4) She did not see him.
(5) He warned me not to be late.
(6) The Non-Proliferation Treaty is an intrinsically unfair treaty.

例（4）中的否定词 not 在谓词前面、助动词后面，并且可以和助动词发生词汇和语音融合，占据的也是句子的中心位置，即谓头位置，否定的是整个句子。例（5）中的否定词 not 在非限定动词不定式前面，不在句子中心位置，否定只在补足语成分层面进行操作，相当于对词组的否定，整个否定结构可以用适当的肯定结构来替换。而例（6）中的 non-和 un-根本就不是单词，只是构词的语素，它们在词库内分别对各自的词根完成否定操作，这种词汇平面的否定对句法没有影响。整个否定结构也可以用适当的肯定结构来替换。

正是因为不同的否定层面在跨语言中的普遍存在，很多学者在对语言进行类型学视角下的研究、实地调查或编制问卷时，都十分重视这类现象。刘丹青（2008：140－148）在 Comrie & Smith 编制的问卷的说明中（以下简称刘文），指出要对否定的表达形式进行五个主要方面的考察（具体见第三节），明确区分了否定的各级层面。指出在英语这样的语言中，动词性成分否定的层面比较清楚：加在限定动词或助动词上的否定词语是否定句子的，加在不定式、动名词等非限定动词的否定词语是否定句子成分的。刘文还认为名词性成分和形容词性成分也存在句法成分的否定，比如 I have no idea、He ate nothing 中的 no 是对名词性成分的否定；汉语中的"不"可以直接在句法成分层面否定形容词。甚至介词短语也有类似现象，比如英语中的 without：We won't win without him；古代汉语中的"微"："微管仲，吾其被发左衽矣"（《论语·宪问》）。而英语中前缀 non-、un-、in-、dis-等构成的否定则都属于词汇层面否定。

由于否定要有独立的意义，所以在作为最小音义结合体的语素这个层面不存在否定操作。而句群的否定意义可以通过其他层面的否定来实现，因此，我们认为，否定意义的表达只能体现在词、词组和句子三个语法实体层面上，而只有在句子层面表达的否定意义才有可能被概括为否定范畴。

2. 否定的不同表达手段

先来看一下语法形式的含义。语法形式是表示语法意义的形式手段，也可叫语法手段。从语表变化角度可以分有显性和隐性两种形式：任何语法意义都会有相应的语法手段，二者都是语法结构体必不可少的有机组成部分。因此，作为语法意义类别的语法范畴也必定要通过语法手段来表达。邢福义、吴振国（2002：150-154）总结出语序、辅助词、词缀、内部曲折、重叠、语调和重音、异根式和零形式七种主要的显性语法手段（形式），不能直接感知的隐形语法手段（形式）则可以通过能否组合、替换、扩展、变换等方式分析抽象出来。这里面实质上包含了主要是词形变化的词法手段和主要是结构变化的句法手段。由于语法范畴和语法手段之间关系比较复杂，并不是一一对应的，同一种语法手段可以表达不同的语法范畴，反之，同一个语法范畴常常也可以使用不同的语法手段来表达，所以语法手段的词法手段和句法手段并非完全对应于语法范畴的词法范畴和句法范畴。其实把语法范畴泾渭分明地分为词法范畴和句法范畴在实际操作中会有很多麻烦。比如有些语言的祈使范畴可以通过动词的形态变化来表示，这时词形变化的词法手段用来表达的就不是单纯的词法范畴，可以说更主要的应该是句法范畴。再如，"时态"（Tense）常被当作是词法范畴，在形态变化丰富的语言中词法手段十分明显，而在生成语法视角下，表达的却是一个以时态为中心语逐层投射而成的向心结构，属于句子功能范畴，同时使用了句法手段和词法手段。(徐杰 2010：105)不过对于句子功能范畴来说，最常用的仍是句法手段。

徐杰（2005：223）所讨论（以下简称徐文）的"句手段"正是指句法手段。这种在句法层面的形式手段，在任何语言中都是有限的，徐文中划分出了三大类：

A. 加进没有词汇意义而只有语法功能的所谓"虚词"。
B. 重新安排某句法成分在句子中的位置。
C. 重复某句法成分。

上述三类手段可以分别简称为"添加"（Adjoining）、"移位"（Movement）和"重叠"（Reduplication），它们作为句法手段与词汇手段、语音手段相对应。的确，这三类句法手段有很强的概括性，代表了人类自然语言所具备的三种逻辑可能。不过，对于"添加"手段的含义，我们基于下面两个理由稍做修改：a. 为表示语法意义而添加的成分不仅仅有虚词，有时也会是形态成分（包括零形式）。比如朝鲜语中存在可表示祈使范畴的终结词尾形态"-리"（尹明花，2006：54）。b. 徐文中与句法手段相对的语音手段，主要是轻重音类型（stress patterns）和升降句调（intonation），也就是通过句子的语调或者某个句法成分的轻重音变化来表达有关的语法意义。我们觉得这种手段虽然是借助于语音形式，但为了概念上的统一，还是归到语法手段比较合适，可以看作是添加语音成分。一般来说添加句调属于句法手段，添加轻重音属于词法手段。这样一来，"添加"句法手段所添加的就有虚词、形态和句调三种成分，可以统一称为辅助成分。

关于重叠手段，徐文认为其操作程序是在某个语言单位"基式"上通过重复某些成分来形成具有新的词汇或语法意义的"重叠式"。从认知角度看，这种结构形式上的重复是以模拟现实的像似方式构造而成的,"语言表达形式的重叠对应于概念领域的重叠。"(Tai 1993:166)重叠除了像"最最最敬爱的领袖"这样的临时组合之外,更多的是作为一种语法手段的词法或句法机制。徐杰(2000)还曾专门对此做过概括,他通过"重叠的语法功能=重叠式-基式"这个简明方式来分解离析重叠的具体功能,最后总结出重叠手段的运用至少可以实现五种语法功能:a. 构造词素。比如通过重叠无意义的基式"蛐"得到的重叠式是语素"蛐蛐"。b. 构造复合词。比如通过重叠作为语素的基式"宝"得到的重叠式是能独立运用的复合词"宝宝"。c. 构造新词形。这种情况下的基式本来就是可以独立运用的词,重叠后以新形式出现,其实这里指的是可以产生附加意义的构形重叠。比如基式"漂亮"通过重叠成为"漂漂亮亮"。d. 构造新的句法结构。指基式本来就已经是个句法结构,重叠之后形成一个新的句法结构,表达新的种语法功能。比如基式"一座"重叠为"一座座"。e. 表达疑问范畴。简单来说,重叠手段表达疑问范畴的方式有两种:正项加反项的特殊重叠式,两个正项相叠的普通重叠式。

应该说,这种概括相当全面,不过我们认为,重叠手段表达疑问范畴的功能不但可以看作其构造新结构的一种表现,而且在句法层面把它单列出来将更有利于对语法范畴功能的深入分析。从理论上讲,作为语法手段的重叠可以表达多种范畴,疑问只是最具显性化形式的一种。据 Souag(2006)介绍,北美印第安语言中的卡托巴语(Catawban)还可能存在着用重叠手段表达否定范畴的现象(具体见第二章第十节)。其实重叠手段的运用在语言中具有很大的普遍性,有学者(Moravcsik,1978;张敏,1997;Souag,2006

等）已从类型学角度对汉藏语系、达罗毗荼语系、尼罗—撒哈拉语系、苏族—卡托巴语系等语言进行了考察分析，发现重叠手段及其对应的语法意义在共时和历时上都带有显著的一致性。比如苏族—卡托巴语系所有语言的重叠现象都表现出如下特点：历时层面上，都是来自原始苏族—卡托巴语通过词干完全重叠来产生重复意义这一像似性基点；共时层面上，都是受到语义延伸、形态缩减影响的演变进程的具体显现，语义上从像似性基点开始，逐渐有了表达名词复数、动词反复、数词重复、行为分布等功能，有时也可以产生程度增强、反义、否定等意义，而在形态上则表现出了一个自然的语音减弱链：完全重叠 > 部分重叠 > 不重叠（Souag, 2006）。在认知语法的框架里，重叠手段表达的意义类聚是数个能够联系得上的原型（prototypical）意义核心，进而可归结成一个以"家庭相似（family resernblance）"的方式连接起来的意义范畴（Taylor, 1995，转引自张敏, 1997）。

既然否定范畴属于语法功能范畴，表达的是句子的语法功能意义，就必定要有其相应的语法手段，没有语法手段就谈不上否定范畴。不过，句子的否定意义并不等同于否定范畴，前者还可以通过其他途径表达出来，徐文指出与语法手段对应的是语音手段和词汇手段。我们认为，从这角度上说，和语法手段相对的应该是词汇手段和语用手段。

词汇手段是指通过含相应语义特征的实义语类来表达句子功能意义的方式。比如下面例子的否定语义功能就是通过实义语汇"hardly"、"否认"来实现的。

(7a) He hardly ever eats meat.

(7b) 他完全否认了以前说的话。

在有些语言中，这样的实义词汇是词法变化的结果。比如白语的否定词除了分析方式构成的单纯词、合成词外，在很多方言里，还存在屈折方式造成的否定词汇，其构成方式是，表示肯定意义的动词或辅助词辅音不变，元音经过交替变化表示否定意义。① 比如 kɯ^{21}（卖）→ku^{21}（不卖），ɕhi^{31}（相信）→ɕhy^{31}（不相信），sɿ^{55}（习惯）→su^{55}（不习惯）等。这里词法手段构成的否定表达对于句子层面的否定范畴来说属于词或词组层面的否定，和汉语使用"否认"等否定词汇一样，应视为词汇否定手段，不属于句子层面的语法否定手段。白语的这种否定词汇不属于本文界定的否定标记，大多数时候还需要另加否定副词作为语法标记。见下例。

(8) na^{55} tseɿ^{33} ȵi^{31} tsɿ^{31} tɕhɛ^{55} to^{21}，ŋa^{55} tseɿ^{33} ȵi^{31} tsɿ^{55} mo^{31} a^{31} tɕhuɛ^{55}. ②

你们 儿子（助词）听　话　我们 儿子（助词）他 NEG③ 不听

你们的孩子听话，我们的孩子就是不听话。

----

① 段伶（2004）总结了屈折变化的语音交替方式，王锋（2006）做了进一步补充，并指出屈折方式构词应该是白语中早期构词的重要方法，现在逐渐衰落，有被分析型否定词取代的趋势。

② 本文所引语料有些在原文献不是以句子形式出现，有些是使用该语言的文字来记录，有些是使用国际音标来记录，有的未标明调值，这里均未作变动，只是根据需要增删了部分标注，这不影响我们对否定成分的分析。另外，涉及的相关术语缩略语，在第一次出现时随文附有解释。

③ 为了便于标识，本文用 NEG 表示（但不限于）否定标记，包含除了必须标明释义的所有否定成分。

另外，有些语言还可以借助词语的语调变化表示否定意义，比如 Dahl（1979）列出了利比里亚 Mano 语（属于尼日尔—科尔多瓦语系）的语料：ǹ yìdò（我知道）→ ǹ yídò（我不知道）（Becker-Donner，1965），这种语言中的否定表达似乎纯粹是语调差异（Bond，2006）。这种表达否定意义的方式属于语调引起的词法手段，语调变化只发生在单个词素上，生成否定词汇后再进入到句法层面，相当于词汇层面的否定，也应当属于词汇否定手段。贝努埃—刚果语支的 Mbembe 语，在否定表达上使用的是语调变化造成的否定词缀。该语言可以把表人称、时态的词缀音调降低后而成为否定词缀，这种变化也应属于词法范畴，是词法手段造成的词汇否定。在句法层面，表达全句否定范畴使用的是动词前的词缀形式。

至于语用手段，是指通过一种功能句类表达另一种全句功能意义的手段，经常需要借助语境、语气等来间接表达。这种全句功能的表达是某个言语行为的"言外之意"，属于间接言语行为。可以说，用非否定句的形式来表达否定意义的方式就属于语用否定手段。① 比如被吕叔湘（1982：290）认定为否定手段之一的反诘句，就是用问句的言语形式来表达否定功能意义。

由于这两类表达否定意义的手段在各个语言中的具体表现形式不尽相同，很难进行类型学上的概括，更主要的是，它们表达的否定意义不属于句子层面的否定范畴，也就不会出现本

---

① 作为表达形式的语用否定不同于一般意义上的语用否定，二者定义的角度有别。语用否定是否定语句表达的适宜条件，常常否定句子的隐含意义、预设意义、风格色彩意义等。也就是说，语用否定重在"言外之意"，不关心语句的表面形式，句子也可以是否定句，而语用否定手段是表达形式，也会产生"言外之意"，但着眼点就是语句类型，句子一定不是否定句。

文所讨论的否定标记,因此,除了表达方式对比的需要,这里不再对它们进行讨论。综上所述,否定范畴是在句子层面由特定语法手段表达的具有否定表述功能的语法范畴,其中相应的语法手段只有添加、移位和重叠三类。

在句子层面使用语法手段来表达否定范畴,这样的句子我们可以理解成否定句。传统上认为否定句的语法手段就是使用否定标记,对应于三大手段中的添加。从现有语料看,表达否定范畴的语法手段只有添加标记一种,上面提到可能使用重叠手段表达否定范畴的有卡托巴语,但由于没有更多的事实支持,目前还只能是"可能"。

首先来看传统意义上的否定句。对于否定句的判断,一般有形式标准、语义标准和形式—语义标准三种［姜宏（1999：189）,宋永圭（2004：7）］。形式标准就是只看句子中有无否定成分出现,如果有就是否定句。不过仅强调这一点,显然会有问题,因为可以把"他喝了不干净的水"之类的句子也视为否定句。语义标准不管形式有无否定成分,只要句子语义表示否定,就看作否定句,自然也包括各种肯定或问句形式的句子。而形式—语义标准则二者兼顾。

我们界定的否定句也采用形式—语义标准,不过这里的"形式"不仅仅只是否定标记,包括了三类句法手段中任何一种的使用。否定句首先必须在全句层面上表达主观的否定语义。既没有使用三类句法手段又不表达否定意义的句子肯定谈不上是否定句,使用句法手段但不表达否定意义的句子也不是否定句。比如汉语中某些形式的冗余否定：节假日的公园好不热闹。

需要再次明确的是,那些既使用句法手段也表达否定意义,但不是在全句层面上的句子也不能算是否定句。这类句子被多数学者称为局部否定句（姜宏，1999：190）。不过这个术语含有歧义，学者们理解的具体含义有所不同：有人认为是"［［局部］否定句］"，也就是说这类句子是否定句的一类，只不过和完全否定句相对，否定的对象不是句子的直接谓词；也有人解释成"［［局部否定］句］"，认为这类句子不属于否定句。我们赞同后一种观点，局部否定并不影响全句的句法性质，比如例（9）的否定形式"not"和"不"都不是直接修饰谓词的，所以从全句层面上应该是肯定句。为了表达得更清楚，可以称之为句子的局部否定。（孙汝建，2004）

(9a) The man not happy is Joe.
(9b) 他不高兴地走了。

我们认同后一种观点，其实也就是上面谈到的词组或单词平面上的否定。

否定句另外一个重要的特征是必须使用某类句法手段，最常用的就是否定标记的添加。这类标记形式可能是形态，也可能是词（大多是单纯词）。根据这个特征，那些能表达否定意义但不使用句法手段的句子不属于否定句。比如上面提到的用词汇手段和语用手段表达否定的句子。这样的句子我们不视为否定句，而只是表达否定意义的句子。

由此可知，本文讨论的全句否定范畴的句子，是指既表达否定意义又使用句法手段（主要是添加否定标记）的否定句。"肯定的句子无须特别用字来表示肯定的意思，除非要表示某种语气；否定的句子却必须要有否定的字样。"（吕叔湘，1985）其中"否定的句子"就是指一般意义上的否定句，"否定的字样"是指表达否定范畴的形式手段，也就是否定句的语法标记,简称否定标记,① 在很多文献中有时被称为"否定词"、"否定成分"等。

作为标示语言不对称现象的各类标记,一直都是研究者探索语言规律过程中的关注对象。在整个语言系统中,各个层面的语言单位中有一部分的成分是基本的,其表达的意义是中性的;而另一部分与之对应的成分在该中性意义的基础又添加了特殊的意义,这种特殊意义使其获得"标记"。(徐盛桓,1985)标记可以体现在词库项、句法结构、语法范畴和语用分析等层面。根据是否有具体的语言形式,标记可以分为显性标记(Overt Markedness)和隐性标记(Covert Markedness)两大类。关于如何判定某个范畴有无标记项,不同流派的语言学家在不同的语言层面提出的标准并不一致。沈家煊(1999)根据传统的标记理论并参照 Greenberg(1966)和 Croft(1990)为跨语言比较而设定的标准,提出了六项具体标准:组合标准、聚合标准、分布标准、频率标准、意义标准和历时标准。通常情况下,否定范畴和肯定范畴中前者因形态、意义、分布、使用频率等原因属于有标记项(有少数语言的肯定范畴也有标记性,但与否定相比仍有典型非典型之别),在具体语言中标记项会以各种形式(包括零形式)标示出来,并可能在句子的语音、语法和语用方面都有所表现,我们关注的是其中的语法标记,即否定标记,只有在对比分析时才涉及

---

① 否定标记在文献中有时被称为"否定词"、"否定成分"等。其实这些名称的含义是不同的。否定标记在本文中指表达全句否定范畴的语法标记成分,可以是词,可以是形态成分,但不包括实现词汇否定的否定实义词类。否定词是指有否定意义的词类,但不包含以词缀形态表达否定的成分。否定成分也可以包括否定词类和否定形态成分,但未必表达否定范畴。在未能确定为否定标记时,将使用否定词或否定成分来称呼。

到语音和语用上的标记特征。当然,对于我们不熟悉的语料,要准确找出其否定标记不太容易,因此我们在筛选语料时,主要使用了最小差异对比法。通过考察同一语料中肯定范畴和否定范畴之间差异最小的语法结构,来分析判定否定标记的存在和特点。

第二节 敏感位置与全句功能范畴规则

否定标记是否定范畴得以实现的关键载体,蕴含着大量有价值的语言信息,值得详细考察的内容非常多(具体见下节)。如果倾向于描写和解释跨语言的具有类型学意义的标记特征,我们认为首先可以从表面易得的否定标记的线性位置入手,分析线性位置与实际句法位置的关联性,来探讨不同语系类别、不同地理分布的语言间存在着的语序规律及内在机制。为此,我们先再阐述一下句法中的敏感位置。

1. 句子的三个敏感位置

从生成语法角度看,功能性屈折范畴 I 被认为是句子的中心,并可分解为时态、体貌、语态、否定等范畴成分。全句功能范畴自然很容易在这个位置进行语法操作,由此被认为是句法敏感位置之一,也就是谓头。[1] 而句首是信息传达的起始点,很容易被话题化或焦点化,疑问、感叹、祈使等句类功能常常要借助它来体现,所以这个位置很容易成为句法敏感位置。我们认为在信息传达的空间序列上,句尾是表达完句功能的最自然位置,也是句法操作的敏感位置。

句首、谓头和句尾三个敏感位置可以在语用上得到证实。

---

[1] 对谓头位置的详细介绍及相关问题的解释力见徐杰(2005、2006)。

根据刘丹青（2008：221—231）对"强调"部分的说明，句子强调（sentence emphasis）中有针对性的句子强调，是指所强调的整个句子是预设（包括说话人的先行话语或想法）中被否定或质疑的一个命题。对于这种强调的实现，汉语中使用的主要形式手段是在句首或谓语核心上加上重读的强调标记"是"，英语中相应的强调方法是在谓语动词前加助动词，如：The motorcycle *did* break down. ‖ I *do* like it。这里的"谓语核心上"或"谓语动词前"就是谓头位置。而对于成分的强调（constituent emphasis；即只强调句中的一个成分，由句内的某个成分充当焦点），人类语言经常采用的方式之一就是把焦点移位（不出位）[①] 到句首、句尾和动词之前。下面整理的是刘文对焦点出现在这三个位置的说明性材料。

先看句首（不出位）位置。很多语言的特指疑问句中，由于疑问词在词汇库中除了具有 [+Q] 外，还带有 [+F] 特征[②]，所以很自然的作为疑问焦点移位到句首，比如脚注①的例（Ⅰ）。另外，在一些非洲语言中，不仅是疑问句，还有陈述句也遵守将焦点前置于句首的句法规则，比如非洲加纳的阿坎语（Akan），见例（10）（引自 Drubig, 2001）：

（10）问：*Hen*ɑ na Ama rehwehwɛ?（阿坎语）

---

① 所谓"不出位"是相对于"出位（dislocation）"而言的。"出位"是指位于小句常规结构（CP）之外，与小句之间有强制性的停顿。而"不出位"的移位则是焦点仍在小句结构之内，可以没有停顿。比如下面的例（Ⅰ）是不出位的疑问词移位（属于焦点移位），例（Ⅱ）是话题化，话题名词已经出位。（刘丹青，2008：226-227）
Ⅰ. What books do you like?
Ⅱ. These books, I don't like at all.
② [+Q]、[+F] 分别指具有疑问特征和焦点特征。

谁（焦点）（人名）在找

Ama 在找谁？／Ama 在找的是谁？

答：*Kofi* na Ama rehwehwɛ.

（人名）（焦点）（人名）在找

Ama 在找 Kofi。／Ama 在找的是 Kofi。

北美有些整体上使用"述位—主位"语序的印第安语言，则将最具新闻性（newsworthy）的成分放在句首。比如基本语序为 VOS 的 Ojibwa 语①，当 O 为焦点时要移位到句首，见例（11）［引自 Siewierska（1988：86）］。

(11) Mookmaan ngii-mkaan.②（Ojibwa 语）

　　刀　　　　我—发现了

　　我发现了一把刀。

句尾更是焦点的常见位置，特别是对于 SVO 语言。刘文除了例证［例（12）］汉语尾焦点的语序倾向外，还引用了其他一些有专用句末焦点的语言。比如非洲 Tangale 语（属于乍得语支），特指疑问句的疑问代词可以在小句句尾，但又不是右出位成分，因为焦点的后面还可以出现右出位成分，见例（13）（引自 Tuller，1992）。语序比较灵活的斯拉夫语言（基本语序为 SVO）也经常把信息焦点放在句尾。比如俄语对于"谁写了这封信"的答句通常会用"信—写了—彼得"这类语

---

① 这里添加"语"字是为了标示更明白。
② 表示"我"的 ngii 是动词的主语人称一致关系标记，不是作为独立论元的主语。（刘丹青，2008：228）

序，作为主语的信息焦点却位于句末。更有说服力的是某些 SOV 型语言的句尾焦点倾向，因为这样动词居尾的语言，成为焦点的名词论元一般不该在句尾有句法位置，但是有些 SOV 语言确实存在着实现句末焦点的策略，这可以理解成是句尾敏感位置的句法功能表现。比如同为南亚斯里兰卡官方语言的僧伽罗语（Sinhala/Sinhalese）（属于印欧语系）和泰米尔语（Tamil）（属于达罗毗荼语系），二者都是 SOV 型语言，而且后者更为严格，都有句尾焦点现象。僧伽罗语的疑问代词在真性特指疑问句中会出现在句末，而在反问句等假性疑问句中，疑问代词仍在动词前（Herring & Paolillo, 1995）。泰米尔语的动词后一般不能出现论元成分，但在某些存现句中却允许谓语动词省略，以使需要被强调的焦点成分位于句末。

(12a) 他三十年来一直住在芜湖。～ 他在芜湖一直住了三十年。

(12b) 经济在缓慢地增长。～ 经济增长得缓慢。

(13a) wa　patu ayaba ta luumo dooji *nung*?（Tangale 语）
　　　FUT 买 香蕉　在市场 明天 谁
　　　明天谁将在市场上买香蕉？（FUT 指将来时）

(13b) wa　pad yalam ti po luumo *nong*, dooji?（Tangale 语）
　　　FUT 买 香蕉 在　市场　谁　 明天
　　　明天，谁将在市场上买香蕉？

至于紧靠动词之前的位置（即谓头），也是很多语言放置焦点的专用位置。刘文中指出这些语言多属于 SOV 语言或以 SOV 为可选语序之一的语言，在语序固定的 SOV 型语言中，至少明显的信息焦点会紧靠动词前的位置。很多 SOV 型语言的疑问代词,作为常规焦点的自然位置就是谓头,即便疑问代词作主语也是如此,而不是在主语通常所居的句首位置。比如属于汉藏语系的夏尔巴语(Sherpa),见例(14)[引自 Givón(1984:193)],"据 Givón 的说法,夏尔巴语的疑问代词不管是什么成分都要放在紧靠动词之前的位置。"达罗毗荼语系的泰卢固语(Telugu)也常将信息焦点放在谓头,见例(15)(引自 Kim,1988),例句中作主语的信息焦点一般不能放在正常的位置—宾语之前。"据 Kim(1988)对众多语序固定的SOV 语言考察,大多数语言都遵循信息焦点紧靠动词之前的规则,只有少数情况下受其他规则的影响而有所偏离。"

(14) Yambur-la su gaal-sung?(夏尔巴语)
加德满都-(处所)谁去-(完成体)
谁去了加德满都?

(15a) Sita ante evariki ishtam?(泰卢固语)
(人名)-(宾格)谁 喜欢
谁喜欢 Sita?

(15b) Sita ante Ramki ishtam.①(泰卢固语)
(人名)-(宾格)(人名)(-词缀)喜欢
Ram 喜欢 Sita。

从刘文的说明材料中可知,作为语用因素的焦点,其位置大多数都在句法的敏感位置上。或者准确地说,句法上的三个敏感位置都可以用来表达焦点信息。看来在句法层面的线性顺

---

① 刘文(p230)中这个例句标示的是疑问句,由于没有找到原始文献,我们只能根据其上下文及句法特点来初步判断应为陈述句。

序上，表面上平等的句法位置，其地位并不平等。其实除焦点之外，这三个位置还是时体等语法成分和话语标记等语用成分经常占据的地方，本文所要讨论的否定标记自然也不例外。根据徐杰、李英哲（1993：85）的分析，否定标记除了有实现否定范畴的功用外，还有强化焦点的作用。对于独立的否定词，可以规定它们在词汇库中就带有 [+F] 标记，因而在其他条件许可的范围内它们被句法强制性地要求靠近焦点成分。由此也可看出，语用上的焦点和句法上的否定在表达时都与句子敏感位置密切相关。根据已有研究，这些敏感位置应该对于所有全句功能范畴的实现都至关重要，是范畴得以实现的必有位置，范畴的句法手段均须在此进行句法操作，丰富多彩的具体语言都在这些位置和手段的有限组合范围内进行选择。这就是下面要讨论的全句功能范畴规则。

2. 全句功能范畴规则

全句功能范畴规则是在重新厘定句子功能含义的基础上提出的。要确定全句功能范畴的存在，首先需要有统一的科学定性作前提。对于句子功能这个语法学中的重要概念，如徐杰（2010：101 - 102）所考察的那样，学界至少存在着"句子功能语用说""句子功能语义说"和"句子功能语篇地位说"等观点。总体上看，各家在给句子功能定性时，有意无意间使用的标准多数都是非语法的标准，或语用，或语义，致使性质认定模糊，影响了研究的深入。徐杰从概念的语法本质入手，在宏观视角上给出了一个可控可行的界定依据：语法学意义上的"句子功能"仅是那些在形式上带有特定语法效应的句子功能。这些特定语法效应的主要表现形式是在句首、谓头和句尾三个句子敏感位置上所进行的加标、移位和重叠等句法操作。这样句子可以码化为：

$S =^{Fg} [\cdots W_n \cdots]$ （其中 n≥1）①

这里的句子语法功能可以概括为全句功能范畴。也就是说，表达句子语法意义的全句功能范畴，必定要有其相应的语法形式效应，否则就谈不上是语法范畴，只能是语义或语用等视角下的"句子功能"。徐杰、李莹（2010）据此又提出了一个适用于包括汉语在内的各种语言的语法规则。

> 对全句功能范畴敏感的语法位置有三个：句首、句尾和谓头。全句功能范畴只能在句首、句尾和谓头三个敏感位置中某一个上，在有独立存在意义的语法条件约束下运用加标、重叠和移位三类句法手段之一来进行处理（核查）。各语言中的相关现象都是这个潜在能力在各自条件下实例化的结果，都是对这个封闭系统的有限选择。

这是学界提出的第一个与全句功能范畴相关的语法规则，我们称之为全句功能范畴规则。这里对全句功能范畴实现的句法位置和操作手段都进行了高度概括，也使得全句功能范畴的确立有了比较可靠的定性标准。全句功能范畴规则所涉及的三种句法手段和三个句法操作位置，如果在自然语言中组配起来，从逻辑上讲，应该有九种组合结果。但是，出于各种原因，并不是每一种逻辑可能都在自然语言中实现。除去可由理论本身的推理就能直接排除的组合，可得到如下五种可能出现

---

① S代表句子，W代表词，F代表句子功能，g代表特定的语法形式效应。具体介绍请参阅徐杰：《句子语法功能的性质与范围》，《华中师范大学学报》2010年第2期。

的匹配方式。①

句法手段和句法位置的组配方式

句位置＼句手段	（A）添加	（B）移位	（C）重叠
（x）句首	（Ax）句首添加	（Bx）0	（Cx）0
（y）谓头	（Ay）谓头添加	（By）谓头移位	（Cy）谓头重叠
（z）句尾	（Az）句尾添加	（Bz）0	（Cz）0

也就是说，自然语言中全句功能范畴的表达只有（Ax）句首添加、（Ay）谓头添加、（Az）句尾添加、（By）谓头移位、（Cy）谓头重叠五种配套方式，任何一种语言都是上述五种方式的实例化结果。

虽然该规则已在疑问和假设等句范畴方面得到初步证实，但是否具有普遍适应性还有待于更多"句范畴"的讨论和更多的语言事实来支持。上文我们一直是从范畴概念来判断否定范畴功能性质，概念内涵的理解差异常导致对否定的认识不一，如果该规则具有普遍意义，那么，否定范畴句法实现的纷繁复杂的表面现象将得到统一解释，也应该是上述五种匹配方式的有限选择。

根据已有的文献，否定范畴的实现几乎都需要添加否定成分，罕见重叠手段，未见移位手段。句法手段的使用情况可以从语言形式的分析直接看出，但句法手段的操作位置却不容易

---

① 参见徐杰《句子的三个敏感位置与句子的疑问范畴——跨语言的类型比较》，载于单周尧、陆镜光主编《语言文字学研究》，中国社会科学出版社2005年版，第227页；董秀英、徐杰：《假设句句法操作形式的跨语言比较》，《汉语学报》2009年第4期，第67页。图表名称系笔者所加。

由句子线性语序直接确定。在线性位置上，否定标记显得灵活多变，至少存在着 V 前、V 后、V 前和后（框式）、$V_双$ 或 $V_多$ 之间、句首、句尾等情况，虽然我们对此做过一定的考察，证明这些表面位置均是三个句法操作位置的实例化表现，但囿于样本语言不多，语言系属和地理上的分布也不均衡，考察统计的科学性自然尚需提高。更重要的是，谓头位置的包容性过于强大，纳入了 V 前、V 后、V 前和后（框式）等位置，同时，又把这些变化统一归因成动力不甚明确的移位，这使得谓头似乎有些飘忽不定，难以证实。比如汉语中"不知道"和"知不道"，"不怕辣"、"怕不辣"和"辣不怕"，这里都解释成了句子或小句的谓头添加（否定成分）。因此，目前这一规则及其推论对于否定范畴来说更适宜作为理论假设，我们仍有必调查和搜集更多语料，进一步检验其可证伪性。在检验该规则的同时，我们将概括出否定标记在句法位置方面的具有类型学意义的共性和差异，并尝试对其做出解释。为此，我们设定了如下考察内容。

第三节 考察内容

使用否定标记是表达否定范畴的主要语法手段，否定标记一般都具有明显的语言形式，是研究否定范畴的关键对象。当然与否定标记相关的可供考察的内容其实十分广泛，不少学者对此都做过总结，还编制了语言否定类型的问卷调查项目。

Miestamo & Wagner-nagy（2008）简单列出了两个大类：小句否定和非小句否定。前者主要是描述各个语言中表达否定的不同结构，比如否定标记的类型、位置、数量（单或双），肯定和否定的句法差异，以及否定出现的句法环境，比如否定对时体、语气范畴的影响等。而非小句否定主要是分析否定不定成分与小句否定的同现情况、句法成分否定、否定成分的来源、否定极项①、否定传递（Negative transport）等相关现象。

更为详细的是刘丹青（2008：140—148）对 Comrie & Smith 编制的问卷的说明，文中认为对否定成分至少应该从五个主要方面来调查。这里整理归纳如下：

1. 否定命题的句法构成手段和否定算子的作用域以及它自身的位置

这里又可分六个小项：①调查时首先应该涉及的就是否定成分的语类属性。②刘文中认为可以有副词、助词（语气助词和全句助词）、形态成分以及能作独词句的否定叹词。②其次是否定成分的辖域（作用域）问题。刘文认为对于表达命题的陈述句来说，否定算子③的辖域就是除它之外的整个句子，而对于命题之外还表达语气的句子，否定成分的辖域则小于语气成分。③接下来是否定成分的语序表现，包含否定成分组合或附加对象的层级差异。刘文中描述的句首、句末、谓语动词前位置和我们所要讨论的三个敏感位置不谋而合。此外，刘文还提到了否定成分语序的方向问题，分为"不"类的前进型

---

① 否定极项（negative polarity items；NPIs）是指那些只在句子否定环境中出现的词或短语。比如 I haven't got any books 中的 any，可以比较 * I've got any books。（戴维·克里斯特尔，2000：237）

② 根据已有研究，否定标记可以是词，也可以是形态成分，所以这里未使用词性、词法类别等术语，而选用生成语法中表达语法类别概念的语类，以标示否定标记具有统一的范畴化特点。

③ 算子（operator）是形式语义学术语，指一个符号或语词表示一个必须运作的变化过程。（戴维·克里斯特尔，2000：250）把一些句法（或语义）表达式变成另一些句法（或语义）表达式的否定成分就是否定算子。

(forward-type)和"not"类的后退型(backward-type)。④还要注意否定成分与封闭性动词词项的关系，因为封闭性动词词项的否定式可能出现不规则现象。⑤否定词的合音(fusing)现象及其来源。由于否定词的出现频率较高，很容易造成此类现象。⑥最后是否定成分的选用问题。要注意否定词是否随着动词语法范畴的变化而采用不同词项，比如时、体等范畴就经常影响某些语言否定词的选用。

2. 句法成分的否定表达

这个方面理论上不属于全句否定，但在有些语言的句子中很难区分是成分否定还是全句否定。可以分四个小项：①动词性成分的否定。在英语这样的语言中否定对象的层级比较清楚：加在限定动词或助动词上的否定词项是否定全句的，而加在不定式、动名词等非限定动词上的否定词项就是否定句子成分的。不过，像汉语这样限定动词和非限定动词界限不清的语言，就不容易区分否定的层级。动词在定语位置时也可以被认为是关系小句的谓语。②名词成分的否定。英语中名词的否定可以用 non 这种前缀，这种否定其实只在词汇层面，还不能算是句子成分的否定。真正的成分否定是否定限制词 no 的使用，刘文中认为 nobody、nothing 等是 no 和名词的拼合形式，作用等于一个 no 短语，不同于前面的加 non 之类前缀的纯词项内否定。③形容词性的否定。比如汉语的形容词可以作谓语（即使作定语有时也可以被认为是关系小句的谓语），在性质上更接近动词，否定方式也和动词的相同。④介词性成分的否定。比如英语的 without 和先秦汉语的"微"就是否定介词。

3. 句子中有一个以上的否定成分同现

这个情况至少有三种类型：①句子有两个否定成分时表现

出逻辑上的双重否定。②句子有两个否定成分但没有表现出逻辑上的双重否定。① ③句子中有两个以上的否定成分同现。这种情况很少见，使用规则也更复杂。

4. 并列结构中的否定成分

这是考察否定成分在并列结构中的具体位置及其与并列连词相结合的方式和结果。刘文中认为有并列连词组系的并列结构，其核心就是并列连词，因此可推知否定成分会很自然地被吸附到连词上，这与否定介词存在的道理相同。

5. 从属小句中动词的否定

这里主要考察是否存在低层小句的否定通过否定高层来实现这种情况。这在有些语言中比较常见，比如英语中存在的所谓否定词提升（negative raising）现象。需要研究到底哪些条件下才允许发生，是强制性还是可选的等问题。

以上所谈到的诸多问题，对于考察某个语言的否定范畴来说是比较全面的。不过，为了使讨论的对象更明确集中，我们并没有把上述关涉面都作为考察对象，而是对它们进行了筛选和调整。部分问题已经在上文中做过说明，那些已确定属于句法成分的否定被排除在外，造成词汇否定的实义否定词以及独立使用的否定叹词也很少涉及。另外，我们选取的否定句一般限于常规的简单句，② 因此从属小句的否定只是作为辅助说明时才谈到。这样一来，我们在围绕句法位置来描述具体语言的

---

① 这种现象在很多文献中被称为否定一致（Negative Concord；NC），有关讨论见第三章第三节。

② 常规简单句一般指包含一个谓词成分的句子。就否定句来说，其实并不限于所谓的标准否定［standard negation；术语来自 Payne (1985)，即对动词性陈述主句的否定］的句子，还包括简单的名词成分否定（nominal negation）和存在否定（existential negation）的句子。我们将尽量选取谓词是不同类型的句子。

否定标记时，将重点考察：

(1) 否定标记的线性位置

否定标记的线性位置外显易察，且存在一定的倾向性，被已有的类型学研究所普遍关注，这也为本文提供了丰富的文献资料。线性位置不同于句法位置，但二者密切相关。前者侧重于成分之间的组合顺序，会因语言或组合成分的不同而显得复杂多变，后者是指对句子成句起到关键作用的位置，侧重于句法功能的体现。我们认为，后者是前者的动因，前者是后者在不同语言中的实例化表现。根据我们已有的调查，否定标记在句子的线性序列上位置多变，当然，它们还存在着使用频率的差异。我们除了以常用的 S、O 为参项外，本文重点考察各语言中否定标记相对于主要谓词和敏感句法位置的线性位置（尤其是要判别 VSO 语言中的句首和谓头，同时要做定量统计），以及否定标记和修饰谓词的其他成分之间的组合表现（这对于否定标记的性质和谓头位置的确认有重要作用），进而描述和分析线性位置和句法位置的关联性。

(2) 否定标记的语音特点和语类属性

我们想知道，人们在使用否定标记时，是否使用了某些类似的语音形式，与句法上的位置是否存在着一定的关联。此外，标记本身的语类属性和其所处的线性位置是否也有关联性。

(3) 否定标记句法位置的其他相关问题

包括两方面：否定标记与其他否定成分的共现情况，主要讨论双重否定、否定一致等问题；否定标记与其他范畴标记的共现情况，主要讨论与祈使范畴标记的共现。

具体考察之前，我们先对前贤的研究做个简单回顾。由于对否定标记的讨论大多包含在否定范畴的相关研究当中,所以我们仍从否定范畴的研究开始。

第四节 研究概述

对于否定范畴的关注,最早也可溯源至亚里士多德,他首先把否定研究从哲学领域扩展到逻辑和语言领域。此后很多哲学家、语言学家都对此展开了讨论,对现代语言学产生较大影响的研究开始于上世纪初。Jespersen(1917)提出英语否定分为谓语否定(nexal negation)和特殊否定(special negation)两种,深入分析了英语语言中的各种否定结构以及语言中的否定循环等现象。Klima(1964)指出了英语否定的一些核心特征,并把句子否定和成分否定进行了区分,尤其是对前者的描述非常详细,提出了一套解释表面结构中否定变化的转换规则,认为否定成分在句法树中属于右向移位。Quirk(1985)等人则将研究更加细化,讨论了否定量度、否定范距、否定焦点、否定转移、形式否定和双重否定等系列问题。接下来具有突出研究成果的是 Horn(1989),他从古典逻辑的否定和对立谈起,首次明确提出并分析了元语言否定的系列问题。难能可贵的是,著作还对语法标记和否定习得、谓词否定、不对称现象等论题都做了讨论,这些论题引发了不同学术背景的学者们的极大兴趣,否定范畴的研究逐渐成了学界的主要议题之一,否定范畴表现出的各种现象得到了越来越深入的描写和解释。

比如 Van der Wouden(1994)认为自然语言中词语及所有结构之间的排列限制关系是普遍存在的,虽然也受到句法和语义机制的管制,但必须要事先在词库中作出规定。在这个理论假设背景上，论文对多种语言的否定词、否定极项词、否定程度、反语、否定强调、多重否定等相关问题逐一进行了分析，揭示出了许多很有趣的否定现象。Zeijlstra（2007）讨论了自然语言中否定成分的形式和意义。主要是以探究决定否定方式的因素为目的，从语言中的否定现象入手，对否定成分的位置、形式以及相关意义进行了跨语言的考察和分析。考察语言种类繁多、最具文献价值的是 Brown（［2006］2008）主编的《语言与语言学百科全书》（第二版），它被誉为是"有关语言和语言学的一部最大、最新、最全、最权威的参考书，覆盖了语言和语言学研究的几乎所有领域"，"从时间跨度看，它覆盖了从公元前一千多年直至当今的有关信息；从空间的跨度来看，它覆盖了地球上几乎所有有人居住因而有语言在使用的地域。"① 书中有很多语言都涉及了否定成分，更重要的是，还专门谈到了语言否定方面的诸多问题，比如否定类型、禁止意义的否定、否定的语用分析、否定和预设、否定量化词、否定辖域、否定的语义分析（含典型和非典型否定、否定和极项、否定和拒绝等）、语言哲学方面的否定、否定标记的历史演变等等。这些相当细致的描写和分析揭示了不少与否定范畴相关的语言特点。与之类似的是，Dryer & Matthew（eds.）（2013）提供了广泛而翔实的在线数据（The World Atlas of Language Structures，WALS），在世界语言结构图册的第 112、115、139 和 143 等章节都对否定成分做了详细描述。

---

① 这两句话分别是王德春教授和何兆熊教授在《语言与语言学百科全书》（第二版）出版学术研讨会上的发言（2008 年 9 月 6 日在外教社举行）。2008 年 10 月 18 日，见于 http：//www.sflep.com/press-center/7/429-2.

再来看一下国内的相关研究。由于我们搜集文献的便利性，汉语的否定研究则显得更加丰富，这里只列举部分研究成果作为代表。上世纪八十年代之前的讨论一般集中在词类范畴中，大多是在考察否定词时附带涉及。八十年代开始，研究成果不断增多加深，邢福义（1982）、沈开木（1984）、吕叔湘（1985）的着重点都在常用否定词的特征上，陈平（1985）则体现了英汉对比的创新性。到了九十年代，有关否定范畴的研究已成了研究焦点之一。钱敏汝（1990）探讨了否定载体"不"的语义语法层次。石毓智（1992）从多侧面分析了汉语中各种各样的肯定、否定的对称与不对称的情况。徐杰、李英哲（1993）阐述了否定和疑问两个非线性语法范畴，指出它们和焦点构成一个相对独立的系统，对立于组词成句的线性语法系统，并探讨了句子语义中心跟广义焦点的关系以及不同层次的表达问题。沈家煊（1999）运用标记理论来描写和解释汉语语法中各种对称和不对称现象，也是一次很有意义的尝试。戴耀晶（2000）考察了否定和肯定这一对范畴在句法形式和语义解释上存在的不平行现象以及产生这种现象的语义因素。袁毓林（2000）就否定的焦点、辖域等问题提出了自己的观点。文贞惠（2003）在总结前人成果的基础上，比较全面地梳理了现代汉语否定范畴涉及的系列议题，比如词语否定、语义否定、语用否定、主观否定、客观否定、静态否定、动态否定等。胡清国（2004）也注意到了汉语中关于否定的不对称现象，对专有的否定结构或否定优先的格式，以及词语义对格式的反制约都做了较详细地讨论。刘丹青（2008）的说明性材料其实包含了他对否定范畴的很多观点，给否定句式的调查研究指出了具体的思路和方法，这已在前面做过介绍。张耿光（1995）、张诒三（2000）、张华（2003）、廖强

（2003）、罗立方（2003）、刘黎（2004）、张振羽（2005）、王亭（2007）、胡杰（2007）等都是对汉语专书中的否定范畴的讨论。

关于少数民族语言否定标记的研究，也主要散见于具体语言的描写中。新中国建立后的《中国少数民族语言简志丛书》、《中国少数民族语言方言研究丛书》、《中国新发现语言研究丛书》、《中国少数民族语言系列词典丛书》等系列著作及相关修订本，与同时代的民族语言调查研究报告、语法著作和词典一样，都记录了宝贵的语言材料。另外，倪大白（1990）介绍了仡佬语、拉基语等部分仡央语群语言的否定词系统。戴庆厦（2006、2012）对景颇语否定范畴的部分共时特征做了详细描述。吴铮（2007）从语言的否定形式出发，探讨了藏缅语各语支语言中否定范畴的有关特征。其他如张济民（1993），李锦芳（1996a、1999b），苏玮雅、艾磊（1999），薄文泽（2003），木再帕尔（2003），段伶（2004），王锋（2006），王燕（2007），潘立慧（2007），张毅（2007）等则分别对某类少数民族语言的否定范畴做了具体考察。此外，孙宏开主持的"汉藏语系语言词汇语音数据库"设计思想先进，检索功能强大，是目前汉藏语学界研究语料的集中体现。

当然，有关否定范畴研究的文献远远不止这些，但就目前搜集到的来看，多立足于具体的微观分析，详尽描写并解释了客观的语言否定现象，带给我们了许多珍贵的语料事实和有益的启示。但这些针对少数具体语言的分析，重点未必在线性位置上，专门讨论否定标记语序特征的较为少见。仅就对本文启发性来说，我们更看重的是有关否定语序和否定标记的类型学研究。

Lehmann（1978）在 Greenberg 四分表的基础上把"否定语

序"纳入了研究范围，认为VO型语言的否定语序是"否定成分+动词"，而OV型语言则相反，否定成分后置于动词。Dahl（1979）对约240种语言否定表达的类型学研究非常有意义，不仅指出了自然语言的否定形式大致有形态和独立小词（particles）两大类，其中形态既可以是谓词的一部分，也可以附着在表达语法意义的助动词上；而且还讨论了语言中与不定代词的否定有关的各种方式，最后还详细统计了各种否定形式及其在每个可能的句法位置上的比例，得出了否定成分有靠近限定成分出现的倾向等类型学结论。Payne（1985）认为人类语言的否定标记有四种类型：否定动词［negative verbs；包括否定助动词（negative auxiliaries）和高层否定动词（higher negative verbs）①］、否定小词（negative particles）、否定语素（morphological negative）和否定名词（negative nouns）；并指出所有语言都至少采用其中一种类型来表示标准否定，最常见的否定结构是使用前三种来表示显性的否定成分，而动词居前语言存在着一种明显倾向：否定成分被放置于动词前的句首位置。

　　Dryer（1988、1992、2003、2005、2008）也对否定成分的形式和位置进行了类型学考察，总结出了很多有价值的共性特征。比如注意到否定成分的位置和语言的基本语序之间有着

---

① 高层否定动词是带小句作补足语的主句动词。比如南岛语系汤加语例句（Ⅱ）的否定词ikai就是带相应肯定句补足语的高层动词，虚拟标记ke表示补足语小句是从属成分。

Ⅰ. na 'e 'alu 'a siale.（汤加语）
PAST 去（通格）（人名）
Siale 去了。（PAST表示过去时）
Ⅱ. na 'e 'ikai ke 'alu 'a siale.（汤加语）
PAST NEG（虚拟式）去（通格）（人名）
Siale 没有去。［这两例出自Churchward（1953：56-57），转引自Miestamo（2007）］。

紧密联系，VSO 和 SVO 语言的否定成分几乎总是在动词之前（1988）；否定小词倾向于前置，否定助动词在 VO 语言中倾向于动词前，在 OV 语言中倾向于在动词后（1992）；"否定词+动词"的句内否定形式占所统计语言的 76.5%，其出现频率远远超过了"动词+否定词"的语序（2003）；自然语言的否定成分，出现最多的形式是小词（477/1011），① 仅接着是词缀（339/1011），其次是双重否定成分（66/1011）、介于动词和小词之间的成分（65/1011）、助动词（45/1011）等（2005）；藏缅语族的否定成分与动词有四种顺序类型：NegV、VNeg、NegV/VNeg、NegVNeg，② 它们在样本语言中出现的数量分别是 59/34/9/6（2008）。

Honda（1996）对比分析了否定和相应肯定小句中的限定成分，把它们的差异分成了三种类型：a. 二者限定成分的句法功能完全一致；b. 否定小句中添加的否定成分是一个限定性的助动词或者是词汇动词的非限定形式，有时也有可能需要同时增添其他的限定成分；c. 在否定小句中添加的是作为限定成分的否定动词。除了对否定结构的分类分析外，论文还讨论了肯定和否定间的各种结构差异，比如动词形式的变化（主要是在后两种类型中），时体标记的变化，标记小句各种成分的变化，以及否定小句中非现实范畴标记的情况等。Kahrel（1996）对以往 Dahl 等人有关不定词否定的研究进行了完善补充，调查了 40 种代表语言中不定代词的否定情况，

---

① 477/1011 指统计的样本语言有 1011 种，其中否定成分是小词的语言有 477 种，以下同。

② 原文献中的 Neg 代表否定成分，本文中标示否定标记时也使用 NEG，这里未做严格区分。V 在词类上是动词，不过本文涉及语序类型时除特别指明，V 也包含能作谓词的形容词。

区分出了五种不同的结构类型,其中一半以上(27/40)的语言采用了正常的标准否定形式。Whaley([1997]2009)赞同并明确了 Dahl(1979)的观点,认为人类语言使用三种标准形式来表达否定:小词、助动词和词缀,不过 Whaley 还进一步指出这些成分很大程度上受语言自身形态类型所决定,高黏着度语言通常使用否定词缀,而屈折语(fusional languages)很少使用词缀,孤立语(isolating languages)则大多使用普遍存在的否定小词。

Morimoto(2001)明确了有关否定成分的类型学特征:核心居前语言的否定成分通常在动词前,核心居后语言则相反。Miestamo(2005)调查了 297 种语言的肯定范畴和否定范畴之间的不对称结构,指出了在功能层面二者至少存在事件状态、现实性和语境三个方面的差异,还具体分析了否定的对称和不对称现象,并把否定不对称进一步细分出了若干小类。讨论的重点在于辨别除了显现的否定标记外,肯定和否定之间是否还有其他不同的句法结构,最后还尝试从功能角度对标准否定的不同类型进行了解释。Veselinova(2006)的侧重点不是标准(动词)否定,而是名词否定和存在否定情况,文章以 77 种语言的语料为样本,总结出了六种具有概括性的否定方式。作者认为如果某语言在肯定名词句中不使用系词,那么名词句的否定就会倾向于和标准否定不同。样本语言中存在动词的否定也倾向不同于标准否定。样本中过半的语言使用两种否定方式,最常见的是标准否定和存在否定的方式不同,而名词否定则可以通过标准否定成分来表达。在否定表达形式上,动词否定一般使用黏着语素或动词前的小词,存在否定一般使用词汇化(lexicalization)方式;至于名词否定,样本中没有发现具有明显共性的方式。不过对于这些结论,作者持谨慎态度,认为仍有待于更多的语料支持。Miestamo（2007）对自己以前的分析进行了更深入地探讨，把肯定和否定间结构异同（对称和不对称）的分类都做了功能上的解释，还补充说明了经常不同于标准否定的祈使句否定、存在否定和非动词小句否定的类型特征，对这些差异都通过具体的例证进行了对比分析。另外，否定不定词（n-Word）和否定成分的同现以及否定和情态、否定和焦点等的共时情况和历史发展，文中都有跨语言地比较和阐述。Furtado da Cunha（2007）详细考察了巴西葡萄牙语的口语和书面语形式，总结出该语言中表达小句否定的三种方式（即动词前、动词后和框式否定），并在功能语言学的框架下来进行分析和解释。文章认为，虽然语言的否定模式可以看作是个变量，但表达的都是普遍的话语否定功能，这种变量反映了语言发展进程中的具体变化。这些变化其实是两个相互竞争的动因造成的：一个是相似性（iconicity）的减少，另一个是相似性的保持，二者相互影响、此消彼长，但总的发展方向是语言的经济性。

梁敏、张均如（1996）对侗台语族语言的否定句做了对比，指出了部分语言中否定词后置的基本特征。王相锋（1997）依据标记理论的分布模式，结合语用学的有关原则，考察分析了话语中否定陈述句的标记特征以及制约这种标记特征的内在认知机制。马忠建（1999）讨论了25种藏缅语的否定标记和否定表达式，指出否定成分可以添加在谓词前的语言大概有23种，[①] 所占比例为92%。李山、周发成（2002）分

[①] 根据原文给出的数据，否定成分可以在谓词前的语言应有24种，但文中又明确指出25种藏缅语中否定成分只出现在谓词后的语言有两种，所以这里暂且将此类语言统计为23种。

析了羌语曲谷话中否定前缀分别在陈述句、命令句和疑问句中的位置。刘丹青（2003）虽然主要是对汉语介词体系和语序的分析研究，但他对语序类型学理论成果的介绍以及对介词的梳理方法，使我们在考察否定标记时有了一定的参照对象。接着刘丹青（2005）还根据形态句法特征比较了汉语很多方言中的否定词，在南北方言否定词项差别、语法化引起的否定词泛化、"否定词+谓语"的语序类型以及西北方言否定词的核心吸附现象等方面都进行了深入地描写和分析，为其他语言否定标记的类型学考察提供了比较好的借鉴。熊学亮、刘东虹（2006）通过考察实际语料，分别从原则与参数类型学和功能类型学两个不同的角度，剖析了否定语序的内部形式和外部动因，认为借助这两种不同的类型学理论的相互补充，可以比较全面地解释否定语序的语言共性。李锦芳、吴雅萍（2008）虽然考察范围较小，仅限定在侗台语族语言中，但由于是对否定语序的聚焦分析，总结出的 V + Neg、Neg_1 + V + Neg_2、Neg + V 三种否定语序类型，以及有关的语序演变的观点，对其他语言否定语序的考察仍有着类型学上的参考意义。李云兵（2008）对我国南方民族 98 种语言的跨语言研究，以语序类型学的基本模式为参照，对比描写了各语言中包含否定形式在内的多种语序现象，具有较高的类型学价值。吴福祥（2009a、2009b）基于接触语言学架构和类型学视野对近 40 种民族语言的深入探讨也给了我们较大的启示。

目前文献中对祈使句中的否定方式的类型学研究比标准否定要少得多，van der Auwera & Lejeune（2005）的考察是其中的一个代表。论文基于 495 种语言的样本，着重分析了语言中第二人称单数祈使句的否定类型，根据表达禁止意义的动词结构特征和具体方式两个参项，总结出了四种类型学上的特征：

Ⅰ.使用和第二人称单数肯定祈使句相同的动词结构,否定方式和陈述句相同(113/495);Ⅱ.使用和第二人称单数肯定祈使句相同的动词结构,否定方式和陈述句不同(183/495);Ⅲ.使用不同于第二人称单数肯定祈使句的动词结构,否定方式和陈述句相同(55/495);Ⅳ.使用不同于第二人称单数肯定祈使句的动词结构,否定方式和陈述句不同(144/495)。

当然还有许多相关的文献也都很有价值,有些在以后的讨论中会提到,这里不再一一列出。从前贤的现有成果来看,无论是在否定范畴还是在语序类型研究中涉及的否定标记,以往的研究多关注于否定标记的句法特点和否定辖域、否定焦点等相关问题,由于否定小词与主要动词常被视为不存在直接关联的成分对(pairs of elements)(Dryer,1992),否定成分的语序特征在类型学研究中一直未得到足够地重视。虽然也在否定标记的线性位置等方面取得了不少结论,但有关实际句法位置的类型学特征仍需进一步完善,生成机制的核心运算法则也需深入解析。比如线性位置大多是与V、O等参数相比较而言的,而很少关注对句子功能做出反应的句法操作位置(即三个敏感位置)。没有操作位置作参照,否定成分的位置情况显得十分多样,时常会突破根据统计学推测的语言类型学普遍性原则和蕴含共性原则,共性特征的产生机制也不易察觉。那么,否定标记的实际句法位置到底在哪里?是否限于三个敏感位置?如果出现否定标记与其他语言范畴标记共现的情况,相应的句法位置有什么不同?否定标记的线性位置与句法操作位置关系如何?否定语序等级及背后的核心运算法则如何确定?这些都值得详细考察。关于这些问题的讨论将在否定范畴方面对全句功能范畴规则的普适性进行验证。

本文聚焦于否定标记的句法位置,以普遍语法和类型学理论为指导，拟开展定量和定性分析相结合的实证研究。不过，我们不可能考察到所有语言的否定标记，只能对搜集到的语料和文献进行总结对比，并尽可能地举出实例来佐证。为了尽可能使这种总结更具类型学上的意义，我们选取了基于发生学依据分类的代表语言，具体采用的是邢福义、吴振国（2002）列出的谱系分类结果，个别语系的分类体系根据新近文献有所调整。由于语料的原因，对具体语言的描述详略不同。为了便于说明问题，考察的句子范围一般限于常规简单句，主要选取的是陈述句类，在讨论其他句类中的否定标记时，则选取了祈使句为代表。

第二章 各代表语言的否定标记

第一节 汉藏语系

由于语料相对易得，我们尽可能地对汉藏语系各语族的代表语言都做了描写，具体考察内容主要是常规句中否定标记的语类属性、语义分类和线性位置，句类上基本是陈述句，有时也使用了其他句类形式的语料。

汉藏语系（Sino-Tibetan Family）语言分布在亚洲东南部，使用人口十亿以上，有两百多种语言。国内学者一般认为包括藏缅、壮侗、苗瑶和直属语系的汉语族。汉藏语系语言主要以语序和虚词作为表达语法意义的语法手段。语序比较固定，一般是 SVO 或 SOV 类型。

一 汉语族（Sinitic Branch）

汉语一般被视为汉藏语系的一个直属语族，中国汉族、回族、满族、畲族等都使用汉语，新加坡、泰国、马来西亚、越南等部分区域也使用汉语。从共时角度看，现代汉语可包含普通话（Mandarin）和各种方言。一般认为，现代汉语大致可分七大方言：北方方言、吴方言、粤方言、闽方言、赣方言、湘方言、客家方言①。每个方言区都可以再分为更小的次语群，方言间的差异相当大。现代汉语主要以语序和虚词作为表达语法意义的语法手段，基本语序是 SVO,② 并且表现出一定的亲疏关系：粤（最强的 SVO）～普通话（温和的 SVO）～吴、闽（最弱的 SVO，最明显的 SOV 倾向），只有被认为"藏式汉语"的兰银官话等西北方言才是真正的 SOV 语序（刘丹青，2001）。

普通话的否定词从语义上大致可分为表示普通否定意义的一般否定词〔"不"、"没（有）"〕和表示禁止意义的禁止否定词（"别"），③ 不过，一般否定词也可以表示禁止意义。对于一些遗留下来的文言语汇，比如"无"、"非"、"莫"、"勿"等，在普通话中很少表达句子否定，一般不再视为句子的否定词。关于"不"、"没（有）"的词性，各家意见不一，不过基本上可以认为"不"、"别"是副词，"没（有）"直接否定名词时是动词，修饰谓词时是副词。

否定词"不"常常修饰谓词成分，在汉语句法中被称为否定副词。传统语法认为副词属于实词，不过由于汉语中的副词主要是从句法分布特征来判定的，实际上这里的"不"更多的是体现否定修饰对象的功能意义，从生成语法的语类角度来看，这种句法分布下的否定词更接近于功能语类的范畴，因此可以视为专门用来标记否定对象的语法成分，直接添加在否

---

① 文献中还有其他常见的分类法，比如《中国语言地图集》〔中国社会科学院和澳大利亚人文科学院联合编纂，香港朗文（远东）有限公司1987年版〕提出的十大方言，即在七大方言的基础上增加了徽语、晋语和平话。本文例举的代表语料将尽可能包含更多的方言区，尽可能照顾到方言区和地理分布的均衡。

② 只有 Tai (1973)、Li & Thompson (1974) 等认为现代汉语是 SOV 语言，这里采取大多数学者的观点。

③ 相应的否定标记可分别称之为一般否定标记和禁止标记。

定对象之前。也就是说，否定副词"不"是普通话实现否定范畴的语法标记。

那么，否定标记"不"实现全句否定范畴的句法位置在哪里呢？

普通话否定词的常见句法位置是直接在谓语之前或者谓语位置。但如果谓语前同时还存在其他修饰成分，否定词的位置会是怎样呢？张谊生（1996）总结出了多项副词共现时的基本顺序：评注＞关联＞时间＞频率＞范围＞程度＞否定＞协同＞重复＞描摹。如"也许永远不会亲自开车。"中的否定词就出现在助动词"会"和描摹副词"亲自"之前。根据徐杰、李莹（2010）的判断标准，多项副词共现时的"不"是句中最左侧的谓语内状语，和直接修饰谓词一样都是占据了句法的谓头位置。而在小句中的"不"则处在相应小句的谓头位置。另外，表达小句否定范畴的否定词，其句法位置可看作和单句一样，如"我知道他不开车"。至于"V（得）不C"之类的述补否定结构，我们认为其中的"不C"可以看作补足语小句或其语法化成分，"不"在小句中仍在修饰对象之前，属副词性成分，如"他开得不好。"

否定词"没（有）"既可以作动词来表达否定"领有"义，又可以作副词来实现对动作或状态的否定。在普通话中，这类句法环境下的"没"和"没有"基本上可以自由替换，不过从语法史角度看，二者应该是语法化进程中的偶遇。

根据徐时仪（2003）的分析，否定词"没"由"沉没"义引申而有"消失"、"失去"义，唐宋以后，"无"的"没有"义融入了"没"，"没"逐渐取代了"无"而成为否定动词。经常出现在连动式中的否定动词"没"由于语境等因素导致其动作性减弱，词义也不断虚化，最终虚化成表示否定的副词；而否定词"没有"的"没"原本是动词，当与动词"有"组成并列词组在句中作谓语时，"有"成为主要动词，"没"则主要表示否定。随着"没"与"有"在句中经常连用，"没"与"有"渐凝固成一个表示否定的复合动词。与动词"没"虚化为副词"没"相似，"没有"的词汇意义逐渐虚化，成为表示否定的副词。也就是说，"没"在语法化为否定副词时还保留了否定动词的功能，由"没"和"有"凝固成的复合动词"没有"在语法化为否定副词时也保留了否定动词的功能。共同的语义基础和语境因素使它们在语法化进程中具有相同的语法功能。石毓智、李讷（2000）认为，十六世纪以后现代汉语中的作为名词性和动词性否定标记的"没（没有）"已经形成了。需要指明的是，这里的"否定标记"和我们界定的有所不同。否定名词成分的"没（有）"是表示"缺失、不领有"的动词，具有实在意义，和第一章例（7b）中的"否认"一样，是用词汇否定手段来实现句子否定（其他方言中的否定动词同样是如此）；而语法化后的否定副词"没（有）"，则因句子有了其他的核心谓词，词汇意义减弱，语法功能增强，已虚化为专门表达否定功能的否定词，才称得上是否定标记。

这种对现代汉语否定标记的确认依据还可以从以下两方面得到证实：

首先按照标记理论，就肯定/否定这对范畴而言，肯定是无标记项，否定是有标记项（沈家煊，1999：43）。作为否定动词和否定副词的"没（有）"都属于有标记项。但从语言形式上看，一般来说，有标记项的语言单位比无标记项的要复杂一些，这也和 Lyons（1997）提出的形式标记（formal marking）相吻合。"没（有）"作否定副词可以视为在相应肯定结构（无标记项）上直接添加的语言形式，相对立的语言成分具有明显的标记特征，而作否定动词时则无。因此只有前者才属于否定标记。

另外，把两种句法分布的"没（有）"看作不同的成分可以得到相关语言事实的支持。据杨联陞的分析，湖北方言中否定副词"没有"多数地方说"没有"、"冒"或类似之音，绝没有说"没得"的。否定动词"没有"则多说"没得，冒得"，只有少数的几个县也说"没有"。而在河北昌黎城关话中，二者的声调也有区别：动词"没"读阳平，副词"没"读去声。在河北保定，否定动词"没有"的重音在"有"上，副词"没有"的重音在"没"上。而且相对应的英语 She has a book；he doesn't. She has gone；he hasn't，前者不说 he hasn't，也是有分别的（刘梦溪，1996：888—889）。从下文也能看到，在非官话区也有一些二者分别对应不同词项的现象。

由此可认为，否定副词"没（有）"是普通话实现全句否定范畴的语法标记，即否定标记，在句子中占据的是句法谓头位置。

普通话中否定词"别"的词汇意义也不明显，在谓词前表示对行为、状态的禁止或劝阻。吕叔湘（1980：67）称之为副词，后来（1985）直接则把它定为助动词，认为是由"不要"合音演变而成。其实不管是副词还是助动词，参照上述分析，可判定"别"也是普通话实现全句否定范畴的语法标记，同样出现在句法的谓头位置。

我们再来看一下汉语方言的情况。黄伯荣（1996：423—427，714—716）整理了一些方言中比较特殊的否定形式，分列在"否定副词"和"否定句"的有关章节中。这里把明确指出线性句法位置的否定成分总结分析如下。

1. 北方方言

属于中原官话的甘肃临夏话，否定副词"嫑"只用在动词前，"不"常用在其他状语后，紧靠在动词前，二者都处在典型的谓头位置。安徽霍邱话中的否定词有时可以嵌在双音节动词之间表示否定，这类用法要求谓语动词只能是常见的表感知的双音节动词，并且嵌入的否定词只能是"不"。比如"知不道"、"认不识"、"感不觉"等。关于这类结构，沈怀兴（2005）曾考证过官话方言的"知不道"是来自主谓式的"智不到"，后来因人们对"知"的"知识、智慧、智力"义的用法逐渐陌生，才作为动补结构使用，它和普通话中"不知道"的来历、结构、用法和意义均有不同。我们暂时未去探究霍邱话中这类结构是否也有相似来源，只是推测可能与感知类动词的词素特点及类推机制有关。不过从目前句法特点来看，它们与普通话中对应的肯定式结构不同，应该属于"V不C"述补结构，否定词可视为处于补足语小句的谓头位置。

东北官话的哈尔滨话，否定副词"没"是"没有"的简缩，用在谓词前作状语。[①] 江淮官话中江苏淮阴话的否定副词"没"，江苏沭阳话的否定副词"莫"，江苏仪征话中的否定副词"没□［ȵe^{24}］"与"没有"，湖北应城话的否定副词"莫"和"不"都用在动词或形容词成分前。西南官话中，四川西昌话的否定副词"酉"，湖南临武话的否定副词"没"、"冒咯"，广西柳州话的否定词"没"、"莫"，湖南道州话的否定副词"崽崽"也都用在动词或形容词前，也都属于谓头

[①] 原文献中还指出"没"在句末的用法，比如：他来了没？我们认为这里的"没"表达的是疑问范畴，不能看作否定标记，不同于否定疑问句"他没有吃饭吗？"的"没有"。下文对类似情况的处理相同。另外，原文献中凡有汉字符号可记录的否定成分，本文均不再标记读音。

位置。秦晋官话的河南安阳话，否定副词有□［piŋ⁴²］、□［piau⁴²］、□［xou³³］，都用在谓词前面。呼和浩特汉话的"没"和"没有家"或"没罗家"（后二者只是方音的不同），"没"可以是动词，作谓词，也可是副词，位置在谓词前。"没有家"是动词，充当谓语，被否定的对象宾语一般都前置或省略。基于对普通话否定动词"没有"的分析，这里作谓词的否定词不属于否定语法标记，而修饰谓词的否定标记则都处在谓头位置。

2. 吴语

江苏启东吕四话的否定副词"嬎"，在谓词前表否定。上海话的否定副词"勿"大致相当于普通话的"不"。"呒没"、"嬎"用在动词前，而在句末的"未"实际上是处于主谓结构的谓语位置上，带有明显的谓词性特征，属于词汇否定方式。宁波老城区话的六个否定副词分别相当于普通话不同否定结构，均对应于相应的谓头位置。

3. 客家话

湖南汝城话的否定副词"唔"、"冇"、"唔要"、"唔消"、"唔争"等分别相当于普通话不同的否定结构，也都处于相应的谓头位置。

4. 闽方言

闽东方言的福州话中，否定词在语音上是个鼻辅音，常和后面的动词或助动词等合成一个音节，可以记作"呣"。这类否定词其实已可视为助词成分，它们在词汇意义减弱的同时，语音形式上也逐渐弱化，音节缩减，已带有辅助词缀的性质。闽南方言广东汕头话的否定副词"呒"略等于普通话的"不"，也可以和后面的动词或形容词合成一个音节，构成单音节否定动词或形容词。"无"、"未"和"未曾"分别相当于普通话的不同否定结构。这些否定成分也都处在句法的谓头位置。

5. 湘方言

湖南衡阳话的否定副词"冒得"相当于普通话的"没有",对于分开使用的"冒得",我们认为只有"冒"是否定标记,句末的"得"是加重语气的助词,也可以说,"冒得"和"冒……得"句法性质不同,不能认为后者是前者插入中间成分的结果。类似"冒……得"的格式还有"不……得"。比如下面两例。

(1) 箇晏哒,还冒饭吃得。
　　 这么晚了,还没有饭吃。
(2) 别个又冒请我,我不好去得。
　　 人家又没请我,我不好去。

6. 粤方言

粤方言的否定副词"咪"、"唔"、"冇"、"未",广东阳江话的否定副词"无"、"冇"、"未"、"僆",在否定谓词时各有分工,但都是在谓词前。广东信宜话中也有类似衡阳话的"冒……得"格式,部分否定词在修饰谓词的同时,可在谓词后附加某些时间或范围副词。比如"冇……来"(还没有)、"冇……字"(还不)、"未……在"(还没)、"未……来"(还未)等,这里的否定标记仍是前面在谓头位置的否定副词,而后面的副词则表达动作状态的时间或范围等意义。

再来比较一下其他文献的否定范畴表达方式。北方方言中乌鲁木齐话的否定标记主要有"不"、"莫"(莫有)和"别"三个副词充当,无论是在简单动词谓语句还是复杂动词谓语句中,无论句子是一次否定还是二次否定,否定标记都紧贴动词中心语,一般是在动词前面。在有状语共现时,大部分是以"状 + Neg + V"为常态(王燕,2007:120—123)。

(3) 要紧事情赶紧不汇报不行/要紧事情不赶紧汇报不行。
   重要事情不赶紧汇报不行。
(4) 这个事情上头他明确莫表过态。
   对这件事他没有明确表过态。
(5) 沿底渠边边子别走,直接上咧马路咧。
   没沿着渠边儿走,直接上了马路。

这种违背汉语普遍遵守的语序—辖域对应规律的情况,刘丹青(2008:144)认为是附缀化引起的核心吸附现象,可能和否定词向谓语核心靠拢、漂移自由度降低有关。唐正大(2013:68)指出,这种错配关系(mismatch)的语序显示出两面性:一方面,否定辖域内的动词核心仍在否定词后面,这与其他 SVO 语言并无二致;另一方面,否定辖域内的相当一部分状语性成分却出现在否定词前面,这是关中方言和一些西北方言独有的现象,应该和历史上的阿尔泰语言影响有关。我们认为,否定标记添加在谓语内状语的最里层也正符合谓头位置的特性。北方方言西宁话的否定标记也出现在时间、情态、程度等状语的后面、主要动词或形容词的前面(邢福义,2000),语序同乌鲁木齐话。在闽方言的海南黄流话里,"否定形式只有一个[vo(2)],借个汉字,记为'否'。说'〈不〉去'时,用'否';说'〈没〉听到'时用'否';说'〈没〉人'时,用'否';说'〈无〉条件'时,也用

'否'。"也就是说，作否定标记时相当于普通话常用否定副词的所有用法，线性位置和普通话否定标记的相同。北方方言的武汉话里，可以跟"不"、"没"相应的否定形式有四个，分别是"不"，副词；"没得"，动词；冒［mau（53）］；喵［mion（42）］。"'冒'和'喵'都是副词，相当于普通话的副词'没'。…它们如果用作动词，必须加'得'：'冒得'，'喵得'。"（邢福义，1995）由此可知，这四个否定成分分别相当于普通话的不同否定结构，位置在谓词前或谓语位置。

属于赣语的湖北大冶方言，曾被多次讨论过，① 这里略作简述。否定成分至少有副词"不"、"冇"、"莫"，位置都在谓词前，也就是谓头位置。如果谓头位置出现了助动词，则否定成分就会添加在助动词前，比如"不得 V"；相当于普通话动词"没有"用法的是"冇得"，但这属于词汇否定。大冶话的禁止标记常常使用"莫"。见以下例句。

(6) 当倒面呵不说，过了身呵又突是裸意见。
当着面不说，过后又尽是意见。
(7) 个电视总不明朗，是谜个理呢？
电视总不清晰，是什么原因呢？
(8) 渠要今儿不回，就不得回了。
他如果今天不回来，就不会回来了。
(9) 带帽早冇见倒人，只怕不得来了吧。

---

① 请见马宏程、李丹弟《汉语言全句否定范畴的句法实现》，《浙江学刊》2011 年第 3 期。例句主要来自汪国胜《大冶方言语法研究》，湖北教育出版社 1994 年版；《湖北大冶话的语气词》，《方言》1995 年第 2 期；《湖北大冶话的情愿变调》，《中国语文》1996 第 5 期；《可能式"得"字句的句法不对称现象》，《语言研究》1998 第 1 期。

这时候没见到人，恐怕不会来了吧
(10) 他坐倒冇得事，驼张纸画画写写。
他坐着没事，拿张纸时而画画，时而写写。
(11) 莫假马叫我去吃饭。
别假装叫我去吃饭。
(12) 莫神里神经的跑过来问我。
别神经兮兮的过来问我。

与普通话一样，大冶方言中被认为是副词的否定词可以视为专门用来标记否定对象的语法成分，直接添加在否定对象之前。也就是说，这些否定副词就是大冶方言的否定语法标记。

闽南方言中五个否定副词"怀、无、赡、未、免"都出现在谓词前位置，只是分工不同。"怀"表示主观上不愿意去做，"无"否定动作行为的发生，"赡"表示不可能去做或无法做到，"未"表示预期中要发生的动作行为还没发生，"免"表示不必要去做。（廖新玲，2001：2，43）

(13a) 我怀讲，讲也无用。
我不说，说也没用。
(13b) 我无讲，汝着信我。
我没说，你要相信我。
(13c) 我赡讲，汝放心。
我不会讲，你放心。
(13d) 我未讲，还未轮到我讲。
我还没讲，还没轮到我讲。
(13e) 我免讲，汝着相信我。
我不用讲，你要相信我。

广西桂林的资源延东土话有五个否定副词，其中"唔[ŋ⁵³]"、"乃[nai²³]"、"勿[mai²²]"、"吗[ma⁴⁴]"相当于普通话的"不"或"没"，用法上和普通话有所不同，可作一般否定标记。"莫[mo²²]"用法单纯，只在动词前，相当于普通话的"不要"、"别"，是禁止标记（张桂权，2005：26，30）。与普通话一样，这里的否定动词都不属于语法标记，而其他否定标记的添加位置也都在谓头敏感位置。

(14) 箇盘棋老王动小张唔赢。
    这盘棋老王下不赢小张。
(15) 其呃讲乃道理出。
    他讲不出道理。
(16) 偷牛呃喔勿抓罗，捉罗翻肠崽喔。
    偷牛的没抓住，抓住了翻肠子的。
(17) 仑吗话仁呃。
    我不是说你。
(18) 好心每食，莫卡罗。
    小心点吃，别卡着。

上文列举的 31 种语言①涵盖了普通话及七大方言，尽管只占已知文献的很少比例，但仍具有一定代表性，并表现出一定的共性特征：涉及的 77 个否定标记在语类属性上，绝大多数（75 个）都是副词性，少数则已虚化为助词成分；在线性位置上，所有否定标记都在谓词前，具体都是在句法的谓头位

---

① 本文将方言视为独立语言。

置。语义上大致分一般否定标记和禁止标记（有 5 种语言明确指出有专用禁止标记），不过仍有很多语言使用一般否定标记表达禁止意义。汉语言否定成分的共性在《汉语方言地图集》里也有明显表现。① 图 028 是否定副词"不"在全国 930 个语言点的分布图，分为 6 大类 31 小类，图 029 的副词"没有"分为 6 大类 75 小类，图 031 的副词"别"分为 6 大类 62 小类。另外，图 032 和图 033 分别给出了否定词和否定语素分类的分布情况。尽管语言点的否定形式各不相同，但由于这里是取字不取音的语素分类法，所以实际上否定形式的差异只是在于语素的不同，对图目词句进行说明的小字部分恰恰证实了否定形式句法位置的相同。

在句法的三个敏感位置中，汉语言表达否定范畴的语法标记只选取了谓头位置，这与汉语言的基本语序密切相关。Dryer（1988）很早就注意到否定成分的位置和语言的基本语序之间联系密切，VSO 和 SVO 语言的否定成分几乎总是在动词之前。总之，据目前所得语料，汉语言实现全句否定范畴的方式都是在谓头位置进行添加否定标记，尚未发现在句首或句尾位置上以及运用重叠、移位手段来实现的实例。这与全句功能范畴规则的精神完全符合。

二 藏缅语族（Tibeto-Burman Branch）

藏缅语族主要分布在缅甸、尼泊尔境内以及我国西南、西北地区。可以大致分为五种语支：藏语支、羌语支、景颇语

---

① 曹志耘主编：《汉语方言地图集》，商务印书馆 2008 年版。

支、彝语支、缅语支,还包括少数尚未明确分类的语言。① 按照Dryer(2008)使用的分类体系,藏缅语族可以细分为更多的语支,除克伦(Karen)语支和白(Bai)语支属于VO型外,其余语言为OV型。否定成分和动词的顺序类型有四种:NegV、VNeg、NegV/VNeg、NegVNeg,它们在样本语言库的语言数量分别是59/34/9/6,也就是说前两种类型是绝大多数语言采用的形式。其中NegV型语言主分布在西部藏(Bodic)语支和东部努(Nungish)语支、景颇(Jinghpo)语支等,VNeg型语言主要分布在印度和孟加拉国,包括大部分波多—嘎若(Bodo-Garo)语支、达尼(Tani)语支、库基—钦(Kuki-Chin)语支等。

我们这里虽然在系属分类上和Dryer(2008)不同,但关注的类型特征主要也是否定成分的语序位置。下面看具体各语支的否定句语料。

1. 藏语支(Tibetan Languages)

主要包括藏语[Tibetan(zang)]、门巴语(Monba)、白马语[Pe(Baima)]等。藏语支语言的基本语序为SOV,否定标记可以看作是副词,② 否定语序可以有"NEG + V"和

---

① 藏缅语族的分类是在邢福义、吴振国(2002)的基础上,结合了李云兵(2008)、Gordon(2005)的分类体系。本节语料除标注外取自孙宏开(1982)、金鹏(1983)、瞿霭堂(1984)、和即仁、姜竹仪(1985)、田德生、何天贞等(1986)、马忠建(1999)、马学良(2003)、戴庆厦、田静(2005)、黄布凡、周发成(2006)、吴铮(2007)、瞿霭堂、劲松(2007)、汪大年(2007)、李云兵(2008)。这里不再一一注明,特此致谢。

② 国内语法界的常规是把修饰谓词的独立否定成分看作副词,对于汉语族语言我们都是使用这个术语。在下文分析其他语言的否定成分时,我们沿用统一的判断标准,不能独立运用的归为词缀,明确是词而又为谓词直接修饰成分的归为副词,而对于不是直接修饰谓词(比如修饰全句),或没有明显语义特征的独立成分则归为助词。这里的副词和助词大致和文献中的小词(particle)相当。

"V + NEG + 助词"两类。

(19) brag ma myil, mtsho yang ma skams. (古藏语)
　　 岩　NEG 塌　　湖　亦　NEG 干
　　 岩未塌，湖水亦未干涸。

(20) khyod gyis　ni　nga　ma　gtang. (古藏语)
　　 你（格助）（语助）我　NEG　抛弃
　　 你别抛弃我！

(21) ma˩　sa˩　ta! (藏语)
　　 NEG　吃　（语气词）
　　 别吃！

(22) hø^{55} mI^{13}　za^{53}　na^{53}　ŋɛ^{13} la　sa^{13}　dʑI^{53} me$^{·13}$. (藏语巴塘话)
　　 你　NEG　吃（连词）我　　　（助动词）
　　 你不吃我也不吃。

(23) tha^{12} sa^{12} ja ʔ^{43} jo^{ʔ12} ma^{12} re^{ʔ12}. (藏语拉萨话)
　　 现在　吃的　　　NEG
　　 现在没有吃的。

(24) ŋa^{12} tʂhom^{44} la　ma^{12}（ma^{44}）tɕhi^{53}. (藏语拉萨话)
　　 我 街市（助词）　NEG　去
　　 我没上街去。

(25) pu^{35} sa^{53}　ji^{35} ci^{35}　me^{35} te^{55}　ta^{31}. (错那门巴语)
　　 小孩　书　NEG 看　（语助词）
　　 小孩不要看书！

(26) li^{35} khu^{31} mo^{35}　no ʔ^{35}. (错那门巴语)
　　 好　NEG　　（助词）
　　 不好

(27) tɕaŋ¹³　kha⁵⁵muŋ¹³　ma¹³sik¹³ tɕa⁵⁵．（仓洛门巴语）
　　　我　　　衣服　　　NEG　　洗
　　　我没在洗衣服。

(28) ro ʔ¹³　ji¹³ki¹³　sen⁵⁵　man¹³ tɕa⁵⁵．（仓洛门巴语）
　　　他　　字　　　认　　　NEG
　　　他不认识字。

(29) ti¹³ pɑ⁵³ nɑ¹³ dɑ¹³ uɑ³⁵　nɔ¹³　n̻e⁵³ mɐ⁵⁵ nɔ¹³．（白马语）
　　　现在　这里　寨子　（助词）人　NEG　在
　　　现在这寨子里人都不在。

马忠建（1999：52）认为除古藏语和白马语之外，藏语支的动词否定形式既与主语的人称密切相关，又与动词的体、时、态等有联系，而表否定的方式正是上面两种类型。据吴铮（2007：17—18）观察，后者更常用，前者只见于禁止句、从句及特定时态的否定句中。两者的区别除了否定标记的句法位置不同之外，后者还多了一个句法成分（语尾助词）。因此，也可以认为否定标记放在行为动词前的条件是：句中没有语尾助词。我们推测否定词否定的直接对象可能是助词体现的特殊语法意义，当动词可以包含这些意义、不再需要借助于专门的助动词时，否定标记就要添加在动词前面。

2. 羌语支（Qiang Languages）

主要有羌语（Qiang）、普米语（Pumi）、嘉戎语[Gyarong（Jiarong）]①、尔苏语（Ersu）、道孚语（Daofu）、

---

① 据（法）向柏霖（2008：385）介绍，关于嘉绒（戎）语的系属学界有分歧。这里依据孙宏开（1983）的观点，属于羌语支语言。

木雅语 [Munya（Muya）]、尔龚语（Ergong）、贵琼语（Guiqiong）、扎坝语 [Draba（Zhaba）]、纳木义语（Namuyi）、史兴语（Shihing）、却域语（Queyu）等。

羌语支语言的基本语序是 SOV。其中羌语否定范畴的表达是以在动词词干（stem）前加词缀来表示,[①] 这个前缀就是否定标记。前缀的元音有开式和闭式两套，开式前缀为 ma/mæ/me/mo，闭式前缀为 mə/me/mi/mu。这些前缀的元音必须与动词词干元音和谐。它们的分布特点也有不同：开式前缀用于无趋向前缀的动词词干前，闭式前缀用于有趋向前缀或已行体前缀的动词词干前，比如例（30）。羌语也有禁止标记，按对象的不同可有两类。一种是对第二人称的禁止前缀，分开式 tça-/tçe-/tço-和闭式 tçi-/tçu-/tçy-两套。动词原形无趋向前缀的用开式，如例（31）；动词原形有前缀的用闭式，在动词词干之前、趋向前缀之后，如例（32）。另外一种是对第一人称复数的禁止标记 mæ-qə-ə[1]"不要、不准"，如例（33）。（黄布凡、周发成，2006：163—169）

(30) ŋɑ^{55} mi^{55} kə^{33} pɑ^{33} sɑ^{31}.
　　 我　NEG　去　（后加成分）
　　 我不去了。
(31) tço-ku-n.　　　→　　tço-ku-j.
　　 （你）NEG－割　（你们）NEG－割
　　 （你）别割！　　（你们）别割！

---

① 除非特别需要，本文对附着于词干［对于构词形态来说，就是词根（root）］的虚成分一般都统称词缀（前缀、后缀），包括构形成分和构词成分。这样的成分均符合两个条件：不是词根；是词而不是短语或句子的一部分。

(32) he-kue.　　　→　　　he-tɕi-kue-n.
　　　拿出去　　　　　（你）NEG-拿出去
　　　拿出去！　　　　（你）别拿出去！

(33) ʔitɕi　ləʁʐ susta　ɕi　tʰə　mæ-qə-ə·ɹ.
　　　我们　学校　　酒　喝　NEG 要-1PL
　　　我们在学校里不要喝酒。(1PL 为第一人称复数)

(34) tɕɪj　　　ɛ-　　　　mæ-　　　tɕɛ-　　　ɹɛ- ə·ɹ
　　　我们（过去时前缀）NEG　　　写　　（人称数后缀）
　　　我们还没有写。

(35) qa　tawa　ma-　tɕɑ-　tɑ.
　　　我　帽子　NEG（体前缀）　戴
　　　我还不戴帽子。

其实羌语支各语言动词都有语音近似、来源相同的表示否定的前缀。有的语言只有一种，比如上面提到的羌语，还有却域语、尔苏语、史兴语等。将来时或将行体的否定前缀在羌语、却域语中是加在动词词干前，如例（36）；而在尔苏语、史兴语中是在动词词干后、表体后缀前，如例（37）。有的语言否定前缀随动词时或体的不同有两种形式，① 比如嘉戎语、道孚语、扎坝语、木雅语、普米语等。一般是前一种词缀用于动词将形体中，位置在动词词干或表体后缀前，后一种词缀用于动词已行体或完成体形式中，位置在动词词干之前、表已行体或完成体前缀之后，比如例（38）中木雅语的否定形式 ȵə³³ 和 mɐ⁵⁵。（马学良，2003：273）

---

① 贵琼语的禁止标记为 the³³，而一般否定标记则有三种形式：me³³ 或 ma³³ 或 mø³³（宋伶俐，2011：291），但都在谓词或助动词前。

(36) ma^{55} pɕɛ^{55} ro^{31} → kɯ^{55} ma^{55} pɕɛ^{55} ro^{31} （却域语）
　　　NEG 看　　　　　　　NEG 看
　　　（我）不看。　　　　（我）没看。

(37) ʂɯ̃^{55} mu^{55}-ßi^{55} → me^{55}ʂɯ̃^{55} （史兴语）
　　　看 NEG-（体后缀）　　NEG 看
　　　（他）不看。　　　　（我）没看。
　　　(mu^{55}的词素变体是 me^{55})

(38a) thɐ^{55} ßə^{53} ȵə^{33}-po^{53} （木雅语）
　　　做　　NEG-（人称、体后缀）
　　　（我）不做。

(38b) thɐ^{55}-mɐ^{55}-ßɐ^{33} （木雅语）
　　　做-NEG-1SG
　　　（我）没做。(1SG 表示第一人称单数)

(39) ka-za to-ʒdor rə,　mə na-mɛm. （嘉戎语）
　　　吃　过多 （连词） NEG 好吃
　　　如果吃多了，就不好吃。（瞿霭堂，1984：80）

另外，嘉戎语现行体否定式有些特别，是用存在动词的否定式 mi（没有）表示，添加在谓词的后面，这种用法其实和汉语"没有"的副词用法相似，表明 mi 已经发生了向副词的虚化，是否定范畴的语法标记。在有些嘉戎语方言中，否定标记 mi 已具有副词的句法性质，在谓词前做状语。

(40) pa-ŋ mi （嘉戎语）
　　　做 NEG

现在没有做

(41) ŋa mi dzaŋ. (嘉戎语上寨话)
我 NEG 吃
我不吃。(瞿霭堂、劲松,2007:78)

羌语支语言也都有禁止标记,一般是在命令式词干前添加禁止式前缀来表示。只有嘉戎语禁止标记的位置有所不同,是用在动词前的第二人称前缀之前,这是由于第二人称词缀在句中的位置本来就不同于在动词后的其他人称词缀。不过总体上看,句子的否定标记仍是在动词的形态变化之前。

(42) tʃə̄^{13} gu^{13}tʃə^{55} ta^{13} tʃõ^{13}! (普米语)
小孩 话 NEG 说
小孩不要说话!

(43) nə-di-ngi → nə-di-ngəngə-n (道孚语)
(你)NEG-吃 (你们)NEG – 吃
(你)别吃! (你们)别吃!

(44) no mə^{33} tə^{33}-zə-u^{33}! (嘉戎语)
你 NEG (前缀)– 吃 –(后缀)
你别吃!

从上面语料可知,羌语支语言否定标记出现的顺序类型是 NEG + V 比 V + NEG 更有优势(有些语言是二者兼有),而且用于祈使范畴表达的禁止标记都是采用第一种顺序。除羌语外,多数语言的否定形式都和动词的体或式存在着联系。从句法关系上看,否定标记似乎和动词结合更为紧密,有时还可以插在词干和词缀之间,有词缀化倾向。

3. 景颇语支（Jingpo Languages）

除已被明确认定属于景颇语支的景颇语（Jingpo）和独龙语［Derung（Dulong）］之外，现在格曼僜语［Kaman Deng（Geman Deng）］、达让僜语［Tarang Deng（Darang Deng）］、阿侬语（Anong）、义都珞巴语［Yidu Lhoba（Yidu Luoba）］、苏龙语（Sulong）等也被认为属于该语支。景颇语支语言的基本语序为 SOV，其否定标记大致也分为一般否定标记和禁止标记，在线性顺序上表现不同。

景颇语的一般否定标记是副词 n^{55}，它们在句中主要做状语，而且位置固定，都紧跟在被否定的动词、形容词之前。若两个动词并用，n^{55} 和 khum^{31} 均放在两个动词之前（戴庆厦，2012：359）。也就是说否定标记的句法位置都在谓词之前：NEG + V。

(45) n^{33}tai^{33} kǎthoŋ^{31} n^{55} kǎ^{31} pa^{31} ai^{33}.
　　 这　　村寨　　NEG　大（句尾助词）
　　 这个村寨不大。

(46) nan^{55}the^{33} khum^{31} sa^{33} k ǎ^{31}lo^{31} u^{ʔ31}!
　　 你们　　NEG　去　做（句尾助词）
　　 你们不要去做！

(47) ʃi^{33} a^{55} tsom^{51} ʃa^{31} n^{55} tʃe^{33} kǎ^{31} lo^{33} ai^{33}.
　　 他　好好地　NEG 会做（句尾助词）
　　 他不会好好地做。

　　［此三例出自戴庆厦（2012：359，360）］

独龙语的一般否定标记是副词 mɯ^{31}、mǎn^{55}，后者也可以作禁止标记使用，句法位置也在谓词之前。

(48) piɔ⁵³ jaŋ³¹ sɑ⁵⁵ ɑ³¹ tsǎn⁵³ nɑ⁵³ nɯ³¹ e⁵³, ŋɑ⁵³ mɯ³¹ iŋ⁵⁵.
　　　表扬　　　人　你　是　我　NEG
　　　该表扬的是你，不是我。

(49) tǎn˥ ni˥ tjan˥iŋˠ ŋɑˠmɯ˩ ɟaŋˠ.
　　　今天　　电影　我　NEG　看
　　　今天的电影我不看。

(50) çi⁵⁵ sɑ⁵⁵　mɯ³¹ gǎm⁵³.
　　　死　　NEG　好
　　　死的不好。

(51) mǎn⁵⁵ ɑ³¹ mlɑ⁵⁵ nɯ³¹!
　　　NEG　忘记　（祈使成分）
　　　别忘记！

格曼僜语表否定的形式有三个：mɯ³¹（或 mɑ⁵³）、e⁵⁵和 mɑi⁵⁵。其中 mɯ³¹、mɑ⁵³和 e⁵⁵都不能单独回答问题，李大勤（2002：140）把它们分析成前加的形态形式。由于格曼僜语并不常使用词缀形式表达语法意义，这里的否定标记应看作副词。mɑi⁵⁵可以单独作答，也可作动词用为谓语。禁止标记 e⁵⁵出现在动词前面，而一般否定标记在动词后面，如有助动词，则在动词后、助动词前。

(52) ki⁵³　tɑ³¹xɑ⁵⁵　tçiŋ⁵³　ŋit⁵⁵　ki³⁵ ɯi⁵³　khi⁵⁵　tsoŋ³⁵ mɑi⁵⁵.
　　　我　刚才　　　知道　　他　汉族　人
　　　　　　　　　　　　　　　　　　　NEG
　　　我刚知道他不是汉族人。

(53) ɯi⁵³ tsoŋ³⁵ mɯŋ³¹ ta⁵⁵mu⁵³ ŋui⁵⁵ mɯ³¹ tɕau⁵⁵tai⁵³.
　　 她　人　　单独　　　睡觉　NEG　敢
　　 她不敢一个人睡觉。

(54) mɯ³¹ dʌn⁵⁵ ɹa⁵³ an³¹xɑi⁵⁵ e⁵⁵ boi⁵³ pɹa⁵⁵.
　　 没　多　（助词）这儿　NEG　转　乱
　　 没事别在这儿瞎转。

达让僜语的一般否定标记有副词 jim⁵⁵ 和 m⁵⁵，禁止标记是副词 ja⁵³，它们的位置和格曼僜语的否定标记有所不同，不会出现在谓词之前，而是在谓词和语尾助词后，一般就是句尾位置（有助动词修饰动词时也是如此）。

(55) xaŋ³⁵ ma³¹ mioŋ⁵³ go³¹ a³¹gɑu⁵³ wi³⁵ lɯi⁵³ m⁵⁵.
　　 我　以后　（助）　　淘气　　（助）NEG
　　 我以后不淘气了。

(56) e⁵⁵ a³¹m⁵⁵ɕi⁵⁵ e⁵⁵ n̠oŋ³¹ klɯn⁵³ ɕa⁵⁵ ja³¹ jim⁵⁵.
　　 这　桃子　　这　你　　吃　　可以（助）NEG
　　 这桃子你不能吃。

(57) moŋ⁵³ go³¹ ta³¹bɹɯ⁵⁵ ɕi³⁵ dɯ⁵⁵ga³⁵ ja⁵³.
　　 公家（助）东西　　拿（语尾助词）NEG
　　 公家的东西别拿走。

阿侬语的一般否定标记是副词 m³¹，禁止标记是副词 tha³¹，句法位置大部分在谓词之前，但有助动词修饰动词时，否定标记常在动词后、助动词前。

(58) a³¹io³¹ a⁵⁵no³¹ua³¹ɕa³³ khi⁵⁵m³¹ ŋã⁵⁵ ɕɯŋ³⁵.

我（定助）牛　肉　吃 NEG 喜欢（人称后缀）
我不喜欢吃牛肉。

(59) mu^{55} gɯ^{31} tʂhŋ^{31} m^{31} dɯ^{55} ɛ^{31}.
　　　天　也　还　NEG 黑（陈述后缀）
　　　天还没黑。

(60) ŋɛ^{31} ŋɯŋ^{55} a^{31}　ʔo^{55} ŋɯ^{31} tha^{31} ŋɛn^{55} o^{31}　　io^{53}!
　　　你们　（定助）那　个　NEG 动（命令后缀）（语气词）
　　　你们别动那个（东西）喔！

由上可知，景颇语支否定标记与修饰对象的顺序也是 NEG + V 占优势地位，只有部分语言是在谓词后附加否定成分，禁止标记也是在谓词之前。从语类上看，大多数语言的否定标记是副词，并且和主语人称、动词体范畴等有一定联系。

4. 彝语支（Yi Languages）

已经确定的有彝语（Yi）、傈僳语（Lisu）、哈尼语（Hani）、拉祜语（Lahu）、纳西语（Naxi）、基诺语（Jinuo）、怒苏语（Nusu），有些学者认为属于彝语支的还有白语（Bai）、土家语（Tujia）、毕苏语（Busu）等语言。彝语支语言的基本语序也是 SOV，有些语言（如白语）被认为是 SVO 语序。否定标记也可分一般否定标记和禁止标记两类，在句中的位置从表面上看更是复杂。彝语、拉祜语、哈尼语代表了不同的语序类型，下面分别简单说明。

彝语喜德话、泸西话的一般否定标记分别是 a^{21}、ma^{21}，禁止标记分别是 tha^{55}、tho^{31}。它们的线性位置与修饰对象的音节数目有关。一般规律是，如果谓词是单音节，就要在谓词前面；如果是双音节，就在双音节的中间；如果是多音节，则在最后一个音节的前面。但如果有修饰动词的助动词,则一般否定标记要在动词之后、助动词之前。从否定成分的句法特点看,否定标记可以看作助词。

(61) tshɿ³³   ȵo³¹   a³¹   bo³³. (彝语)
　　　他　　 劳　 NEG　动
　　　他不劳动。

(62) mu³³ ha³³ dʑi²¹ a²¹ to²¹. (彝语喜德话)
　　　雨　　下　　 NEG (AUX)
　　　不会下雨。(AUX 表示助动词)

(63) vi⁴⁴ m³³ bu³¹ ma³¹ ma²¹ ɕiaŋ⁵⁵ , vi⁴⁴ ɕiaŋ⁵⁵ ma³¹ m³³ ma²¹ bu³¹. (彝语泸西话)
　　　花　红　的 NEG 香　　花　香　的　　NEG 红
　　　红花不香,香花不红。

(64) ʑi³³ tha⁵⁵ ŋo³³ ! (ʑi³³ ŋo³³ = 哭) (彝语喜德话)
　　　　　　NEG 哭
　　　别哭!

拉祜语的一般否定标记是 ma⁵³,禁止标记是 ta⁵³。当谓词是单音节时,和彝语相同,否定标记在谓词之前;当谓词是非单音节时,大多数时候放在谓词前面,有少数也可以放在被否定词中间;当有助动词修饰动词时,大多数否定标记放在谓词前面,但也可以在动词之后、助动词之前。拉祜语的否定标记也应看作助词。

(65) mɿ³³ ve³³ xɛ³³ da²¹ , nɛ³¹ dza⁵³ ve³³ ma⁵³ da²¹.

高（助）才好　矮　太（助）NEG 好
高才好，太矮不好。

(66) Yô-hi câ-tu　mâ cò.
　　 他们 事物 NEG 存在
　　 他们没有事物。

(67) nɔ^{31} ɤa^{53} ma^{53} dzɛ^{53}.
　　 你　休　NEG 息
　　 你不休息。

(68) ŋa^{31} tsa^{53} ma^{53} phɛ^{31}. 或 ŋa^{31} ma^{53} tsa^{53} phɛ^{31}.
　　 我　吃 NEG 能　　　我 NEG 吃　能
　　 我不能吃。

(69) nɔ^{31} dzɿ^{31} ta^{53}　dɔ^{31}!
　　 你　酒　NEG 喝
　　 你不要喝酒！

　　 哈尼语的一般否定标记是 ma^{31}，禁止标记是 tha^{31}。和彝语、拉祜语不同的是，无论谓词是否为单音节，无论是否有助动词修饰动词，一律都放在谓词前面。否定标记应看作副词。

(70) a^{31} ȵi^{55} ma^{31} li^{33} mo^{31}.
　　 弟弟 NEG 去 想
　　 弟弟不想去。

(71) a^{31} jo^{31} ma^{31} dʐo^{55} sa^{55}.
　　 他　NEG 舒服
　　 他不舒服。

(72) no^{55} tha^{31}　la^{55}!
　　 你　NEG 来

你不要来!

(73) tʃhv³¹ fei³³ no⁵⁵ tʃo³¹, mʌ³¹ ŋɯ⁵⁵ ŋʌ⁵⁵ ŋɯ⁵⁵ mʌ³¹ tʃo³¹.
（西摩洛语）①

除非　你吃　不然　　我 也 NEG 吃

除非你吃，不然我也不吃。（戴庆厦，2009：178）

(74) ɯ⁵⁵mɯ⁵⁵thɯ³¹tʃɤ̃³¹tʌ!（西摩洛语）

那么　NEG 搞（语助）

别那么搞嘛！（戴庆厦，2009：215）

其他如基诺语[一般否定标记 mʌ⁴⁴，禁止标记 thʌ⁴⁴（蒋光友，2010：165）]，傈僳语（一般否定标记 mɑ³¹，禁止标记 tha³¹）②，毕苏语[一般否定标记 ba³¹，禁止标记 a³¹（徐世璇，1998：76，80）]等，否定标记和谓词的线性顺序都和上述中的某一类相同。而纳西语没有专用的禁止标记，禁止意义是用在助动词前添加一般副词性否定标记 mə³³ 来表示。

---

① 西摩洛语是属于汉藏语系藏缅语族彝语支哈尼语的一个支系语言，过去把它看成是哈尼语碧卡方言中的一个土语。（戴庆厦，2009：1）。

② 比如傈僳语在表达"他不在家"时，五个代表方言点的否定副词均在谓词前（木玉璋、孙宏开，2012：127）。

I. e⁵⁵ hi³³ khu³¹ mɑ³¹ ȵiɛ³⁵.（福贡话）
　　他　家　里　NEG 在

II. ʒɒ³¹ ɑ⁵⁵ khə³³ mɑ³¹ dʒɒ³³.（武定、禄劝话）
　　他　家　　NEG 在

III. ʒi⁵⁵ hĩ³³ khu³¹ kuɑ³³ mɑ³¹ ȵiɛ³⁵.（维西话）
　　他　家　里（助）NEG 在

IV. zi⁵⁵（i⁵⁵）hĩ³³ kuɑ⁴⁴ mɑ³¹ tiɛ³⁵.（腾冲话）
　　他　　家 里　NEG 在

V. e⁵⁵ hi³³ kuɑ⁴⁴ m̥³¹ dʒɒ³³.（永胜华坪话）
　　他　家　中　NEG 有

(75) xɯ˧ me̱˧ gɯ˧ bɯ˧ lɑ˧, lɯ˧ kho˧ dʑi˧ ŋgə˧ tʂɚ˧ mə˧ ɲi˩. （纳西语）
雨　NEG　下（即使…也）田里　　水　缺　让　NEG 要

即使不下雨，田里也不要缺水。

(76) çi³³ to⁵⁵ kha³³ mə³³ ɲi³¹！（纳西语）
人（助）骂　NEG 要

不要骂人！

另外，白语和土家语否定标记的使用和其他彝语支语言还有些不同。这两种语言由于受到汉语的影响，除了使用和藏缅语语音近似的否定标记外，还同时使用了借自汉语的否定标记，并且，两种语言在所采用的否定句语序中也表现出汉语的深刻影响（吴铮，2007：87）。在使用自有否定标记时，全句仍是 SOV 语序，而使用汉语借入的否定标记时，全句则可以是 SVO 语序，否定标记在句中的位置自然也有不同。① 比如土家语的自有否定标记为副词 tɛ³³ "没"、tha³³ "不"，用在动词形容词之后表一般否定意义，tha³³ 用在动词之前表禁止意义，可作禁止标记。而借自汉语的否定副词 pu³³，可以和汉语一样用在动词、形容词前表一般否定意义。

(77) sv⁴⁴ nɔ⁴⁴ tsɯ³³ a⁴⁴ tsɯ³³ ɲi⁵⁵ mu³³.（白语）
山　上　树　一　课　也 NEG（自有 NEG）

---

① 徐琳、赵衍荪（1984），王锋（2004）认为白语有三种基本语序：SVO、SOV、OSV，赵燕珍、李云兵（2005）确定 SVO 为白语中没有标记的优势语序，但在疑问句和否定句里，白语的常见语序仍是 SOV（李桥春，2006）。

山上一棵树也没有。

(78) pɔ³³ pɯ³³　　　　　　　ɕi:⁴⁴ xua³⁵ pɯ³³ ɯ³³ tsi³³ nɔ⁴⁴ ȵi²¹ kɛ³⁵．（白语）
他　NEG（借自汉语 NEG）喜欢　　NEG 喝 酒 的　人

他不喜欢不喝酒的人。

(79a) ko³⁵ ẽ²¹ tsi²¹ tha⁵⁵　　　　le²¹．（土家语）
他　来 NEG（自有 NEG）（语助）
他不来了。

(79b) i⁵⁴ ɕi⁵⁴ pa³³ kuɛ³⁵ tɛ³³．（土家语）
这 衣服 贵 NEG（自有 NEG）
这衣服不贵。

(79c) a⁵⁵ kɯ³³ pu³³ suã³⁵　　　　sa⁵⁴．（土家语）
这里 不算（"不"为借自汉语 NEG）冷
这里不算冷。

(80a) na³³ zɔ³⁵　　tsɔ⁵⁴ xu⁵⁴ tie⁵⁵ tha⁵⁵ pie³³．（土家语）
夜里　早晨　　比不上（"不"为自有 NEG)
晚上不如早晨。

(80b) na³³ tshɛ⁵⁴ lu³³ pu³³ pi⁵⁴　　　　　tsɔ⁵⁴ xu⁵⁴ tie³³．（土家语）
晚　上　不比（"不"为借自汉语 NEG）早晨
晚上不如早晨。

还值得注意的是，白语的否定词除了分析方式构成的单纯词、合成词外，在白语很多方言里，还存在曲折方式造成的否定词汇，这在第一章第一节已讨论过。

云南玉溪市红塔区附近"撒都人"使用的撒都语以前一直被认为属于白语,经过详细调研后,白碧波等(2012:305)将其定性为彝语支中的一种独立语言。撒都语的形态变化不太丰富,语序和助词是表示语法意义的主要手段,基本语序是 SV 或 SOV。否定标记比较简明:一般否定标记是副词 ma^{31},禁止标记是副词 ta^{42},都在谓词前面。

(81) ŋo^{21} ma^{21} dzo^{33} sɛ^{33}.
　　 我　NEG　吃　还
　　 我还没有吃。(白碧波等,2012:182)

(82) ta^{42} ȵi^{55} zi^{21} phi^{42} to^{33} go^{21}!
　　 NEG　忘记　掉　(祈使助词)
　　 别再忘记啦!(白碧波等,2012:181)

从上述语料可知,彝语支语言否定标记(含禁止标记)添加的线性位置主要有三类:NEG + V;在谓词后、助动词之前;在双音节动词之间。否定结构的形式比较简单,与谓词的各种范畴没有多少联系,语类属性上都是副词或助词。

5. 缅语支 [Burmese (Mian) Languages]

包括缅甸语 [Burmese (Mian)]、阿昌语 (Achang)、仙岛语 (Xiandao)、载瓦语 [Tsaiwa (Zaiwa)] 等。另外,浪速语 (Maru)、勒期语 (Lachi)、波拉语 (Bola) 也属于缅语支,不过由于其特点和载瓦语相近,有学者认为它们应属于载瓦语,不能和载瓦语并列。无论是否隶属于载瓦语,这并不影响我们对其否定标记的分析。缅语支语言的基本语序为 SOV,否定标记也可分为一般否定标记和禁止标记。在句法位置上,大部分缅语支语言的否定标记是一致的,都是"NEG + V"的顺序,一般否定标记和禁止标记都在谓词之前。当有助动词修饰动词时,无论助动词在动词前或后,否定标记一律都放在动词和助动词的前面。①

缅甸语的否定可以用框式否定的形式,并且一种否定形式可以表达不同的时态意义。阿昌语、载瓦语、浪速语、勒期语、波拉语的一般否定标记都只有一个,分别是副词 n³¹、a²¹、mə̌³¹、a³³、a³¹,仙岛语的一般否定标记有两个:n³¹、ma³¹,在语义上可以自由替换。它们的禁止标记分别是副词 tɑ³¹、khě⁵⁵、tě³¹、khaʔ⁵⁵、thɛ³¹、ta³¹,在载瓦语、仙岛语等语言中,禁止意义还可以用一般否定标记加助动词来表示。

(83) θwâ-dé → θwâ-me
 →θwâ-bí → ma-θwâ-bû (缅甸语)
 去-(现实式)→去-(潜在式)→去-(完成式)→NEG-去-NEG
 去　　　　　　　会去　　　已经去了
 不会去/没去
 (Cornyn, 1944: 12-13, 转引自 Miestamo & Wagner-nagy, 2008)

(84) ŋa⁵⁵ khɑ⁵⁵ nɑi⁵⁵ mu³¹ sɑu31 n³¹ tʂɑu³⁵. (阿昌语)
 我　今天　　书　　　NEG 看
 我今天不看书。

(85) ŋɑ55 tsꞌ55 n³¹ tɑŋ³⁵ çɛ⁵⁵. (阿昌语)

---

① 详见吴铮(2007: 50, 58)的总结,吴铮还认为否定标记之所以都在动词和助动词的前面,是因为缅语支语言的助动词与动词结合很紧,具有黏附在动词上的特点。所以构成否定式时,否定副词要加在动词与助动词构成的整体结构上。

我　字　NEG　会　写
我不会写字。

(86) naŋ⁵⁵ ta³¹ la³⁵ xa⁵⁵!（阿昌语）
你　NEG　去（语助）
你别去!

(87) pe²¹ kji̠n⁵⁵. a²¹ kjoʔ²¹ ʒa⁵⁵.（载瓦语）
北京　　NEG 冷　（助）
北京不冷。

(88) ŋja⁵⁵ khe⁵⁵ po̠k⁵⁵!　（载瓦语）
烟　NEG　吸
不要吸烟!

(89) ko²¹ paŋ²¹ vui⁵¹ nam²¹ ma⁵⁵ xoʔ²¹ taŋ²¹ a²¹ tai²¹ pho²¹!
（载瓦语）
大人们　旁边　（助）害羞话 NEG 说　准许
在大人们面前不准许说害羞话!

(90) ɔŋ³¹ n³¹ pɔ³⁵ xɔ³¹ kjɔ⁵⁵ n³¹ kjɔ³¹⁾⁵¹ ɔ³¹.（仙岛语）
菜　没 有　（连）饭 NEG 吃　（助）
没菜的话，就不吃饭了。

(91) ŋɔ⁵⁵ n⁵⁵ lɔ⁵¹ lau⁵⁵.（仙岛语）
我　NEG 去 愿意
我不愿意去了。

(92) ta³¹ kjɔ⁵¹!　（仙岛语）
NEG　吃
别吃!

(93) ŋjɔ³¹ n³¹ ʂuʔ²⁵⁵ ka³⁵!　（仙岛语）
烟　NEG　抽（语助）
禁止吸烟!

波拉语的一般否定标记 a^{31} 表示对动作、行为、性质等的否定。禁止标记 thɛ^{31} 常用在祈使句中，表示禁止或对必要性的否定，不过，禁止意义也可以用一般否定标记加助动词来表示。

(94) thɔi^{55} su^{55} a^{31} mja^{ʔ31} tuŋ^{31} a^{31} jauŋ^{35}.
那 样 （助） 脸 NEG 好看
那样的脸不好看。

(95) ti̱^{35} a^{31} ti̱$^{35/31}$ vɛ^{55}, a^{31} su^{55}ɛ^{31} jɔ̃^{31} a^{31} kɔ̱t^{55}.
说（助）说（助） 但是 他 NEG 做
说是说了，但是他没有做。

(96) tʃhŋ^{35} thɛ^{31} pa̱u^{ʔ55} ɔ^{35}!
烟 NEG 抽 （助）
不要抽烟！

(97) tʃhŋ^{35} a^{31} kai^{31} pa̱u^{ʔ55}!
烟 NEG 要 抽
禁止抽烟！

另外，早已消亡的西夏语也属于藏缅语族，它是我国古代西夏党项族的语言，又称蕃语，对构拟原始汉藏语与原始藏缅语起着重要作用。其基本语序结构也是 SOV，动词常在句尾。据马忠建（1999：49—50）的考察，西夏语的一般否定标记应该有三个：mi（不）、me（未）、mui̱［不（能）］。mi 表示对动作、行为或性状的否定，主要用在动词、形容词等前面，也可以在其后。me 表已然性否定，mui̱ 表可能性的否定。相当于禁止标记的是 ti，表禁止或劝阻，只用于第二人称。me、 mui、ti 都只有 NEG + V 这种顺序类型。这四个否定形式都具有完整的音节，不能单独回答问题，与后续成分结合紧密，中间不能插入其他成分，应该视为副词。

(98) mi ŋu　　　mi lɑ　　　mi dʑĭou
　　　NEG 是　　NEG 来　　NEG 长
　　　不是　　　　不来　　　　不长

(99) ŋɑ nḭ thē kĭɑ kĭu tshəu-mi？
　　　我（后缀）何 敢 供 养－NEG
　　　我等焉敢不供养？

(100) me wɪ　　　me wɪe　　me nui
　　　 NEG 成熟　NEG 做　　NEG 能
　　　 未成熟　　　未做　　　　未能

(101) mui ni　　　mui dʑĭe　　mui kĭə
　　　 NEG 及　　NEG 肯　　　NEG 敢
　　　 不（能）及　不（能）肯　不（能）敢

(102) jē ŋu dʑĭou ti-tsĭəi.
　　　 貌（助词）人 NEG－取
　　　 勿以貌取人！

由上面对藏缅语族 41 种语言的 83 个否定标记的分析可知[①]，有 24 种语言的否定标记可以分为一般否定标记和禁止标记；29 种语言的否定标记是副词，8 种语言的否定标记表现为词缀，4 种语言的否定标记表现为助词；否定标记和谓词的

---

① 这些样本语言中有不少可以使用不止一种否定形式，因此统计数据有交叉重复情况，后面此类统计也是如此。

关系紧密，与藏缅语的其他语类相比，否定标记具有较强的黏着性；否定句的优势语序是否定标记前置于谓词（含谓词词干以及多音节谓词之间）（39/41），也可以在谓词后（7/41），也可以两种语序都出现（8/41）或使用框式否定（1/41），当有助动词时，否定标记则一般在助动词前（9 种语言讨论到助动词，否定标记均在助动词前）。

三 壮侗语族（Kam - Tai Branch）

主要分布在我国的中南、西南地区和越南、老挝、缅甸、泰国境内。旧称黔台语族，也叫侗泰语族、侗台语族。主要有台语、侗水、黎语、仡央四个语支。① 壮侗语属于词根语，不过仍保留有一些曲折形式（主要是声调交替的方式）来区别语法意义或词汇意义。句子的主要语序类型为 SVO 型。②

1. 台语支（又称壮傣语支，Zhuang-Dai Languages）

台语支包括国内的壮语（Zhuang）、傣语（Dai）、布依语

---

① 这里主要采用的是梁敏、张均如（1996）的分类体系。其中仡佬语支语言的归属仍有异议，《中国大百科全书·语言文字》（1988）、倪大白（1990）都没有单列该语支，把它归到壮侗语族的侗水语支，张济民（1993）、李云兵（2000）等主张应是汉藏语系中独立的语族，梁敏、张均如（1996）等的观点和邢福义、吴振国（2002）所列分类结果相符，都是壮侗（侗台）语族的一个独立语支。

② 本节语料取自梁敏（1980），欧阳觉亚、郑贻青（1980），《壮侗语族语言文学资料集》（1983），陈其光（1984），郑贻青（1992），张济民（1993、1994），符昌忠（1997、2002、2005、2006），李锦芳（1999a、1999b），李云兵（2000、2008），马学良（2003），龙耀宏（2003），薄文泽（2003、2008），何山燕（2004），罗美珍（2004），姜莉芳（2004），吴小奕（2005），陈京苗（2005），刀洁（2005），何彦诚（2006），张景霓（2006），何霜（2007），谢恩临（2007），陆天桥（2007），潘立慧（2007），陈永莉（2008），邓丽娜、厉芹（2008），刘援朝（2008）。这里不再一一注明，特此致谢。

[Buyei（Buyi）］、临高语［Limkou（Lin'gao）］和国外的泰语（Thai）、老挝语（Laotian）、掸语（shan）、侬语（Nung）、岱语（Tay）、黑泰语（Black Tai）、白泰语（White Tai）和趋于消亡的阿含语（Ahom）等。

壮语的否定标记可以分一般否定标记和禁止标记。基本的句子结构和汉语大同小异，不同点主要在名词修饰语后置和部分补语的位置上。否定标记的线性序列则和汉语相同，一般在动词或形容词前。各地方言表示"不"的否定副词主要有 bau⁵、bɯ²、di¹、ʔi⁵、dɯ：i¹、mi⁵、mei² 等，壮语标准音规范为 bou³。

（103）rau² di⁵ au¹ to⁶ka：i⁵ pu⁴ɯn⁵.（壮语）
　　　我们 NEG 要 东西　 别人
　　　咱们不要人家的东西。

（104）ʔai⁵⁴ ʔdaɯ⁵⁴ ya：n²¹ mei²¹ he：k³³, ɕɯ：ŋ³³ nai²⁴ ʔai⁵⁴ ʔbou³³ hoŋ³³ ʔo²⁴.（忻城壮语）
　　　他 里面 家 有 客人 现在 他 NEG 空
　　　他家里有客人，现在他没有空啦。

（105）ʔdi³³ ʔdam⁵⁴, tou⁵⁴ ʔdi⁵³ ʔei³³ kən⁵⁴ ja：ŋ²¹ he：n²³¹.
　　　（忻城壮语）
　　　NEG 种　 我们 NEG 喜欢 吃 玉米 黄色
　　　不种，我们不喜欢吃黄玉米。

（106）ʔdak⁵⁵ mai²⁴ nai²⁴, mən²¹ ʔdi³³ ɣo²⁴ mən²¹ j ɕi²¹ kai³³ lu：n³² ka：ŋ²³¹ la：i⁵⁴！（忻城壮语）
　　　个 妇女 这 你 NEG 懂 你 就 NEG 乱 讲 多

这个女人，你不懂就别乱讲！

壮语德靖土语的否定表达比较特殊，大部分采用了框式否定的形式。它的否定副词有 mei^2（mi^2）"不、没"、pu^3"不"、mei^{2}sai^3"别"、tsaŋ^2"未、未曾、没有"等，否定动词是 mei^{2}naːu^5"没有"。它们和大多数汉藏语言的否定副词一样，用在动词或形容词的前面，但是其中 mei^2、mei^{2}sai^3 和 mei^{2}naːu^5 不能单独使用，必须在小句的末尾（如果有语尾助词则在其前）加否定助词 naːu^5 来辅助，构成框式否定形式来表达完整的否定概念。句末的 naːu^5 也只能和前面的否定词搭配使用，不能单独修饰动词或形容词。否定副词 pu^3 借自汉语，受汉语影响，可以不带否定助词单独使用，表已然否定的 tsaŋ^2 则根据情况可带可不带 naːu^5。（郑贻青，1992：79-81）其中副词形式的为否定标记，而否定动词属于词汇否定，不是否定标记，有关框式否定等双 NEG 现象，后面再专门讨论。

(107) mei^2　yi^{2}təŋ^3　ma^2　naːu^5
　　　 NEG　一定　来　NEG
　　　 不一定来

(108) mei^2　θiŋ^{3}θei^4　naːu^5　ku^3　ŋən^{4}θəi^3
　　　 NEG　想 买　NEG　也　得　买
　　　 不想买也得买

(109) ku^3　pu^3　laːi^1　ku^3　pu^3　noːi^4
　　　 也　NEG　多　也　　NEG　少
　　　 不多也不少

(110) mei^{2}sai^3　lei^4　te^1　naːu^5
　　　 别　　　　 理　他　NEG

别理他

(111) tsaŋ² tha¹ nan⁶ kən² tən⁴ kwa⁵ (naːu).
NEG 见 种 人 这 过 （NEG）
没见过这种人。

(112) kaːi⁵ ni⁵ kaːŋ³ mei² naːu⁵ taːu⁶ lei⁴ naːu⁵.
的 你 讲 NEG 道理 NEG
你的话没有道理。

傣语的否定标记可以分为一般否定标记和禁止标记,不同方言中的否定标记有所不同。状语可以根据情况不同在谓语前或后,比如地点、目的、原因状语等都在谓语后,但否定词修饰谓语时一般是在谓语前。

(113) ku³³ băo⁵⁵ hui³¹ lum⁴³ ne⁵⁵.（金平傣语）
我 NEG 会 忘记 的
我不会忘记的。

(114) na³¹ hău²⁵ măn⁴³ hu³¹ tsăk⁵⁵!（金平傣语）
NEG 让 她 知道
别让她知道！

(115) to¹ xa³ pɔ² daː¹ dən¹ nɯŋ⁵ bau⁵ thai¹ na⁴.（西双版纳傣语）
我 已经 月 一 NEG 犁 田
我已经一个月没有犁田。

(116) to¹ xa³ bau⁵ va⁶ pɔ² sɔŋ¹ hən⁵.（西双版纳傣语）
我 NEG 说 够 双 了
我不再说第二次了。

(117) man² mau¹ hu⁴ si¹ it⁷.（德宏傣语）

他　NEG　知道　一　点儿
他一点儿也不知道。

(118) xa:m² men² lai⁴ ja⁵ pai⁵　ta:n³！（德宏傣语）
话　种　这　NEG　讲
不许说这种话！

泰语的状语一般放在中心语之后，副词状语则有些复杂，可在中心语前或后，或前后均有。但否定副词标记作状语则只能在中心语前面，当有能愿动词时，否定副词要在能愿动词前，一起置于谓语后，有时在句子末尾。泰语的否定标记只有一个 mai³，能表达一般否定意义和禁止意义。

(119) phom¹ wa:i³ na:m⁴ mai³　pen².
我　游　水　NEG　会
我不会游泳。（薄文泽，2008：36）

(120) phom¹ mai³　tɕhai³ nak⁸ sɯk⁷ sa¹.
我　NEG　是　学生
我不是学生。（薄文泽，2008：35）

布依语、临高语、岱侬语等的否定标记都是副词，位置在动词或形容词前面，它们的语序类型为 NEG + V。

(121) lɯk⁸ mɯŋ² mi²　ʔiu⁶ za:n²ku¹ tə za:i⁴．（布依语）
孩子你　NEG　在　家　我　真的
你的孩子真的不在我家。

(122) tu² nɯm² ti¹ mi²　kɯm¹ ȵɯ³．（布依语）
只　睡　那　NEG　吃草

躺着的那只不吃草。

(123) mjaŋ³　nau²　（布依语）
　　　NEG　　说
　　　别说

(124) mən²　bɔi⁴　（临高语）
　　　NEG　　去
　　　不去

(125) za²　het　hɤɯ³　kɤn²　da:ikɔpɛŋ⁵．（岱侬语）
　　　NEG　做　使　　人　别　　委屈
　　　别让别人受委屈。

2. 侗水语支 [Kam – Sui (Shui) Languages]

侗水语支主要有侗语 [Kam (Dong)]、水语 [Sui (Shui)]、毛南语 (Maonan)、莫语 [Mak (Mo)]、佯僙语 (Yanghuang)、锦语 (Ai-Cham)、标语 (Biao)、拉珈语 [Lakia (Lajia)] 等。侗水语支语言的副词常出现在动词或形容词前，有修饰、补充作用，有时会有作补语的副词后置情况，而有些语言的少数副词则前后置都可以。其中否定副词作句子的否定标记，和汉语类似，常有一般否定标记和禁止标记两类，位置在动词或形容词前。

(126) sak⁵⁵　li³²³　mjeŋ¹¹　man⁵⁵，naŋ¹¹　mi³¹　so³²³．（侗语）
　　　洗　　得　　几　　　天，　还　　NEG　干
　　　洗了几天，还没干。

(127) tjiɤ²　ja⁵　naɤ⁶　mɛ²　lai³　tɔ²　mjai⁴　ɛ³．（侗语下坎话）
　　　条　　田　这　　NEG　有　只　鲤鱼　呀
　　　这块稻田里一条鲤鱼都没有。

(128) at⁷ naɨ⁶ laɨ¹, at⁷ tɕa⁶ mɛ² laɨ¹.（侗语下坎话）
　　　只 这 好　只 那 NEG 好
　　　这只好，那只不好。

(129) me² ljan⁶（水语）
　　　NEG 甜
　　　不甜

(130) mi⁴ sok⁸ （水语）
　　　NEG 熟
　　　未熟

(131) mɛ² saɱ¹ jaɱ¹ kaɱ³　zaŋ⁴ mu⁵.（毛南语）
　　　有 三 房子 NEG 养 猪
　　　有三户不养猪。

(132) ɦe² ni⁴ nam² tu⁵ kam³　na⁴.（毛南语）
　　　我 什么 都 NEG 吃
　　　我什么都不吃。

(133) ŋ² jɔŋ⁶　kai⁴ ljeu⁶.（毛南语）
　　　你 NEG 推辞 了
　　　你别推辞了。

(134) ŋo⁴ be¹ tə² lə² təi³ na:ŋ⁵ me² zo³ ta:ŋ³.（莫语）
　　　五 岁 的 小孩 也 NEG 会 讲
　　　五岁的孩子还不会讲（话）。

(135) me² doŋ⁵（莫语）
　　　NEG 亮
　　　不亮

(136) tɕwə² naɨ⁶ tɕi² tsjen¹ tɕi² tan³ ra:u¹ tsu¹ me² wa:ŋ¹ vən¹.（伴僙语）
　　　时 这 的 吃 的 穿 咱们 都 NEG 慌

了

现在咱们吃的穿的都不愁了。

(137) mi⁴　tsjen¹　（佯僙语）

　　　NEG 吃

　　　没吃

(138) hwāi¹ hjiɤ³　（拉珈语）

　　　NEG 懂

　　　不懂

(139) ei³　piẽ¹　（拉珈语）

　　　NEG 哭

　　　别哭

3. 黎语支（Li Languages）

黎语支语言现在被认定的主要有黎语（Li）和村语（Cun），二者有着很近的亲缘关系，欧阳觉亚（1998）认为二者都保留有古代某个时期黎族和土著部分的村人所共有的成分。否定标记为副词，在否定副词的句法位置上，黎语支和台语支、侗水语支一样，一般都在动词、形容词前面，如有助动词，则在助动词之前。语义上否定标记也有一般否定标记和禁止标记之分，各个方言中的否定标记有些不同。

(140) tshai¹ nei² ta¹ tshoɲ¹．（黎语）

　　　树　这　NEG 果子

　　　这棵树不结果子。

(141) tsɯ³³ kwən⁵³ re¹¹ ʔai²⁴ hei⁵³．（黎语）

　　　一　次　也　NEG 去

　　　一次也不想去。

(142) ʔaɨ²² za⁵¹! tseɯ²² hoʔ³³ ven⁵¹ laɨ³⁴ hɔʔ⁵⁵! （黎语坡春话）
　　　哎呀　　　书　我　NEG　见　了
　　　哎呀！我的书不见了！

(143) tsɯ²¹ hom²² tɯ²¹ ne²¹ ven⁵¹ ɬen²². （黎语坡春话）
　　　一　件　事情　这　NEG　好
　　　这件事情不好。

(144) ʔiu³⁴ phoŋ³⁴ lom²¹ tsiaŋ²² hɔʔ³³! （黎语坡春话）
　　　NEG　碰　倒　杯子　我
　　　别碰倒我的杯子！

黎语加茂话的否定副词只有一个 ŋɔ¹，表示汉语中"不"、"没有"的意义。

(145) ŋɔ¹ khaʉ¹ lu⁵ khaʉ¹ vən¹ na¹.
　　　NEG 靠　别人　靠　自己
　　　不靠别人靠自己。

(146) kau¹ min⁴taɨ² nei⁵, nei⁵ ŋɔ¹ min⁴taɨ² kau¹.
　　　我　知道　他　他　NEG 知道　我
　　　我认得他，他不认得我。

不过，值得注意的是，黎语个别方言的很多副词可以通过重叠形式来加强语气，否定副词也有这种语法形式，比如下面的黎语侾方言的黑土话。[①] 这种形式不同于汉语式的"¬¬ P = P"逻辑上的双重否定，句子仍是表达否定意义，应该是后面

---

① 见马学良（2003：749）的讨论。

要谈到的否定一致现象。

(147) meɯ¹ iu³ iu³ hei¹.
　　　你　NEG NEG 去
　　　你千万别去。

(148) hou¹ ri³ ri³ hei¹.
　　　我　也　也　去
　　　我也去（非去不可）。

村语的一般否定标记是 kɔ²¹、vɛn⁴²，禁止标记是 a²muŋ¹，一般也用在动词或形容词前。

(149) na²¹ mɛŋ³⁵ dok³³ sep³³ lɛŋ³⁵ ba²¹ vɛn⁴² la²¹ zɛn³³ lɔ²¹.
　　　他　约　有　十　余　年 NEG 吃　烟　了
　　　他约有十余年没抽烟了。

(150) a²muŋ¹ ɔŋ³tshaŋ³.
　　　NEG　　吵架
　　　别吵架！

但当动词带助词 ʔdok³³ 时，则不同的排列顺序有着不同的语义：V + NEG + ʔdok³³ 表示"不能"、"不行"；NEG + ʔdok³³ + V 表示"未能"、"没有"、"不准"；NEG + V + ʔdok³³ 表示"不可能"。① 然而不管哪种语序，否定标记都不是出现在最后，始

---

① 见符昌忠（2006：27—28）的分析，符先生认为 ʔdok³³ 是汉语"得"的借词，是村语中的常用动词，意思是"得、得到、有"，我们这里讨论的是它虚化为助词的用法。

终是在否定对象的前面，第一种情况实际上是 NEG + ʔdok^{33} 做了动词的补语，相当于汉语的"V 不得"。

(151) ni^{21} heŋ^{42} vok^{13} kɔ^{21} ʔdok^{33}.
这样 做 NEG （助）
这样做不行。

(152) ham^{13} ʔbɔ^{21} tshɔ^{21} nuŋ^{35} vɛn^{42} ʔdok^{33} la^{21} ʔbek^{33}.
过去 饭 都 NEG（助）吃 饱
过去饭都不能吃饱。

(153) muk^{55} kuə^{21} hɛi^{42} vɛn^{42} tθiək^{33} tsa^{21} kɔ^{21} la^{21} ʔdok^{3}.
芒果 这 NEG 熟 NEG 吃（助）
这芒果没熟不能吃。

4. 仡央语支（Ge-Yang Languages）

仡央语支语言都是濒危语言，包括仡佬语（Gelao）、拉基语［Lathi（Laji）］、普标语［Pupeo（Pubiao）］、布央语（Buyang）、木佬语（Mulao）、拉哈语（Laha）以及已经消亡的羿人语（Yiren）等。仡央语支语言的否定标记都是副词，也常常有一般否定标记和禁止标记之分，有些语言比如巴哈布央语，其否定副词 pi^{55} 既可以表一般否定意义，也可以表禁止意义。

(154) kə^{55} laŋ^{31} i^{45}, pi^{55} ja^{33} üdɯ^{33} tɛ^{31} mai^{11}.（巴哈布央语）
他 还 小 NEG 能 结婚
他还小，不能结婚。

(155) pi^{55} ȵaan^{45} ja! ŋu^{11} ja^{11}.（巴哈布央语）
NEG 吵架了 睡 吧
别吵架了，睡吧！

仡央语支语言否定标记的线性位置在壮侗语族乃至整个汉藏语系中都显得比较复杂，大致来说有三种情况：①

第一，否定语序类型为 NEG + V，这种类型的语言有羿人语、木佬语、普标语和上面提到的巴哈布央语。

(156a)　pu^{33}　lo^{31}　（羿人语）
　　　　　NEG　回来
　　　　　不回来

(156b)　pu^{33}　ai^{33}　（羿人语）
　　　　　NEG　好
　　　　　不好

(157)　zə^{53} a^{55}　zə^{31} ku^{24} mə^{53} pau^{24}.（木佬语）
　　　　我　NEG　曾　吃　早　饭
　　　　我不曾吃早饭。

(158)　tsi^{53} xe^{31} ɣo^{53} na^{31} a^{55}　fə^{53}.（木佬语）
　　　　一　个　人　这　NEG　高
　　　　这个人个子不高。

(159)　zən^{33} nai^{45} niam^{35}　suŋ^{213}, kau^{51} dien^{22} tu^{51} se^{213}.
　　　　（普标语）
　　　　山　这　NEG　高　我　上　得　去
　　　　这山不高，我爬得上去。

(160)　aŋ^{53} mje^{44} tɕa^{44} ɕe^{53} tau^{5} ȵin^{53} m̥hja^{53}　te^{44} men^{44} ɕau^{44}.
　　　　（普标语）
　　　　有　年　一　二　三　月　NEG　见　下　雨

---

① 分类参考了潘立慧（2007：31—36）对现代仡央语否定词语序的总结和部分语料，谨此致谢。

第二章　各代表语言的否定标记　85

有一年，两三个月不下雨。

(161)　nok⁵³ bjaŋ⁵³ nam⁵³　dun¹³ lai⁴⁴ tjo²⁴.（普标语）
　　　　鸟　飞　NEG　容易　打　着
　　　　飞的鸟不易打。

(162)　tau⁵³ ja³³ ɬai⁵³.（普标语）
　　　　你们　NEG　说
　　　　你们别说。

这种类型的语言中，有个别语言不但有前置于谓词前的否定标记，还有在句末的否定标记，比如贵州凯里炉山镇白腊木佬语，否定副词 i⁵³、a⁵⁵ 一般前置于动词或形容词，而否定副词 nəu³⁵ 则位于句末。①

(163)　əŋ³³ i⁵³ ni³³.
　　　　我　NEG　要
　　　　我不要。

(164)　mo³¹ a⁵⁵ pi³⁵?
　　　　你　NEG　去
　　　　你不去?

(165)　ni⁵³ pe⁵⁵ nəu³⁵.
　　　　要　得　NEG
　　　　要不得

第二，否定语序类型为 V + … + NEG，这里的否定标记一

---

① 李云兵（2008：193）认为 nəu³⁵ 后置于动词、形容词，应该理解成是在动词、形容词的后面，但未必是紧接其后，准确位置应是在句末。

般在句尾。这类语言以仡佬语为代表，另外还有拉基语、布央语和拉哈语。比如仡佬语的"否定词用在句末，这是仡佬语不同于壮侗、苗瑶以及汉语最突出的一点。"① 仡佬语的否定副词"a^{43}"一般来说是添加在句末，和句末语气助词形成占位冲突，因此二者常常不共现。也就是说绝大多数否定句中，都不会出现句末语气词（张济民，1994）。不过在表达已然否定时，有些语言还需要在动词前添加相应的否定副词，构成框式否定形式。

(166) nu^{43} haŋ^{55} piau^{44} klaŋ^{44} kɯ^{31} ei^{44} klau^{44} a^{43}.（仡佬语）
　　　他　喝　酒　　醉　　了　我　知　NEG
　　　他喝酒醉了我不知道。

(167) sɛ^{43} ȵɛ^{44} nɛ^{43} ei^{44}　mɛ^{33} a^{43}.（田坝仡佬语）
　　　只　牛　这　我　　要　NEG
　　　这头牛我不要。

(168) a^{43}　　　　　nɛ^{31}　ȵe^{44}　kiaŋ^{31} a^{43}.（田坝仡佬语）
　　　（发语词）　天　NEG　黑　　NEG
　　　天还没黑。

(169) a^{43}　　　　　mu^{31} vu^{33}　tau^{55} vu^{33} a^{43}！（田坝仡佬语）
　　　（发语词）　你　去　　NEG　去　NEG
　　　你不要去了！

(170) ko^{13} ljo^{31}（拉基语）
　　　吃　NEG
　　　不吃　（李云兵，2000：283）

(171) ȵi^{55} ȵo^{31} ȵin^{55} phaŋ^{55} a^{44} ljo^{44} ȵi^{35} tɕu^{31} ljo^{31}.（拉基语

---

① 见马学良（2003：754），不过原出处疑问例句中的否定词ʔa^{33}，不能视为本文所讨论的否定标记，比如：xɒ^{33}（吃）xɒ^{33}（吃）ʔa^{33}（不）？吃不吃？

鸟　　　飞　　容易　打　着 NEG

飞的鸟不易打。　　（李云兵，2008：210）

(172) m^{55} a^{44} ku^{44} hje^{55} to^{44} pei^{31} la^{44} ljuŋ^{44} ljo^{31}.（拉基语）

你 NEG　告诉　别人　NEG

你别告诉别人！　　（李云兵，2000：129）

(173) ma^0 nɔ^{11} kɔ^{5433} tin^{11} laai^{11}.（郎架布央语）

谁　　也　知道 NEG

谁也不知道。

(174) kɛ^{54} tin^{11} la^{11} vi^{312} qhun^{54} laam^{11}.（郎架布央语）

他　会　走　路　NEG

他还不会走路。

(175) tɔn^1 tuk^4 nɤj^3 aj^3 ɣj^4 taw^6, hop^6 tam^6 kloŋ^3 taw^6.（拉哈语）

块 地 这 好 很 NEG 得 种 菜 NEG

这块地很不好，不能种菜。

(176) zaw^1 ɔj^6 he^1 va^3 ɛp^4 taw^6.（拉哈语）

男孩　NEG 去 学 NEG

这男孩还没有上学。

第三，否定语序类型为 NEG + V + … + NEG，这和壮语德靖土语的否定类型相同，可以看作框式否定形式，两个否定词把谓词框在中间。第二种类型的语言有时也采用这种语序，比如上面的田坝仡佬语、拉基语、拉哈语。有些仡佬语方言的全句否定几乎全部使用框式形式，比如下面的比贡仡佬语。这种选用一个以上否定成分的现象（比如框式等双 NEG），后面再讨论，不过，这两个否定成分仍在句法敏感位置：谓头和句尾。

(177) na³³ na³³ ʔie³¹ ŋo³¹ ʑi¹³ ma³¹ na³³ ʔo³³.
这里　　　　有　　野猪　NEG 牛 NEG
这里有野猪，没有牛。

(178) məɯ³³ na¹³ qhəɯ³¹ ʔo³³.
你　NEG　跑　NEG
你别跑！

而居都仡佬语相比其他仡佬语还有一种比较独特的否定形式，居都仡佬语中有些能愿动词和断事动词可以通过改变语调的方式来表示否定意义。① 这些动词用降调时是表肯定，变为高平调或中平调后表示否定。常见的动词有 aɯ³¹（是）→ aɯ³³（不是）、aŋ³¹（没有）→ aŋ⁵⁵（没有）、ʔlo³¹（会）→ ʔlo³³/⁵⁵（不会）、xan³¹（能）→ xan³³（不能）、mlan³¹（愿意）→ mlan⁵⁵（不愿意）、kei³¹（敢）→ kei⁵⁵（不敢）等。② 这类动词可以用"肯定+…+否定"方式构成正反问句，否定成分必须在句尾。而在其他类型的句子中使用时常常以重叠形式出现，这里的重叠组合形式相当于一个词，表达的是一个语义，其中表达全句否定范畴的方式是"肯定+否定+…+NEG"，也就是说句末还必须另有否定词。

(179) ma³³　dəu³⁵ vu³¹ ja³⁵ ȵi³⁵ aɯ³¹ mɯ³¹ lo³¹ zo³¹ aɯ³³?
（发语词）封　信　这　是　你　写　不是
这封信是不是你写的？

---

① Dryer & Matthew（eds.）(2013) 的在线世界语言结构图册中被视为否定语调，见文献中 143 章。

② 见姜莉芳（2004：45—47）、潘立慧（2007：15），不过我们并不赞同二人对否定词词性及使用条件的判定。

(180) mɯ³¹ ʔlo³¹ mɯ³¹ nəɯ³¹ tin³¹ ʔlo⁵⁵?
　　　 你　　会　　爬　　　树　　不会
　　　 你会不会爬树？

(181) di⁵⁵ to³³ aɯ³¹ aɯ³⁵ qə⁰ tshu³⁵ to³³ ʔlo⁵⁵ o³³.
　　　 我们　　不是　　　人　　仡佬　NEG
　　　 我们不是仡佬族。

(182) ma³³　　　 dɔu³⁵ vu³¹ ja³⁵ ȵi³⁵ aɯ³³ i⁵⁵ lo³¹ zo³¹ o³³.
　　　 （发语词）封　　信　　这　不是　我　写　NEG
　　　 这封信不是我写的。

(183) mɯ³¹ ʔlo⁵⁵ mɯ³¹ nəɯ³¹ tin³¹ o³³.
　　　 你　　不会　　爬　　　树　NEG
　　　 你不会爬树。

　　　[以上五例出自姜莉芳（2004：46，47）]

  我们认为居都仡佬语的这种变调方式和白语通过语音曲折方式表达否定一样，应该属于词汇否定手段，当然变调后的否定成分也就不能视为否定标记，真正的否定标记是句末的否定副词 o³³。o³³ 是"没有、不"的意思，位置比较固定，且不能单独使用，句中还必须有其他表否定意义的词语，o³³ 起着凸显否定范畴的作用，一般没有实义，是纯粹的否定标记。但有时它也有实在意义，对句中的否定词进行再次否定，和汉语的双重否定功能相同，属于逻辑上的双重否定。不过这种情况在仡佬语中比较少见，至于什么时候具有实义，或许和具体的语境相关。①

---

  ① 这里居都语的否定可能有双重否定（Double Negation）和否定一致（Negative Concord）两种现象。关于这两种现象详见第三章第三节。

(184) mi^{35} ɕin^{31} di^{33} dʑi^{35} dʑi^{35} xei^{35} tsʅ^{33} aɯ^{55} o^{33}.
　　　 他　说　的　每　句　都　不是 NEG
　　　 他说的，句句都是实话。(姜莉芳，2004：47)

　　根据上面谈到的 34 种语言 59 个否定标记的统计显示，壮侗语族全部样本语言的否定标记都是副词；有些语言可以分为一般否定标记和禁止标记；否定句的优势语序是否定标记前置于谓词（30/34），多数语言仅使用谓词前否定标记（23/34），有些既有谓词前否定形式还可以有句末否定或框式否定形式（7/34），有些语言仅使用句末或（和）框式否定形式（8/34），当有助动词时，否定标记则一般在助动词前（3 种语言讨论到助动词，否定标记均在助动词前）。

四　苗瑶语族［Miao-Yao（Hmong-Mien）Branch］

　　苗瑶语族有两个语支：苗语支语言（Miao Languages）有苗语（Miao）、炯奈语［Kiongnai（Jiongnai）］、布努语（Bunu）、巴哼语（Bahng）、优诺语（Younuo）、畲语［She（Hoinai）］，瑶语支（Yao Languages）主要是瑶语［勉语，Mien（Mian）］。[①]

　　苗瑶语族语言的语序类型为 SVO，其他成分的语序大致符合类型学的蕴含共性原则，由于长期受到汉语的影响和渗透，

[①]　关于苗瑶语族内部分类问题仍有不同观点，邢福义、吴振国（2002：366）所列语支不含待定的畲语，毛宗武、蒙朝吉（1985）把畲语归入苗语支，马学良（2003：516）认为畲语与勉语同属瑶语支，这里采用李云兵（2008：3）的分类结果。本节语料除标注外取自毛宗武、蒙朝吉（1982）、邓方贵（1999）、毛宗武、李云兵（2002）、马学良（2003）、李云兵（2004、2008）、洪英（2007）、吴碧辉（2007）。这里不再一一注明，特此致谢。

有些语言句法结构的语序已经偏离了共性原则。不过表达否定范畴的否定标记却有着相当一致的语序特点，不管是相当于汉语"不"、"没有"的一般否定标记，还是相当于"别"、"不要"的禁止标记，它们与谓词的基本语序都是：NEG + V。否定标记都是副词。比如湖南省吉首市西部的矮寨苗语，表否定的副词有 tçu^{53}"不"、çaŋ^{44}"尚未"、qa^{53} maŋ^{22}/qa^{53}"别"等。这些否定副词都在谓语之前做状语，对事物、动作、性状或关系的真实性、相关性进行否定，但各自的对象不同（余金枝，2011：153）。

(185a)　te^{53} te^{53} tçu^{53} pə^{35}.
　　　　子女小　NEG　睡
　　　　小孩不睡。

(185b)　te^{53} te^{53}　çaŋ^{44}ljəŋ^{31}.
　　　　子女小　　NEG　大
　　　　小孩还没长大。

(185c)　pɯ^{53} qa^{53}（maŋ^{22}）phu^{22} tu^{35}！
　　　　我们 NEG　　　说　话
　　　　我们别说话！

(186)　gi^{21} mɦia^{35} tsi^{35} tu^{33} mɦiu^{35}, ku^{55} tu^{33} ka^{55}　　tu^{33}
　　　　hi^{33} mɦia^{35}.（滇东北苗语）
　　　　你　有　三　只　牛　我 只（助词）都
　　　　NEG 有
　　　　你有三头牛，我一头都没有。

(187)　ŋhɛ^{33} noŋ^{35} a^{55}　ta^{55} noŋ^{13},　moŋ^{11} to^{44}.（养蒿苗语）
　　　　天　这 NEG 来 雨　　去　得
　　　　今天不会下雨，可以去。

(188) ti¹³ lo⁴³ paŋ²¹ t̥lei³¹ i⁴⁴ pei⁴³ tṣi⁴⁴ ʐo¹³ n̥tṣei²¹.（花苗苗语）
　　　对面个 塘　水 那 我们 NEG 养 鱼
　　　对面那个水塘我们不养鱼。

(189) tai⁵⁵ pi³¹ ɲi⁵⁵, tu³³ tu³³ zaɯ³³ saɯ³³, tu³³ tu³³ hi³³ zaɯ³³ saɯ³³.（石门坎苗语）
　　　些 笔 这　根 根 好 写　　根 根 NEG 好 写
　　　这些笔，有的好写，有的不好写。

(190) tle³¹ ku¹³ ko³³ tṣi⁴⁴ mɒ³¹ te²¹.（大南山苗语）
　　　水 是 热 NEG 有 了
　　　没有热水了。

(191) qɒ⁴² pɒŋ⁴² tʂɒu⁴⁴ ne⁵⁵!（勾良村苗语）
　　　NEG 砸中　别人
　　　别砸到人！

(192) laŋ⁴⁴ ne⁴⁴ ne⁵³ li⁴⁴ au⁵³ tu⁵³ ŋ⁵³ nen³¹.（炯奈语）
　　　个 小孩 这 连 衣服 都 NEG 穿
　　　这个小孩连衣服都不穿。

(193) va³¹ ta⁴⁴ naŋ³¹ ŋ⁵³ ʃei²² tei⁴³ ta³² ma⁵³.（炯奈语）
　　　我 和 他 NEG 是 对 兄弟
　　　我和他不是两兄弟。

(194) naŋ³¹ kɔu⁵³ kɔu⁵³ mɔ³³ maŋ⁴⁴ tan³³ ʃei²² ŋ⁵³ ntʃe³³.（炯奈语）
　　　他 虽然 有 病　　 但是 NEG 瘦
　　　他虽然有病但是不瘦。

(195) hei³⁵ me¹³ khu⁵⁵ ma²² naŋ²² tho⁴², tɕoŋ⁴² zi¹³ məŋ⁵⁵.（布努语）

如果 明 天 NEG 雨 下 我 就 去
如果明天不下雨，我就去。

(196) ne^{42} ma^{22} niŋ^{22} təu^{42} nu^{42} tɕi^{35} ti^{42} su^{42} sei^{35}.（布努语）
他 NEG 愿 说 人 其他的 话 坏
他不愿说别人的坏话。

(197) ŋfi^{33} nfiɔ^{21}　　　ŋfi^{33} tɕiɤ^{44}（巴哼语）
　　　NEG 吃　　　　　NEG 红
　　　不吃　　　　　　不红

(198) mɔ^{22} naŋ^{13}　　　mɔ^{22} tshun^{35}（优诺语）
　　　NEG 吃　　　　　NEG 红
　　　不吃　　　　　　不红

(199) ŋɔu^2 tsiu^2 si^6 m^2 ɔi^1 lai^2.（潮安畲语）
　　　牛 就 是 NEG 肯 犁
　　　牛就是不肯犁。

(200) mpuŋ^2 a^6 ŋ̍ŋ^4 ŋkjɔŋ^4 nte^2 ŋ̍ŋ^4.（博罗畲语）
　　　你 NEG 去 要 人 去
　　　你不去让别人去。

(201) a^6 ŋkjɔŋ^4 tsuŋ^5 thɔ^4 fa^3 kje^3!（博罗畲语）
　　　NEG 要 放 火 烧 山
　　　不要放火烧山！

(202) n^{35} ȵen^{13}　　　　n^{35} si^{53}（勉语）
　　　NEG 吃　　　　　NEG 红
　　　不吃　　　　　　不红

瑶语标敏方言的否定标记还有一个重要特点，否定副词还可以有重读或重叠的变化方式，借此来表示否定程度的不同。具体是用重读表示"较高级"，用重叠表示"很高级"，用重叠加构形变调表示"极高级"。① 这和上面黎语侾方言黑土话的否定副词重叠类似，都不是逻辑上的双重否定，只表示单个否定意义，否定的意义得到加强。

(203) n^{24} ta^{11}　ˌn^{24} ta^{11}　n^{24} n^{24} ta^{11}　n^{24}:^{35}n^{24} ta^{11}
　　　不来　　较不来　　很（不）不来　极（不）不来
　　　不来　　不常来　　很不常来　　极不常来

(204) n^{24} taŋ^{24}　n^{24} taŋ^{24}　　n^{24} n^{24} taŋ^{24}
　　　n^{24}:^{35}n^{24} taŋ^{24}
　　　不断　　较不断　　很（不）不断
　　　极（不）不断
　　　断得不厉害　断得不太厉害　断得很不厉害
　　　断得极不厉害

(205) hiau^{35} a^{33} tau^{11} uəi^{24} n̠in^{42}.
　　　叫　　他们　　NEG　吃
　　　叫他们不要吃。

根据上面苗瑶语族 15 种语言 18 个否定标记的观察可知，样本语言的否定标记全部都是副词；有些语言可以分为一般否定标记和禁止标记；否定标记的语序类型全部是前置于谓词。

以上是对类属较为明晰的汉藏语系语言否定标记的描写，

---

① 见邓方贵（1999：85—86），邓认为瑶语标敏方言的声调变化可以分为构形变调和构词变调两种类型。这里属于构形变调，否定副词重叠时，第一个音节的调值由 24 变为 35。

此外汉藏语系中还有些混合语暂时没有归类,比如混合汉语、藏语、土族语言特征的五屯话 [Wutun (Wutong)],作为汉藏混合语的倒话 (Dao)。

五屯话以汉语为基础语言,但由于受到藏语的强烈影响,不仅在词汇、词法等方面有了很大变化,出现了孤立语向词缀型语言靠拢的趋势,而且语序类型也严格遵守和藏语相同的 SOV 语序,即谓语在句末、宾语在动词之前(陈乃雄,1982)。五屯话的否定标记是副词,位置在谓词前面。

(206) mənⁱ tsɔ ŋə məⁱ tɕ ʻəkə-ra wanⁱ ləntə pæ jɤ.
明天 我 什么(也)(做的) NEG 有
明天我什么也不干。

(207) ŋa χi tʻieˀmie mi jɤ, ŋa pʻæ tʻieˀmie jɤ jɤ.
我 黑糖 NEG 有 我 白糖 有 有
我没有红糖,我有白糖。

(208) n̠i pæ ˀkætɕ ʻi ta.
你 NEG 生气(第二人称祈使动词语尾)
请你别生气。

而倒话的语法结构主要来自藏语,在构词、短语及语法标志的语音形式等方面又受到汉语的影响。核心语序也是 SOV,动词要求严格居尾(意西微萨·阿错,2004),主语和宾语位置相对灵活,否定标记添加在动词的前面,可以是独立的副词,也可以是前缀。

(209) xua⁴ ʂo² xui⁴ pə²sʅ pə²sʅ xɛ³ sʅ zē² di jiō³ tsʅ sʅ⁴sʅ.
话 说 会 NEG 不然 还是 人 的 样子 是 是

只是不会说话，此外和人还是一样的。

(210) tso²t 'iɛ¹ jiɔ̃² ŋge tsɿ kɔ mi-lɛ²ɚ-lɔ.
昨天　羊羔儿子　个　　NEG 来 了
昨天一个小羊羔没有回来。

(211) pɛ-tʂ'ɿ²!
NEG 吃
别吃！

本节统计了 123 种样本语言的 243 个标记，其中基本语序为 SVO 的语言有 80 种，基本语序为 SOV 的语言有 43 种。SVO 语言都有副词性否定标记，有些语言也存在助词否定形态（2/80）；大部分语言仅使用谓词前否定语序，即 NEG + V（69/80），少数语言既有谓词前否定形式也可以使用句末否定或框式否定形式（7/80），部分语言仅使用框式否定形式或句末否定形式（8/80）。SOV 语言中大部分语言的否定标记是副词（30/43），部分语言的否定标记是词缀（8/43），部分语言的否定标记是助词（4/43），极少数语言既可以使用副词也可以使用词缀（1/43）；大部分 SOV 语言也是否定标记前置于谓词前的语序（41/43），也可以在谓词后（7/43），也可以两种语序都出现（8/43）或使用框式否定（1/43），当有助动词时，否定标记则一般在助动词前（9 种语言讨论到助动词，否定标记均在助动词前）。

汉藏语系语言的语序类型主要是 SVO 和 SOV 两种，在有些格助词丰富的语言中，宾语带助词后可以移到主语前形成 OSV 语序（戴庆厦，2002）。这些语序类型的特征当然不能代表其他的语序类型，尤其是另外一个比较稳定的语言类型 VSO，我们还没有具体考察过这类语言的否定范畴标记。此外，据刘丹青

(2002)介绍，欧亚大陆型的SOV，本来就与其他地方的SOV语言表现不同，而地处欧亚大陆的藏缅语，语序表现其实又不完全相同于欧亚大陆型SOV。也就是说，由上述汉藏语系语言得出的否定标记特点，还有待于更多类型语言的考证，那么，我们非常有必要再进一步讨论其他语系语言的否定标记。

第二节 印欧语系

印欧语系（Indo-European Family）有时也被称为印度—日耳曼语系或雅（利安）—欧语系。在世界上分布区域最广，几乎遍及整个欧洲、美洲、澳洲，还有亚洲和非洲的部分地区，使用人数约17亿，占世界人口的一半。印欧语系有近百种语言，具体分属日耳曼、凯尔特等九个语族。印欧语系语言的基本语序是SVO或SOV，动词一般都有人称、数、式、时、态的变化，有些语言还有体的变化。不过屈折变化在决定语法关系时所起的作用已经逐渐减弱，而词序和虚词的作用则越来越明显。下面我们选择一些代表语言来分析否定标记的使用情况。[①]

---

① 本节至第十节语料除文中注明之外，均取自仲素纯（1982），道布（1983），王连清（1983），Bruce（1984），梁敏（1984），高尔锵（1985），胡振华（1986），李树兰、仲谦（1986），赵秀英（1991），毛意忠（1992），Van der Wouden（1994），许抗美（1995），贾秀英（2000、2003），戴维·克里斯特尔（2000），张秀娟（2000），张永利（2000），黄美金（2000a、2000b），齐莉莎（2000a），吴静兰（2000），叶美利（2000），Herburger（2001），高永齐（2003），冯倩（2004），惠秀梅（2004），张会森（2004），周植志、颜其香、陈国庆（2004），陈宗振（2004），司提反·米勒（2005），Zeijlstra（2006a、2006b），Berghäll（2006），Bond（2006），Witzlack-Makarevich（2006），Brown（[2006]2008），侯桂杰、李千钧（2007），倪宏鸣（2007），Miestamo（2007），李云兵（2008），刘丹青（2008），Miestamo & Wagner-nagy（2008），Whaley（[1997]2009）。部分语料来源随文有附注，Brown（[2006]2008）的语料分别引自各相关文献，另外对于这些语料所代表的语言，我们在描述其基本特性时，也借鉴了原著中的分析，这里均不再一一注明，特此致谢。

1. 凯尔特语族（Celtic Branch）

凯尔特语族有两个语支：南部语支又称不列颠语支，主要有威尔士语（Welsh）、布列塔尼语（Brezhoneg）等；北部语支又称盖德尔语支，主要有爱尔兰语（Irish）、苏格兰盖德尔语（Scottish Gaelic）等。还包括一些已经消亡或正在重新复兴的语言，如古罗马帝国的高卢语（Gaulish）、英国的康沃尔语（Cornish）、曼岛的曼岛语（Manx）等。

这里我们选取爱尔兰语作为代表，并对否定标记的句法位置进行分析。它属于印欧语系凯尔特语族的北部语支（盖德尔语支），是爱尔兰的官方语言，同时也是北爱尔兰官方承认的区域语言，使用人口约 26 万，基本语序是 VSO。其否定成分在语义上和汉语一样，可分为类似"没"、"不"的一般否定标记和类似"别"的禁止标记。前者主要是副词 ní／níor（在阿尔斯特地区用 cha／char），分别用于现在时态和过去时态；以及有连接作用的副词 nach／nár，也是分别用于现在时态和过去时态。而禁止标记主要是副词 ná。

(212) Ní fhaca Seaán an madadh.
　　　 NEG 看到（人名） 这 狗
　　　 约翰没看到这条狗。

(213) Ní disputalfaidh me leat.
　　　 NEG 争论.FUT 我 和-你
　　　 我不会和你争论。（FUT 表示将来时）
　　　 (Stenson, 1990: 180)

(214) Ní fheiceann tú an fear.
　　　 NEG 看见.PRES 你 这个 人
　　　 你不要看到这个人。

（215） Níor ól mé fuisce．
　　　　 NEG 喝．PST 我 威士忌
　　　　 我没有喝威士忌。(PST 也表示过去时)
（216） Ná hól fuisce！
　　　　 NEG 喝 威士忌
　　　　 别喝威士忌！

　　上述例句中，不管是现在时态还是将来时态、过去时态，不管是表达命令否定还是一般否定，句子否定成分的线性位置看起来都毫无例外地在句首位置。不过，动词的语音有时需要相应减弱，一般是通过在元音前添加 h 来实现。① 那么，爱尔兰语的否定成分是否真正在句首呢？

　　由于爱尔兰语的动词居首语序规则，常规句中句首的否定成分也刚好处在谓词之前，这个位置是否是谓头位置呢？对此我们拟用专文讨论，基本判定为处在句首的否定成分其实正是句子的功能中心，即谓头位置。这种表现和英语是吻合的：有否定成分表达否定范畴时，否定成分将代替中心动词占据谓头位置。只不过爱尔兰语的否定成分同时也在句首，这只是两种句法机制导致的巧合，但仅从否定生成机制来看，否定成分的实际位置是谓头而非句首。比较例（217）和例（218），可以看到否定成分在敏感位置上的表现。例（219）的古爱尔兰语则可以更清楚地观察到句首否定成分的谓头位置表现。作为句子中心语的 I，其一致功能要素可以附于否定成分之后，说明

---

① 本节关于爱尔兰语的语音减弱或省略现象，除非必要，不再进行标注和说明。未标明出处的爱尔兰语语料及部分解释均来自互联网 http://nualeargais.ie/gnag/gram.htm（Lars Braesicke 1999/2003）; http://en.wikibooks.org/wiki/Irish/Lesson_ Three。

此时的否定成分类似于助动词,带有了一致特征,该位置是典型的谓头所在,而否定成分刚好在句首则是动词居首语序规则支配的结果。

(217) Ólfaidh tú fuisce.
喝.FUT 你 威士忌
你准备喝威士忌。

(218) Ní ólfaidh tú fuisce arís.
NEG 喝.FUT 你 威士忌 再
你不准备再喝威士忌。

(219) Ní-m charat-sa.
NEG-(不定代词.1SG) 爱.PRES.3PL-(助词.1SG)
他们不爱我。(Newton,2009:164)

我们对爱尔兰语谓头位置的确认还可以从谓词修饰语语序的表现得到支持。一般认为谓头有着比其他两个敏感位置(句首和句尾)更为特殊的语法功能,能给更多的句法操作提供平台。由于特殊敏感性的存在,在全句功能范畴未能得到处理的情况下,谓头位置不会允许不能触发全句反应的修饰语在这里停留。例(218)中的修饰语 arís,从语义上是对谓词含义的限制,但句法上的位置却不能是谓词前的谓头。我们再来看包含更多修饰语的句子。

(220) Scríobh sé litir don chailín anseo go cúramach aréir.
写.PST 他 信 (介词) 女孩 这里 仔细地

昨晚
他昨天晚上认真地给这个女孩写了封信。

例（220）显示了多个修饰语并存的句子基本语序：谓词＋主语＋直接宾语＋间接宾语＋处所修饰语＋情态修饰语＋时间修饰语。很明显，修饰语都在谓词之后，而谓头和句首位置重合。但是，在表示强调等特殊情况下，爱尔兰语的语序会出现某些变化：否定成分的谓头位置没有变化，而句首却被强调部分所占据。由于这种变化并非是句法原因，而是语用上强制的结果，并且这种有违于 VSO 句法规则的现象非常少见，所以，我们可以认为，爱尔兰语否定成分的句法位置表面上看一般都在句首和谓头的重合位置，实则只是谓头位置，这在语用强制的特殊情况下，更容易看得清楚。

要说明的是，表达全句否定范畴的否定成分的作用域并非一定是主句，也包括充当各种从句的小句。因此，否定成分在句首和谓头的巧合也可以是发生在从属小句。例（221）、例（222）分别是现在时态和过去时态的复合句。和肯定结构中的连接词 go/ gur 一样，否定小句的否定成分 nach/ nár 也有连接主从句的作用，但从表达否定功能的角度来看，其位置很显然仍是在小句的句首和谓头的重合位置。

(221a) Sílim   go   bhfuil   tú sásta.
我认为．PRES（连接词）是．PRES 你 高兴
我认为你是高兴的。

(221b) Sílim   nach   bhfuil   tú sásta.
我认为．PRES NEG 是．PRES 你 高兴
我认为你不高兴。

(222a) Bhí　　　mé sásta gur　　shíl　　　tú é.
　　　　是.PST 我 高兴（连接词）认为.PST 你 它
　　　　我很高兴你能这样认为。
(222b) Bhí　　　mé sásta nár　shíl　　　tú é.
　　　　是.PST 我 高兴 NEG 认为.PST 你 它
　　　　我很高兴你能不这样认为。

爱尔兰语否定成分常巧合于谓头和句首重合位置的特点，使得表达否定范畴的句法操作手段受到了句法位置的限制。根据上文对谓头的分析，一般认为由于受制于移位条件的约束以及词法条件的限制，句首和句尾两个句子敏感位置上只能进行"加标"这一种句法操作，而谓头位置则可以为更多类型的句法操作提供平台，比如移位或者重叠。但这种观点是基于三个敏感位置各自独立存在时得出的，如果谓头和句首巧合，则敏感位置上的句法表现会发生相应变化：首先，加标手段不受影响；其次，以往被许可的谓头上的移位手段由于移位落脚点的不存在而失去了句法上的动因①；最后，针对谓头上语法成分进行的重叠手段将在句首位置继续使用。因此这个重合位置的句法功能并不是句首和谓头功能的简单相加，它的相应句法手段应该有加标和重叠两种。

但受我们观察所限，尚未发现重叠句法手段在谓头和句首重合位置的使用。总之，爱尔兰语表达否定范畴最常见的句法手段是添加语法标记，这在疑问、假设等范畴实现上可以得到进一步证实，我们也有另文分析。至少对于否定范畴来说，目

---

① 关于爱尔兰语动词的移位，一般认为只存在从 V^0 到 I^0 的移位，而没有从 I^0 到 C^0 的移位，相关讨论参见 McCloskey（1996）、Newton（2008）。

前只有在谓头或者谓头巧合于句首位置添加否定成分这一种手段，尚未找到使用句尾或其他位置以及使用移位或重叠等句法手段的语料。

2. 日耳曼语族（Germanic Branch）

日耳曼语族语言包括东部、西部、北部三个语支，东部语支只有一千多年前已经消亡的峨特语（Gothic）；西部语支主要包括英语（English）、德语（German）、荷兰语（Dutch）等，其中德语还存在使用希伯来字母的变体依地语（Yiddish；又称犹太德语），荷兰语的变体有佛兰芒语（Flemish）和南非荷兰语（Afrikaans；又称阿非利堪斯语）；北部语支又称斯堪的纳维亚语支，有冰岛语（Icelandic）、挪威语（Norwegian）、丹麦语（Danish）、瑞典语（Sweden）等。

英语的基本语序为SVO，否定标记只有否定副词not，能表达一般否定意义和禁止意义。通过对限定动词的否定表达全句否定时，必须和助动词、情态动词连用置于限定动词前（在口语或语体文中经常略作-n't），这是英语否定标记比较独特的地方。我们认为在常规句中，英语否定范畴的表达是在助动词和谓词之间添加否定副词not，如果没有助动词，则必须另外添加，比如助动词do。在对非限定动词或其他结构进行否定时，可以直接在该结构前加not。至于可以单独作答或修饰名词等语类的no以及none、nothing、nobody等，与有否定前缀构成的词语一样，对否定范畴的实现都是通过词汇否定手段进行的。值得注意的是，在有些英语方言中，添加否定标记的句法手段可以和使用否定义词语的词汇手段联合运用，表达的仍是否定范畴，这不同于汉语式的双重否定结构，如例（226）、例（227）。不过这种羡余式的否定在标准英语中已不可接受。

(223) She did not see him.

　　　她没有看到他。

(224) He will not come this afternoon.

　　　今天下午他不来。

(225) Don't laugh.

　　　别笑!

(226) You're not unhappy.

　　　你不幸福。

(227) I've not done nothing.

　　　我什么也没干。

荷兰语的基本语序为 SVO，否定标记是副词 niet，既可以表达一般否定意义，也可以表达禁止意义。在陈述句和祈使句中否定标记的位置都在谓词或助动词的后面。

(228) Jij slaapt niet.

　　　你 睡觉 NEG

　　　你没有睡觉。

(229) Slaap!　　→　Slaap niet!

　　　睡觉　　　　睡觉 NEG

　　　睡觉!　　　　别睡觉!

(230) Ik hoef Jan niet te zien.

　　　我 需要 John NEG 看.INF

　　　我不需要看到John。(INF 指不定形式)

(231)　　　　　　肯定　　　　否定

　　　现在时　ik zing　→　ik zing niet

　　　过去时　ik zong　→　ik zong niet

现在完成时 ik heb gezongen → ik heb niet gezongen

过去完成时 ik had gezongen → ik had niet gezongen

[zingen（唱歌）、ik（我）；此例引自 Miestamo（2007：557）]

瑞典语有着丰富的曲折变化，基本语序是 SVO。无论在标准否定、名词否定还是存在否定中，否定成分都是副词 inte，且位置都在否定对象之后（Veselinova，2006）。

(232) Maria sjunger inte.
（人名）唱歌 NEG
Maria 不唱歌。

(233) Karin går. → Karin går inte.
（人名）走 （人名）走 NEG
Karin 走。 Karin 不走。

(234) Maria är inte lärare.
（人名）是 NEG 教师
Maria 不是教师。

(235) Gröna lejon finns inte.
绿色的 狮子 存在 ENG
绿色的狮子不存在。

德语的基本语序为 SVO，否定词语有十多个，另外还可以使用 a（an）-、gegen-等前缀和-frei、-los 等后缀来表达否定（陶玉华、洪季敏，1997），但真正作为全句否定标记的只有副词 nicht。表达全句否定时位置一般在句子末尾或在复杂谓语的不变化成分之前。

(236a) Das verstehe ich ganz und gar.
那个 理解 我 完全 （连词）根本
那个我完全明白。

(236b) Das verstehe ich gar nicht.
那个 理解 我 根本 NEG
那个我一点也不明白。

(237a) Wir besuchen den Freund nicht.
我们 拜访 这位 朋友 NEG
我们不拜访这位朋友。

(237b) Er will den Freund nicht besuchen.
他 想 这位 朋友 NEG 拜访
他不想拜访这位朋友。

丹麦语与同属北部语支的挪威语和瑞典语非常相似，甚至有学者把它们视为同一个语言的三种方言。丹麦语的基本语序也是 SVO，否定标记是副词 ikke，位置在动词之前。

(238a) Har du set noget? - Nej, jeg har ikke set noget.
（助动词）你 看到 事物 不 我 （助动词）NEG 看到 事物
你看到了什么？没有，我没看到什么。

(238b) Har du ikke set noget? - Jo, jeg har set noget.

（助动词）你 NEG 看到 事物 是的 我 （助动词）看到 事物

你没看到东西吗？不，我看到了。

3. 拉丁语族（Latin Branch）

拉丁语族的语言都是从古罗马帝国的拉丁语演化而来的，因此，拉丁语族又称罗曼语族。可以分为东部和西部两个语支，主要有意大利语（Italian）、罗马尼亚语（Romanian）、西班牙语（Spanish）、葡萄牙语（Portuguese）、法语（French）、普罗旺斯语（Provencal）、加泰隆尼亚语（Catalan）、摩尔多瓦语（Moldovian）等。其中意大利语、葡萄牙语和拉丁语最为接近，而西班牙语、罗马尼亚语则分别受到了阿拉伯语和斯拉夫语很大的影响。已经消亡的语言有拉丁语（Latin；常存在于书面语）、达尔马西亚语（Dalmatian）、奥斯干语（Oscan）、乌布利亚语（Umbrian）等。拉丁语族语言大多是形态复杂的分析型语言，基本的语序类型为 SVO。

意大利语的否定标记是副词 non，位置在动词的前面。禁止意义也使用一般否定标记 non，不过此时动词的形态要发生变化。通过否定性的不定词来表达否定意义时，① 也可以另外添加否定标记，形成所谓的否定一致现象。

(239) La colla non prende.

---

① 否定性的不定词在文献中有时被称为 n-word，该术语来自 Laka（1990），后来 Giannakidou（2002）把它定义为一系列否定不定词项。比例（241）中的 nessuno。这些不定词在某些语境中可以表达语义上的否定，而在另一些语境中则可以表达非否定语义。比如下面西班牙语的例（242b）中两个 nadie，其语义就不相同。

糨糊　NEG　粘

糨糊粘不上。

(240) canta.　→　non cantare.　→　non canti.

唱歌. IMP. 2SG　NEG 唱歌. （非限定）　NEG 唱歌. PRES. 2SG

唱歌。(IMP 表祈使式，一般是祈使标记)　不要唱歌。

你不要唱歌。

(241a) non è venuto nessuno.

NEG （系词）来. PAST. （分词）没有人

没有人来。

(241b) nessuno è venuto.

没有人（系词）　来. PAST. （分词）

没有人来。

[后三例出自 Miestamo & Wagner-nagy (2008)]

　　西班牙语的否定标记是副词 no，表示一般否定意义和禁止意义时都是在动词和助动词前。不过陈述句和祈使句中动词的形态变化不同，后者表达否定意义时，动词不能再使用相应肯定句中的祈使形态，而变化为虚拟式，见例 (244)。这在后文也有讨论。

(242a) Nadie no ha venido.

没有人 NEG （助动词）来

没有人不来。

(242b) Nadie vino.　→　*（No) vino nadie.

没有人来　　　　　　NEG 来　任何人
没有人来。　　　　　　没有人来。

(243) no　cantes.
NEG 唱．PRES.2SG
不要唱！

(244a) Tu　no　lees.
你　NEG　读．2SG
你不用读。

(244b) ¡Lee!　→　*¡No¡Lee!　→　¡No　leas!
读．2SG.IMP　　　　　　NEG 读．2SG.SUBJ
读书！　　　　　　　　不要读！（SUBJ 指虚
拟式）

法语的全句否定形式有两种类型：一种是使用常见的单一否定标记 pas 或 point，可以直接在谓词的前面形成对句子的否定；另一种是标准法语中常用的框式否定形式，主要是用 ne…pas 分别置于动词的前后。这两种形式都可以表达一般否定意义和禁止意义。这些否定标记我们都认为是副词。另外动词后也可以使用 plus（不再）、jamais（决不）、rien（没有任何东西）、personne（没有任何人）等否定词，这和常在分词、副词、代词、名词等前面表达否定的 non 一样，都属于词汇否定，不能看作否定标记。

(245) Pas　vu, pas pris.
NEG 看 NEG 拿
没有看见，没有拿。

(246) Point de roses sans épines.

NEG 玫瑰 无 刺
没有不带刺的玫瑰。

(247) Nous ne visitons pas cet amis.
我们 NEG 拜访 NEG 这位朋友。
我们不拜访这位朋友。

(248) Ne bougez pas!
NEG 动 NEG
不要动!

(249) Pas d'histoires!
NEG 啰嗦
别啰嗦了!

(250) Ma maison est non loin de la vôtre.
我的房子 是 不 很远 离 你的
我家离你家不远。

要注意的是,法语中如果出现表示时态的助动词时,框式否定在形式上就成了对助动词的否定,试比较:

(251a) Kim n' achète pas de pommes.
(人名) NEG 买.3SG NEG 苹果
Kim 不买苹果。

(251b) Kim n' a pas acheté beaucoup de pommes.
(人名) NEG (助动词).3SG NEG 买 许多 苹果
Kim 没有买太多苹果。

4. 波罗的语族（Baltic Branch）

波罗的语族语言主要分布在波罗的海沿岸的立陶宛和拉脱维亚地区。目前仅包含拉脱维亚语（Latvia）和立陶宛语（Lithuanian）两种现存语言，其中立陶宛语是印欧语系中最古老的语言之一。古普鲁士语（Prussian）也属于波罗的语族，但现在已消亡。

波罗的语族语言都是屈折语，基本语序是 SVO，否定标记是以词缀形态的形式出现。比如下面的拉脱维亚语中，否定标记是前缀 ne，位置添加在动词前。

(252a) tēv-s　　　　strādā　　plavā.
　　　 父亲 -（主格）工作.3　牧场.（处所格）
　　　 父亲正在牧场工作。

(252b) tēv-s　　　　ne-strādā.
　　　 父亲 -（主格）　　NEG - 工作.3
　　　 父亲没有在工作。

　　　 [这两例出自 Lazdiņa（1966），转引自 Miestamo (2007)]

5. 斯拉夫语族（Slavic Branch）

斯拉夫语族语言主要分布在苏联、东欧和巴尔干半岛。可以分为三个语支：东部语支主要有俄语（Russian）、乌克兰语（Ukrainian）、白俄罗斯语（Byelorussian）等；南部语支主要有保加利亚语（Bulgarian）、斯洛文尼亚语（Slovene）、克罗地亚语（Croatian）、波斯尼亚语（Bosnian）、塞尔维亚语（Serbian）、马其顿语（Macedonian）等；西部语支主要有波兰语（Polish）、波希米亚语（Bohemian；含捷克语（Czech）和斯洛伐克语（Slovak））等。斯拉夫语族语言大多都是屈折语。

俄语的语序类型是SVO，由于俄语主要通过丰富的词尾变化来表达语法关系，所以词序有时相对自由，还可以有VSO、VOS、SOV、OVS等语序（张会森，2004）。但否定标记的线性位置却非常有规律，常用否定标记是可以在任何成分前出现的副词 не（俄语文献中多称为语气词），要表达否定范畴时否定标记 не 则在谓词前。另外，可以单独使用的否定副词 нет，① 与汉语独立作答的"不"用法类似，这里不再讨论。其他使用带前缀 не-、ни-的否定代词、否定副词等构成否定范畴的方式应该视为词汇否定。

(253) Вчера я не читал.
　　　 昨天 我 NEG 看书
　　　 昨天我没看书。

(254) Он не учитель.
　　　 他 NEG 老师
　　　 他不是老师。

(255) Я не люблю его.
　　　 我 NEG 爱 他
　　　 我不爱他。

(256) Не курить!
　　　 NEG 吸烟
　　　 不要吸烟！

---

① 否定词 нет 的词性有争议，见张会森（2004：439）。我们根据其可以独用、可以与某些否定功能的词连用、可以与动词肯定形式连用来表达疑问等特点，暂时将其定为否定副词。

(257) Он знает об этом? Нет, он не знает.
　　　他　知道　这件事　不　他　NEG 知道
　　　他知道吗？不，他不知道。

保加利亚语是斯拉夫语族中罕见的趋向分析语的语言，基本语序为 SVO。否定标记是副词 ne，一般在动词的前面，在否定疑问句中则要提到句首。否定将来时或条件句时，可以使用动词 ima（有）的特殊融合否定形式 njama（没有）。而在过去将来时的句子中，则使用其特殊变体 njamaše。

(258)　ne　　mú　　　　li　go　　　　kaza?
　　　NEG 他.（与格）QU 它.（宾格）说.3SG
　　　你没告诉他吗？（QU 为疑问标记）

(259)　toj　　ima　　　pari. → toj　　njama　　pari.
　　　他有.3SG. PRES 钱　　他　NEG 有.3SG. PRES 钱
　　　他有钱。　　　　　　他没有钱。

(260)　az　njama　　da　　piša　　pismoto.
　　　我 NEG 有　（连接词）写.1SG 这封信
　　　我不准备写这封信。

(261)　az　　njamaše　　　　　　da
　　　ša　pismoto.
　　　我　NEG 有.3SG.（未完成体）（连接词）
　　　写.1SG 这封信
　　　我过去没打算写这封信。
　　　［以上三例出自 Spencer（2006：289）］

与保加利亚语相似的马其顿语，在早期曾被视为保加利亚语的一种方言。基本语序为 SVO，但是它的否定标记 ne 是词缀形态，常以附着形式与表时态的成分等联合成更大的词串，出现在限定动词形式的前面或者非限定动词形式的后面。不过，这个附着形式的词串不能像名词等实词那样构成短语，也不能被其他附加式短语所割裂，表现出一定的黏着特点（Spencer，2006：290）。波兰语的基本语序也是 SVO，否定标记是副词 nie，可以表达一般否定意义和禁止意义，位置在动词之前，也是谓头位置。

（262）　Ne　　k'e　　mu go dadam učebnikot.（马其顿语）
　　　　NEG　FUT　他 它 我给　这本书
　　　　我不准备给他这本书。（Spencer，2006：290）

（263）　Nie　　widzi-my　　gwiazd-y.　（波兰语）
　　　　NEG　　看.PRES-1PL　　星星
　　　　我们没看到星星。　（Koptjevskaja – Tamm，2006：424）

（264）　Pracuj!　　→　　Nie　pracuj!　（波兰语）
　　　　干活.2SG. IMP　　　NEG 干活.2SG. IMP
　　　　干活　　　　　　　别干了！

6. 印度—伊朗语族（Indo-Iranian Branch）

印度—伊朗语族大致可分两个语支：印度语支（又称东部语支），大部分由古代的梵语（Sanskrit）分化而来，主要有北印度语（Hindi；又称印地语）、乌尔都语（Urdu；与北印度语极相似）、孟加拉语（Bengali）、旁遮普语（Punjabi）、僧伽罗语（Sinhala/Sinhalese）、马拉地语（Marathi）、尼泊尔语（Nepali）、吉普赛语（Romani）、马尔代夫语（Maldivian）、奥里亚语（Oriya）、克什米尔语（Kashimiri）、比哈里语（Bihari）、阿萨姆语（Assamese）等；伊朗语支（又称西部语支）来源于古波斯语（Ancient Persian），主要有波斯语（Persian/Farsi）、普什图语（Pushtu）、库尔德语（Kurdish）、塔吉克语（Tadzhik）、奥塞梯语（Ossete/Ossetian）及俾路支语（Baluchi）等，古代的于阗语（Khotanese）也属于该语支。

波斯语是一种古老的语言，有古代、中古、现代之分。现代波斯语是伊朗的官方语言，也是阿富汗的主要语言之一，它有着比较丰富的形态变化，基本语序是 SOV，修饰语常在中心语之后，不过否定句有时为 OVS 语序。现代波斯语的否定标记是 ne，以形态方式附着在谓词之前，见下例。

(265) to-rā   ne-   mī-šenās
       -am.
      你-（直接宾语标记）NEG-（持续体）-认
      识.PRES-1SG
      我不认识你。

塔吉克语的基本语序为 SOV，谓语核心词在正常情况下是有形态变化的动词。由于谓语中与名词、形容词等结合的变化动词可以脱落而成为变异形式，这样，谓语部分就可以是名词、代词等非动词形式（高尔锵，1985：79）。否定标记都是副词，一般否定标记 na、nist 和禁止标记 mo 都在谓词的前面。但有些方言中的禁止标记可以在动词后面。

(266) na girindʒ luzim, na pɯl luzim.
      NEG 米   需   NEG 钱 需

不需要米，也不需要钱。

(267) mɯ tar tsem ik itʃ tʃoi na joð-d.
我的 向眼 正 任何 谁 NEG 来.3SG
我没有看见谁来。

(268) jad tʃini pukzo nist.
这 瓷碗 清洁的 NEG
这碗不干净。

(269) a-di χɯ az ʁov mo zwoð.
（宾格）这 自己 从 嘴 NEG 拿出
别从自己嘴里把这和盘托出。

(270) ʃatʃ tau-əi dəi-t məi.（塔吉克语瓦罕方言）
狗 你-（宾格）打-3SG NEG
莫让狗咬你。

伊朗语的基本语序也是 SOV，下例是对过去时态进行的否定，其中带有人称一致形态的否定标记应该判断为助动词，位置放在动词的前面。

(271) ko-ado-mēno n-isto paralado.
那个-我们-（旁格）NEG-3SG 卖.PAST
那个我们还没卖出。（Skjærvø, 2006a：648）

于阗语又称北雅利安语（Nordarisch），是在新疆地区和敦煌考古中发现的一种已灭亡的语言，为新疆西南的古代于阗人所使用。它和相近的图木舒齐语（Tumshuqese）都是伊朗语支的东伊朗语言（East-Iranian Language）。基本语序为 VOS，

否定标记由副词 ne 充当，位置一般在句首。［Skjærvø，2006b：195 - 196）］

(272) ne-i　　　　　hvat-e
　　　　śtä balysä
　　　　NEG -（强调词缀）说. PAST - SG.（阳性）（系词）.3SG（人名）- SING.（主格）
　　　　这个 Buddha 一点也没说。

(273) ne　hvat-a　　　　　　　häm-āre.
　　　　NEG 说 - PL.（阳性）（表被动）. PRES-3PL
　　　　没有办法说他们。

(274) ne　hvat-u　　　　　yan-īmä.
　　　　NEG 说 -（中性）（表主动）. PRES-1SG
　　　　我不能说。
　　　　［以上三例出自 Skjærvø（2006b：196）］

北印度语是印度的官方语言之一，是由古梵语发展而来的一种现代印度—雅利安语言。其基本语序为 SOV，否定标记也是副词，位置在动词之前。

(275) Koî nahî âya thâ.
　　　　有人 NEG 来（系词）
　　　　没有来人。

(276) śīlā　　　　se　　　　khānā nahī pakāyā jāegā.
　　　　（人名）（表工具的后置词）肉 NEG 煮 去. FUT
　　　　希拉将不能煮肉了。

印欧语系中除了上面包含语言种类较多的六个语族外，还有几个较小的独立语族。希腊语族（Greek Branch）语言主要是通行于希腊和塞浦路斯的希腊语（Greek），阿尔巴尼亚语族（Albanian Branch）语言主要包括阿尔巴尼亚语（Albanian）；亚美尼亚语族（Armenian Branch）语言主要包括亚美尼亚语（Armenian）。另外还有两个已经消亡的语族：安纳托利亚语族（Anatolian Branch）和吐火罗语族（Tokhara Branch）。

希腊语的基本语序为 SOV，下例是古典希腊语的例句，一般否定标记是副词 ouk，禁止标记是副词 mê，都是用在动词前。

(277) mê   m' crcthize
      NEG 我   激怒 . IMP. PRES. 2SG
      别惹我！

(278) all'   ouk   Atreídêi   Agamemnoni
      hêndane thûmoi.
      不过 NEG （人名）.（与格）.SG（人名）.（与格）.SG
      满足 . 3SG 心里 .（与格）. SG
      不过这件事并没有让 Atreus 的儿子 Agamemnon 心里得到满足。

[以上两例出自 Van der Auwera（2006：567）]

本节统计了 20 种样本语言的 28 个否定标记，其中基本语序为 SVO 的语言有 13 种，基本语序为 SOV 的语言有 5 种，基本语序为 VSO、VOS 的语言各 1 种。SVO 语言中副词性否定标记占优势（11/13），少数语言存在否定词缀形态（2/13）；大部分语言仅使用谓词前否定语序（8/13），少数语言既有谓词前否定形式也可以使用句末否定或框式否定形式（2/13），部分语言仅使用谓词后否定形式（3/80）。SOV 语言中大部分语言的否定标记是副词（3/5），其他两种语言的否定标记分别是词缀和助动词；所有 SOV 语言的否定标记都前置于谓词前，其中一种语言的禁止标记也可以在谓词后。VSO 和 VOS 语言的否定标记均是副词，位置分别在谓头和句首。当有助动词时，否定标记则在助动词前或后（3 种语言讨论到助动词，否定标记分别在其前、后或用框式形式）。

第三节　乌拉尔语系

乌拉尔语系（Uralic Family）分布在斯堪的纳维亚半岛往东到亚洲西北部的广阔地带，约有二十多种语言，使用人口两千多万。可以分为芬兰—乌戈尔和撒莫耶德两个语族，因为它和阿尔泰语系语言有很多相似特征，有学者把二者合并为乌拉尔—阿尔泰语系。芬兰—乌戈尔语族（Finno-Ugric Branch）主要包括在欧洲和苏联境内的芬兰语（Finnish）、爱沙尼亚语（Estonian）、科密语（Komi）、莫尔多维亚语（Mordvin）、乌德穆尔特语（Udmurt）、匈牙利语（Hungarian）、奥斯恰克语（Ostyak）、沃古尔语（Vogul）等。撒莫耶德语族（Samoyed Branch）主要包括乌拉尔山周围和西伯利亚地区的涅涅茨语（Nenets）、塞尔库普语（Selkup）、牙纳桑语（Nganasan）、埃内茨语（Enets）等。

乌拉尔语系诸语言的形态变化比较复杂，有大量的词尾后缀，句子的基本语序类型是 VSO 或 SOV。最常见的否定方式是添加否定助动词，它们的位置在原有动词之前。此时这些否定标记本身可以附加各种形态变化形式，同时句子的原有动词失去限定形式，比如牙纳桑语的否定标记是助动词 ńi，可以同

时附加时态和数、人称后缀；科密语的否定标记是助动词 o,
可以附加数、人称后缀,而动词原有的时态词缀丢失;芬兰语
的否定标记是助动词 e,可以附加数、人称后缀,时态形式则
仍在原有动词上。[以下乌拉尔语言的例句除注明出处外,均
来自 Miestamo & Wagner-nagy（2008）]

(279a) Siti mənə tətu d'üə luu.（牙纳桑语）
他/她 我 给 – PAST.3SG 外套.（宾格）
他/她给了我一件外套。

(279b) Siti mənə ńi- śüə təδu-?
luu.（牙纳桑语）
他/她 我 NEG-PAST.3SG 给 –（非否定）
外套.（宾格）
他/她没有给我外套。

(280a) giž – as.（科密语）
写 – 3SG.FUT
他准备写东西。

(280b) o-z giž.（科密语）
NEG-3SG 写
他没有/不准备写东西。
[后两例出自 Payne（1985）——,转引自 Whaley（1997）2009]

(281a) Ost-i-n kirja-n.（芬兰语）
买-PAST-1SG 书 –（宾格）
我买了书。

(281b) E-n osta-nui kirja-a.（芬兰语）
NEG-1SG 买 –（过去分词）书 –（部分量）

我没有买书。
(282a) koira-t haukku-vat.（芬兰语）
狗-PL 叫-3PL
狗叫。
(282b) koira-t ei-vät hauku.（芬兰语）
狗-PL NEG-3PL 叫.（非否定）
狗不叫。
[后两例出自 Miestamo（2007：554）]

有些乌拉尔语言的否定标记是词缀形态，附着在动词词干后面，有时会与时体等形态成分结合在一起，比如乌德穆尔特语；也有很多乌拉尔语言的否定标记可以看作副词，在动词前面，比如匈牙利语、莫尔多维亚语、Kamass 语等。

(283a) Mine-m-ed.（乌德穆尔特语）
去-PAST2①-2SG
我去了。
(283b) Mine-mte-ed.（乌德穆尔特语）
去-PAST2. NEG-2SG
我没有去。
[这两例出自 Kozmács（1998），转引自 Miestamo & Wagner-nagy（2008）]
(284a) Ismer-em ez-t a nö-t.（匈牙利语）
知道-1SG 这个-（宾格）（限定成分）女人-（宾

---

① PAST2 从语源上说是一种过去分词。

格）

我知道这个女人。

(284b) Nem ismer-em ez-t a nö-t.（匈牙利语）

NEG 知道-1SG 这个-（宾格）（限定成分）女人-（宾格）

我不知道这个女人。

(285a) Sodasa t'e avańt'.（莫尔多维亚语）

知道-1SG 这个 女人.（宾格）

我知道这个女人。

(285b) A sodasa t'e avańt'.（莫尔多维亚语）

NEG 知道-1SG 这个 女人.（宾格）

我不知道这个女人。

(286) man amor-bi-ńi di šoo-bi.（Kamass 语）

我 吃-（动名词）-1SG 他/她 来-PAST.3SG

他/她来到时我正在吃东西。

(287) măn ei šo-bi-am.（Kamass 语）

我 NEG 来-PAST-1SG

我没有来。

由此可知，乌拉尔语言的否定标记无论是什么成分，其位置一般倾向于在原有谓词的前面。据 Miestamo & Wagner-nagy (2008) 考察，在目前发现的语料中，只有 OV 型的 Eastern Mari 语中存在否定标记在动词后的现象，其余都倾向于前置，比如 Mansi 语、Mari 语等。大多数乌拉尔语言的否定标记都有专用的禁止标记［只在牙纳桑语中发现是用一般否定标记表达禁止意义，可对比例（279b）和例（293）、例（294）］，并且相应的位置也都倾向于在谓词的前面。

(288) At wā-y-ɿ-um.（Mansi 语）
NEG 知道-PRES-（对象）-1SG
我不知道。

(289) Mɑs-e-n！（Mansi 语）
穿-IMP-2SG
穿上！

(290) Uɿ χuj-e-n！（Mansi 语）
NEG.Imp① 睡觉-IMP-2SG
别睡觉！
［这三例出自 Kálmán（1965），Rombandeeva（1995），转引自 Miestamo & Wagner-nagy（2008）］

(291) O-t tol.（Mari 语）
NEG-2SG 来.（非否定）
你不用来。

(292a) Tol！（Mari 语）
来.IMP.2SG
过来！

(292b) I-t tol！（Mari 语）
NEG.Imp-2SG 来.（非否定）

---

① 这里否定词和动词携带的祈使特征标记在原文献中都是用 Imp 表示，我们认为后者是真正的祈使标记 IMP，前者只能视为可诠释的祈使特征［+Imp］。

别过来！
（这三例出自 Bereczki1990，转引 Miestamo & Wagner-nagy 2008）

(293) tuu-ʔ. → ńi-ʔ tuu-ʔ. （牙纳桑语）
去-IMP. 2SG   NEG-Imp. 2SG 去-（非否定）
去！   别去！

(294) mətu- δə. → ńi-tə
mətu-ʔ. （牙纳桑语）
砍-IMP. 2SG.（对象）   NEG-Imp. 2SG.（对象）
砍 –（非否定）
砍！   别砍！

另外，对于某些非标准否定句中的否定形式，我们认为并不是否定标记，它们应该看作是词汇否定手段使用的否定实义词汇。比如下面例句中的 ləδiti、loδe 和 jexerɑ。

(295) Mənə ləδiti-mə   huurə-ʔ.（牙纳桑语）
我   不能-1SG.（对象） 找到 –（非否定）
我不能找到他。

(296) šitɑ   ko-š   loδe-ɑδ.（埃内茨语）
他/她 找到 –（不定形式） 不能 –1SG
我不能找到他。

(297a) Pɑdnɑ   mɑl'e teńewɑ.（涅涅茨语）
写 –（不定形式） 已经 知道.3SG
他已经知道怎样写。

(297b) Pɑdnɑtɑmnɑ jexerɑ.（涅涅茨语）

写　　还　　不知道.3SG

他还不知道怎样写。

[这两例出自Tereščenko（1965），转引自Miesta-mo & Wagner-nagy（2008）]

本节统计了9种样本语言的12个否定标记，其中基本语序为SOV的语言有3种，基本语序为VSO的语言有6种。SOV语言中否定标记为副词的有1种，是助动词的有2种；否定标记的句法位置都在谓词前。VSO语言中否定标记为副词的有3种，是助动词的有2种，是词缀形态的有1种；否定标记使用谓词前语序占优势（5/6），只有1种否定标记是词缀形态的语言使用谓词后语序。

第四节　阿尔泰语系

阿尔泰语系（Altaic Family）取名于阿尔泰山，早期被中国北方的匈奴、鲜卑等游牧民族使用，现在分布在西起土耳其，经西伯利亚达蒙古及中国，东到太平洋的广阔地区。使用人口约九千万。有学者认为朝鲜语（Korean）和日本语（Japanese）也属于该语系。阿尔泰语系的具体涵盖语言至今仍有争议，一般认为包括突厥语族、蒙古语族和通古斯—满洲语族。阿尔泰语系，包括日语、朝鲜语都是典型的黏着语（agglutinative language），形态变化的主要手段是在词干之后添加各种黏附成分。

1. 突厥语族（Turkic Branch）

突厥语族的使用区域东自新疆维吾尔自治区，西到土耳其和罗马尼亚的多布鲁查地区以及西伯利亚部分地区。可分五个语支:布尔加语支,主要有楚瓦什语(Chuvash)等;奥古兹语支,主要有土耳其语(Turkish)、土库曼语(Turkmen)、阿塞拜疆语(Azeri)、撒拉语(Salar)等;克普恰克语支,主要有哈萨克语(Kazakh)、塔塔尔语(Tatar)、吉尔吉斯语(Kirghiz;又称柯尔克孜语)、巴什基尔语(Bashkir)等;葛逻禄语支,主要有维吾尔语(Uyghur)、乌兹别克语(Uzbec);回鹘语支主要有裕固语(Yughur)、图瓦语(Tuvinian)、雅库特语(Yakut)、哈拉吉语(Khalaj)等,古代回鹘语(Uighur)也属于该语支。

楚瓦什语是突厥语族布尔加语支的唯一现存的代表性语言。它是突厥语族中最早被明确细分的语言,最初认为源于奥古兹语支。楚瓦什语在突厥语族语言的对比分析中起着重要作用,尤其是能对阿尔泰语系三个语族的发生学联系提供直接依据,所以有时被单列为特殊突厥语支。楚瓦什语的基本语序是SOV,在否定表达上,楚瓦什语有着不同于其他突厥语族语言的特点,楚瓦什语否定祈使句的否定标记是在动词前添加副词an,其他的突厥语族语言则使用否定后缀-mA(A为格标记),这和乌拉尔语系芬兰—乌戈尔语族的马里语等相似。

(298) an pīr. (楚瓦什语)
　　　 NEG 去
　　　 不去。
(299) git - me. (土耳其语)
　　　 去 - NEG
　　　 不去。

土耳其语是从古突厥语的一个分支——西奥古兹语发展而

来的，属于阿尔泰语系突厥语族奥古兹语支，是典型的黏着语，经常使用词缀（常见的是后缀或词尾，只有个别外来词有前缀）来标明词类、语法关系，表达各种语法意义，与我国民族语言中的维吾尔语、哈萨克语等有着密切的亲缘关系，基本语序是 SOV（汤庆国，1997：21）。土耳其语的动词有人称、时体、情态变化，常有的否定标记是中缀 me，插在动词词干和其他后缀的中间。不过，在有些由语用造成的所谓倒装句中，动词不再居后，一些已知的或不重要的信息成分被移到动词后，这时否定标记 me 就直接附在动词后。

（300） giy -dir   - me   - di - niz.
穿 -（致使标记）- NEG - PAST -2PL
你们没有把它穿上。

（301） Ver-me   çocuǧ-a   kibrit-ler-i.
给 - NEG 儿童 -（与格）火柴 - PL-（宾格）
不要给小孩火柴。

土耳其语有直接做谓语的否定动词 yok（不存在），这时 yok 相当于汉语断事句中的"没有"，一般是用在句末，其后还可以带时态标记，但它不属于否定标记。

（302） süt   yok.
牛奶   不存在
那里没有牛奶。

作为土库曼斯坦官方语言的土库曼语、阿塞拜疆官方语言的阿塞拜疆语，与土耳其语一样也属于奥古兹语支，基本语序都是 SOV，否定标记的形态和用法也有很多相似点，一般都是以后缀的形式添加在动词的后面。不过，土库曼语的否定标记可以随人称的不同有两种形式：在第三人称时使用-mAδ，其他人称则用-mAr。

（303） gel-me-m. （土耳其语）
来 – NEG.（不定将来时）– 我
我不会来。

（304） gel-mer-in. （土库曼语）
来 – NEG.（不定将来时）– 我
我不会来。

（305） gel-mer-em. （阿塞拜疆语）
来 – NEG.（不定将来时）– 我
我不会来。

吉尔吉斯语（柯尔克孜语）属于突厥语族的克普恰克语支，基本语序为 SOV，否定标记通常是词缀，后附于谓词词干后面，比如动词词干后可以附加-bā/-be/-bo/bø/-pa/-pe/-po/-pø 来表达否定范畴。动词词干后加表人称的词缀时，可以在动词后添加否定副词 dʒoq 进行否定。可以作否定标记的还有否定副词 emes，另外吉尔吉斯语还有其他突厥族语言所没有的一个否定形式，即构成过去时形动词的否定成分 elek [没…过（的）]，[1] 由于带有人称一致形态，可以把它看作助动词。这些否定标记常用在动词之后、表动词人称的词缀

---

[1] 见胡振华（1986：2，120），胡先生认为形动词是兼有动词和形容词特征的一种动词形式，它们都带有专门的附加成分。

之前。

(306) men bardəm. → men bar-ba-də-m.
　　　我　去.PAST.1SG　　我　去-NEG-PAST-1SG
　　　我去了。　　　　　　我没有去。

(307) men sat-a　　elek-min.
　　　我　卖-PAST　NEG-1SG
　　　我未曾卖过。

(308) men barʁanəm dʒoq.
　　　我　去过.1SG　NEG
　　　我没有去过。

(309) qərʁəztʃa oquʁan kiʃi az emes.
　　　柯语　　读过的　人　少　NEG
　　　学过柯尔克孜语的人不少。

(310) bar-ba-ŋ!
　　　去-NEG-2SG
　　　你别去!

哈萨克语、塔塔尔语也属于克普恰克语支，前者是哈萨克斯坦的官方语言，与卡拉卡尔帕克语、乌兹别克语比较接近，周边受俄语、汉语等影响较大；后者又称鞑靼语，是鞑靼斯坦共和国的官方语言。二者都具有突厥语族语言的典型特点，是后缀形态丰富的黏着语，基本语序为SOV，否定标记是词缀，添加在动词或助动词后。

(311) ẓaz-ba-（哈萨克语）
　　　写 – NEG

　　　　　不写
(312) yaz-a al-　→　yaz-a al-ma-　（塔塔尔语）
　　　　写　能　　　写　能-NEG
　　　　能写　　　　不能写

　　葛逻禄语支的维吾尔语主要是维吾尔族使用的语言，是我国新疆维吾尔自治区的通用语，与土耳其语、哈萨克语、乌兹别克语都较为接近。现代维吾尔语是典型的黏着语，基本语序结构为 SOV，动词位于句末。否定标记是词缀-mɑ/-mɛ（有时弱化为-mi），附着在动词词干后面，表示禁止意义时是添加在动词词干之后、祈使附加成分之前。

(313)　bygyn jamʁur jaʁ-ʁatʃ'q'ɑ,　　u　k'ɛl-mi-di.
　　　　今天 下雨-（表原因成分）他 来-NEG
　　　　-3SG.PRES
　　　　今天下雨，所以他没来。

(314)　ik'k'i-miz　　　　　　kør-mi-gili
　　　　　　　uzun boldi.
　　　　我们-（领属成分）1PL 看见-NEG-（表目的
　　　　成分）长　 是
　　　　我们俩很久没见了。

(315)　mɛn　k'ɛlgitʃ'ɛ　tʃ'iq'-mɑ-ŋ.
　　　　我 来　　　出来-NEG-（祈使成分）2SG
　　　　我回来之前你别出来。

(316)　gɛp'q'il-mɑ-ŋlar !
　　　　说话　-NEG-（祈使成分）2PL
　　　　别说话了！

第二章 各代表语言的否定标记

　　我国甘肃境内的裕固语有东部、西部之分,其实只有西部裕固语才属于突厥语族回鹘语支(东部裕固语属于蒙古语族)。西部裕固语的基本语序为 SOV,动词有时、态、式等语法范畴,句子结构比较简单,动词有时、态、式等语法范畴,各种时的动词又有肯定、否定、疑问、反问四种属于动词词干的语法类型(钟进文,2009:126)。否定标记以后缀形式附于动词后,当有表示其他式范畴的词缀出现时,否定后缀则更靠近词干。该语支的雅库特语是萨哈(雅库特)共和国的官方语言之一,否定标记也以词缀形式出现在动词后面,不过祈使范畴的否定要在否定标记前加一个元音成分,而相近的土耳其语则不需这个附加成分。

(317) sɑt-də. → sɑt-bɑ-h-də. (西部裕固语)
卖 -(确定口气) 卖 - NEG -(连用成分) -(确定口气)
确实卖了。 确实没卖。

(318) sɑt-də-m. → sɑt-bɑ-h-də-m. (西部裕固语)
卖 -(确定口气) - QU 卖 - NEG -(连用成分) -(确定口气) - QU
确实卖了吗? 确实没卖吗?

(319) as → ah-ī-ma (雅库特语)
打开 打开 -(元音) -NEG. IMP
别打开。

(320) aç → aç-ma. (土耳其语)
打开 打开 -NEG. IMP
别打开。

2. 蒙古语族（Mongolian Branch）

蒙古语族语言大多分布在蒙古共和国和我国境内，主要有蒙古语（Mongolian）、莫戈勒语（Monguor）、达斡尔语（Daghur）、东乡语（Dongxiang）等，古代语言契丹语（Khitan）也属于该语族。下面以蒙古语和达斡尔语为例做简要说明。

蒙古语的基本语序类型为 SOV，动词的时体都有各自的后附形式，其一般否定标记［常用的是-（ŋ）gωe/-（ŋ）gue］也是词缀形式，常紧跟在时体形态后面。另外还有两个否定断事动词 biʃee（"不是"，缩减形式为 biʃ）、ugue（"没有"，缩减形式为 gue），① 既可以单独作答，也可以作断事句的谓语，不属于否定标记。蒙古语的禁止标记是 bitʃii 和 buu 两个副词，二者可以通用，位置常在谓词前面。

(321) bii gətʃnəə ərəə lc -sŏŋgωe, xɛrän ənd bɛen.
我 多少 寻找 得到.PAST.NEG 原来 这里 有
我找了多少回也没找到，原来在这里。

(322) xɛrän tər xū məd-(ə̇) xgue, bii mədə̇n.
其实 那 人 知道.PRES.NEG 我 知道
其实那人不知道，我知道。

(323) biʃee, tərtʃīn manɛɛ uxə̇r biʃee ʃωω.
不 那 我们 牛 NEG 啊
不，那不是我们的牛。

(324) əndəəs dəmii xɔl gue.
这里 不太 远 NEG

---

① 道布（1983：78）把它们单列为不同于动词的判断词。

离这里不太远。

（325） tʃii bitʃii marttʃīxaa!
你　NEG 忘记　啊
你别忘了！

（326） tʃii xamaagωɛ ugiig buu dʒaltʃaad ɛɛ!
你　无关的　话　NEG 乱说
你不要随便乱说！

达斡尔语的基本语序也是SOV，否定标记是副词，可分为一般否定标记和禁止标记，前者有ul（不）、əs（未、没有）、uwəi（没有），后者有buu（别、不要），位置都在谓词前面。

（327） χwaatʃ χukur-ii ul tədʒ-əŋ.
洋　　牛　NEG 养
不养洋牛。

（328） əs　id-səŋ uwəi-jinj biʃiŋ.
NEG 吃　NEG 不是
并不是没有吃。

（329） baatuu əl-səŋ uwəi.
巴图　说　　NEG
巴图没有说。

（330） ʃii namii buu dag!
你 我　NEG 跟
你不要跟着我！

3. 通古斯—满洲语族（Tungusic -Manchu Branch）

通古斯—满洲语族又称通古斯语族，主要分布在中西伯利亚、蒙古共和国以及我国东北、内蒙、新疆一带。可分两个语支：通古斯语支，主要有涅埃文基语（Evenki；又称鄂温克语）、鄂伦春语（Olunchun）、赫哲语［又称纳乃语（Nanai）］、埃文语（Ewen）、拉穆特语（Lamut）等；满洲语支主要有满语（Manchu）、锡伯语（Sibo）等，古代女真语（Jurchen）也属于该语支。该族语言都是黏着语，有着丰富的形态变化，基本语序为 SOV，只有受俄语影响较大的埃文语有时可以使用 SVO 语序。大部分通古斯—满洲语族语言都有一个特别的否定助动词，比如下面涅埃文基语的 ə，否定标记被添加在句中时，会带上一定的形态词缀，而原有动词则会失去部分限定形式。

(331) baka-ra-n. → ə-cə̄-n
baka-ra.
找到 –（不定过去时）– 他　　NEG – PAST – 他
找到 –（不定过去时）
他找到了。　　　　　　　　他没有找到。

(332) baka-ɟaŋā-n. → ə-ɟaŋē-n baka-ra.
找到 – FUT – 他　　NEG-FUT – 他　找到 –（不定过去时）
他会找到。　　　　　　　　他不会找到。

(333) nuŋan min-du purta-va e-che-n
bū-re.
他　1SG –（与格）小刀 –（宾格）　　NEG –
PAST – 3SG　给 –（分词）
他没有给我小刀。

(334) ekun-da ō-ra-n. → ekun-da e-che ō-ra.

某事-CLT 变化-NFUT-3SG 某事-CLT NEG-PAST 变化-（分词）

有事情发生了。 没有事情发生。

[CLT 指附着形式，NFUT 指非将来时。后两例出自 Nedjalkov（1994：2，25），转引自 Miestamo & Wagner-nagy（2008）]

锡伯语的基本语序为 SOV，否定范畴的表达也可以有两种形式。一是使用一般否定标记，又有两种情况：在动词后面添加后缀-qu，根据时体等的不同，否定词缀可以在紧接动词词干之后或词干后的附加成分之间或附加成分之后；也可以使用作状语的否定副词 əndi（尚未、未曾），位置在动词的后面。二是禁止形式使用的是否定副词 əm，位置在动词前。另外还有两个可以做谓语的否定动词 aqu（没有）、vaq（不是），一般用在句末，但不属于否定标记。

(335) monj mafa gurund gərən bad ut ʁɪn dʑilχan laχsədʐir-qu.

我们 祖 国 各 地 歌 声 间断 - NEG

我们祖国各地歌声不断。

(336) ҫi javə-qu-maq an əxsəmiə?

你 走 - NEG -（分离形式）[①] 为什么忙

[①] 李树兰、仲谦（1986：87）认为这种后附成分是分离副动形式，所表示的动作是在主要动词表示的动作之前。

你不走，还忙什么？

(337) so ər baitəd əm daldʐilər!
你们 这 事 NEG 干涉
你们不要干涉这件事！

(338) χantɕi surdum tatɕqw aqu.
近 周围 学校 NEG
附近没有学校。

(339) tər arsar nan vaq.
他 一般 人 NEG
他不是平常的人。

(340) ər agəv savər əndi.
这 阿哥 见 NEG
这位大哥我未曾见过面。

虽然朝鲜语和日语的归属仍有争议，我们还是暂且把它们放在这里简单讨论一下。二者都是黏着语，其语法意义主要由词尾表示，谓词都可以带不同的屈折形式。最明显的句法特点是中心语居后，基本语序都是SOV。据尹明花（2006）介绍，朝鲜语被认为是EFP结构语言，一般在句末带有标示句类的语法成分。其句子层面的否定可以包含长型否定和短型否定，否定标记分别在谓词的前面和后面（李花，2002：6）。比如例（341b）是长型否定句，否定标记是副词ani，位置在动词和添加的助动词之间，同时原有的限定动词要发生形态上的变化。日语的否定标记是副词ない，添加在动词后，一般表现为句末，如有时态标记，则在其前。

(341a) kan-da.（朝鲜语）

去 - DECL

我去。(DECL 表陈述式,一般可看作标记)

(341b) ka-ʒi　　ani　　han-da. (朝鲜语)

去-CONV① NEG　(助动词)-DECL

我不去。

[这两例出自 Ramstedt([1939]1997:104,184),转引自 Miestamo(2007)]

(342) 私たちこの友达を访ねるない。(日语)

我们　这位朋友　拜访　NEG。

我们不拜访这位朋友。(熊学亮、刘东虹,2006:52)

(343) ika -se　　-rare　　-ta　　-gara　　-na　　-i.

(日语)

去(致使)PASS(动词意愿式)显示 NEG PRES

没有显示想要让去的迹象。(PASS 表示被动态)

(Shibatani,2006:104)

本节统计了 15 种样本语言的 33 个否定标记,样本语言的基本语序均为 SOV。副词性否定标记的语言有 4 种,否定标记是助动词的语言有 1 种,是词缀形态的有 8 种,还有 2 种语言的否定标记可以是副词或助动词或词缀;大部分语言的否定标记可以后置于谓词(12/15),少数语言的否定标记可以在谓词前(6/15),其中有 3 种语言既可使用谓词后否定形式也可

---

① CONV 是 converb 的缩写,指功能上起到连接小句作用的一类非限定动词,句法上依赖另外一个动词形式,但不是其论元,不能出现在主语或宾语位置,传统文献中一般认为是动名词、副动词等(Nedjalkov,1995:97-100)。

使用谓词前否定形式。当有助动词时，否定标记则在助动词后（2种语言讨论到助动词，否定标记以词缀形态附于助动词后）。

第五节 高加索语系

高加索语系（Caucasian Family）又称伊比利亚—高加索语系，得名于黑海和里海之间的高加索山脉，分布在高加索山区，使用人口约五百万。高加索地区语言纷繁，差别很大，至少包括两个语族：南高加索语族，又称卡尔特维里语族（Kartvelian Branch），主要有格鲁吉亚语（Georgian）、斯万语（Svan）、明格雷利亚语（Mingrelian）、拉兹语（Laz）等；北高加索语族，又称阿布哈兹—阿第盖语族（Abkhaz-Adyghean Branch），又可分为西北语支和东北语支（后者现在一般被称为 Nakh-Dagestanian 诸语言），主要有卡巴尔达语（Kabardian）、阿布哈兹语（Abkhaz）、车臣语（Chechen）、阿瓦尔语（Avar）、列兹金语（Lezgi）、阿第盖语（Adyghe）、阿巴兹语（Abaza）、印古什语（Ingush）、塔吉斯坦语（Daghestanian）、莱兹金语（Lezgian）、拉克语（Lak）、塔巴萨兰语（Tabasaran）等。

高加索语系语言语音上的普遍特点是存在大量复杂的辅音簇。句法上多数语言的基本语序是 SOV，当宾语作为焦点时，使用 OVS，当主语作为焦点时，则使用 OSV 而不是 SVO。动词后面有着丰富的各种派生后缀：一般是方位词缀等在动词词干前面；如果有性的一致，则性标记也在前面，而时体、语气词缀等在动词词干之后；如果有人称的一致，则在时态体词缀的后面。否定范畴的表达在语言中有不同的方式：使用可以包含时体标记的混合后缀（比如 Avar 语）；使用前缀（比如 Dargi 语）；根据句类使用不同的前缀或后缀（比如 Chechen 语）；使用分析综合性的混合词缀形式（比如 Tsakhur 语）（van den Berg, 2005：169-171）。对于混合词缀形式，如果表达句法范畴，也应视为属于前缀形式。

(344) w-ač'-in. č'o. → w-ač'-ula-ro. (Avar 语)
Ⅰ–来–PRT. NEG　Ⅰ–来–PRES–NEG
他没有来。　　　他不来。(Ⅰ是第一性标记）

(345) w-ač'-u. ge. (Avar 语)
Ⅰ–来–IMP. NEG
别来！
［这两例出自 Charachidzé (1981：105–106)，转引自 van den Berg (2005)］

(346) ħe-r-ak'-ib.　　→　　ħi-f-aš-ul sa. y. (Dargi 语)
NEG-Ⅱ–来.（完成体）-AOR. 3　NEG-Ⅱ-来.（未完成体）–（动名词）–（助动词）. Ⅱ
她没有来。　　　　　她不是正在来。
(Ⅱ是第二性标记，AOR 表示不定过去时）

(347) ma-r-aš-ud. (Dargi 语)
NEG-Ⅱ-来.（未完成体）-FUT：2
别来！
［这两例出自 van den Berg (2005：169)］

车臣语的否定标记一般都是在动词前的前缀，用于陈述句的是一般否定标记 cɑ，用于祈使或祈愿句的是禁止标记

ma。

莱兹金语主要在俄罗斯和阿塞拜疆等地使用，基本语序为 SOV，属于动词居后语言。否定标记有一般否定标记和禁止标记之分，都是词缀形式，附着在动词词干的后面，可以插在动词词干与时体后缀之间。

(348a) xürünwi-jri ada-waj meslät-ar qaču-zwa.
村民-PL（作格） 他-（来源格） 建议-PL 采取-（未完成体）
这个村民向他请教。

(348b) xürünwi-jri ada-waj meslät-ar qaču-zwa-č.
村民-PL（作格） 他-（来源格） 建议-PL 采取-（未完成体）-NEG
这个村民不向他请教。

[这两例出自 Haspelmath (1993)，转引自 Miestamo (2007)]

(349) Kerekul. di-n siw aq̃eax-zawa-č-ir.
喜鹊-（属格） 嘴 停止-（未完成体）-NEG-PAST
喜鹊的嘴没有停止。

(350) Ja bala wuna am pačah. di-z gu-mir.
PT 小孩 你.（作格）它.（通格）国王-（与格） 给-NEG
孩子，别把它给国王。

[这两例出自 Haspelmath（1993：149，455，456），转引自 Bond（2007）]

本节统计了4种样本语言的8个否定标记，样本语言的基本语序均为 SOV，否定标记均为词缀形态：2种语言的否定标记后附于谓词，2种语言的否定标记前附于谓词。

第六节 达罗毗荼语系

达罗毗荼语系（Dravidian family）又称德拉维达语系或南印度语系，主要分布在印度南部、中部和巴基斯坦部分地区，使用人口约1.5亿，包括四种标准语在内共约70多种语言。大致可分南部、中部和北部三个语族，主要有泰米尔语（Tamil）、马来雅兰语（Malayalam）、卡拿拉语（Canarese）、泰卢固语（Telugu）、布拉灰语（Brahui）、冈德语（Gondi）等。达罗毗荼语言和印度北部的印欧语系语言没有亲属关系，它们大部分都属于黏着语，句子基本语序为 SOV。Subrahmanyam（2006b：792）给出了该语系语言限定动词附带各种形态的大致模式：

VB + Tense/Negative Suffix + Personal Suffix[①]

这里可以看出否定标记是以词缀的形式出现在词干的后面、人称后缀的前面，不过达罗毗荼语言的否定词缀和时态词

---

① VB 是 verb base 的缩写，是动词形态变化和推导的基础形式，大致相当于词干。不过，达罗毗荼语系语言有些类型的 VB 是通过其他类型附加词缀形成的，比如泰卢固语的不及物型形式 tɑḍiyu-（变湿）可以添加及物后缀-pu-转成及物型的 tɑḍu-pu-（使……变湿），还可以再添加使役后缀转成使役型形式（Subrahmanyam，2006b：792）。这些转化后的 VB 也被看作词干。

缀一般不同时出现，只有中部语族部分语言的过去时态例外，这时否定标记是在时态词缀之前、紧随动词词干。比如下面的 Kolami 语。

(351) siyy-ē-t-ēn.
给-NEG-PAST-3SG
他没有给。(Subrahmanyam, 2006b：793)

达罗毗荼语系语言中带有否定后缀的动词，如果没有特殊指明时态，则一般是将来时或惯常体，这时时态后缀不出现，否定标记位置在词干和人称后缀之间（有时否定标记可能是零形态）。比如例(352)、例(353)。达罗毗荼语系语言对过去时和现在时的否定则是通过否定助动词来实现的，位置添加在动词后面，此时限定动词常常发生相应的变化。比如例(354)、例(355)。

(352) cepp-a-nu. (泰卢固语)[①]
说出 – NEG – 1SG
我不会说出。/我一直没有说出。
(353) ceyy-ø-ēn. (古泰米尔语)
做 – NEG-1SG
我不准备做。/我一直没有做。(ø 代表空位)
(354a) coll-a (v)   illai. (泰米尔语)
说出 –（非限定形式）   NEG. (助动词)

---

① 例 (352) —例 (358) 引自 Subrahmanyam (2006b：792 – 795)，例 (359) —例 (360) 引自 Subrahmanyam (2006a：107)。

（某人）没有说出。

(354b) (cepp-a　　　　　　lēdu.（泰卢固语）
　　　　说出-（非限定形式）NEG.（助动词）
　　　　（某人）没有说出。

(355a) col-v-at（u）　　　　　illai.（泰米尔语）
　　　　说出-FUT-（名词性）.SG NEG.（助动词）
　　　　（某人）没有在说。

(355b) cepp-aḍam　　　lēdu.（泰卢固语）
　　　　说出-（名词性）　NEG.（助动词）
　　　　（某人）没有在说。

禁止意义的否定表达也是通过一般否定标记来实现的，这从祈使范畴的否定中可以看出。达罗毗荼语系大多数语言的祈使式都有人称变化形式，当主语是单数时一般可以直接使用动词的词干形式来表达，如果主语是单数以上则需要在词干后添加特定后缀。对于相应的否定范畴，则需要在词干和祈使后缀之间再添加相应的否定后缀。

(356a) col.　　　→　　coll-at-e.（泰米尔语）
　　　　说出　　　　　说出-NEG-IMP.SG
　　　　（你）说！　　（你）别说！

(356b) coll-uŋkal　→　coll-at-īrkal（泰米尔语）
　　　　说出-IMP.PL　　说出-NEG-IMP.PL
　　　　（你们）说！　（你们）别说！

(357a) ceppu.　　　→　　cepp-aku.（泰卢固语）
　　　　说出　　　　　　说出-NEG
　　　　（你）说！　　　（你）别说！

(357b) cepp-aṇḍi. → cepp-ak-aṇḍi. （泰卢固语）
说出- IMP. PL　　　　　　说出-NEG-IMP. PL
（你们）说!　　　　　　　（你们）别说!

(358a) aṭṭ-ā. → aṭ-v/m-ā. （冈德语）
做饭 – 2SG　　　　　　做饭 – NEG-2SG
（你）做饭!　　　　　　（你）别做饭!

(358b) aṭṭ-ā. → aṭ-v/m-āt. （冈德语）
做饭 – 2PL　　　　　　做饭 – NEG – 2PL
（你们）做饭!　　　　　（你们）别做饭!

布拉灰语是巴基斯坦俾路支省布拉灰族人的通用语言，是达罗毗荼语系最西北部的一支，虽然在印欧语系语言包围之中，但仍保持着不同于印欧语系特点的孤立状态。布拉灰语的基本语序为 SOV，否定标记是后缀-pɑ/-fɑ，可以表示一般否定意义和禁止意义，添加的位置在动词词干后面、其他附加成分之前。(Subrahmanyam, 2006a：104 – 107)

(359) tix! → tix-pa!
推-2SG　　　　　推 – NEG – 2SG
（你）推!　　　　（你）别推!

(360) tix-bo! → tix-pa-bọ!
推 – 2PL　　　　推 – NEG – 2PL
（你们）推!　　　（你们）别推!

本节统计了 6 种样本语言的 10 个否定标记，样本语言的基本语序均为 SOV，否定标记均为词缀形态，但在否定不同时态时要使用助动词，否定标记的线性位置规律性很强：不管标记是词缀还是助动词，均在谓词后。

第七节 南亚语系

南亚语系（Austroasiatic Family）主要分布在亚洲东南部地区（越南、老挝、柬埔寨等国家），使用人口 5000 万左右，约有 150 种语言。大致可分为三个语族：扪达语族（或蒙达语族 Munda Branch），又可分南北两个语支，主要有桑塔利语（Santali）、扪达语（Munda）、库尔库语（Korku）、霍语（Ho）等；孟—高棉语族（Mon-Khmer Branch），是南亚语系最大的语族，主要有越南语（Vietnamese）、孟语（Mon）、高棉语（Khmer）、尼科巴语（Nicobarese）、卡西语（Khasi）、佤语（Wa）、布朗语（Blang）、莽语（Mang）、崩龙语（Ponglong）、俫语（Baliu）、德昂语（De'ang）、布庚语（Bugeng）、克木语（Kammu）等，中国境内的京语（Jing，实际上是越南语的一种变体）；尼科巴语族（Nicobarese Branch），主要有卡尔语（Chaura）、特雷萨语（Teressa）等。南亚语系语言的基本语序类型是 SVO，有些语言（比如佤语和布朗语）有时可以出现 VSO 语序。

桑塔利语通行于印度部分地区和孟加拉国、尼泊尔等地，是扪达语族中使用人口最多的语言。桑塔利语中作为词汇范畴的动词，和大多数扪达语族语言的一样，并没有与名词区分得很严格，有时一个词根既可以用作体现论元的名词，也可以用作修饰成分（比如形容词）或谓词（比如动词），甚至像 orak "房子"这样的名词词根也可以动词化地带有屈折变化。一般情况下桑塔利语的中心语前置于限定语，简单句中的主语和宾语常前置于动词,无标记的句子语序是 SOV(Anderson,2006b:749)。据目前语料观察,作为否定标记的词缀 ba 出现在这些词根的前面。

(361) kombro → kombro mɛrɔm → mɛrɔm-ko kombro-ke-d-e-a.
小偷 →被偷的 山羊→山羊-PL 偷-(体)-(及物性)-3-(限定)
他们偷了山羊。

(362) orak-ke-d-a-e.
房子-(体)-(及物性)-(限定)-3
他盖了所房子。

(363) ba-ko sap'le-d-e-a.
NEG-PL 抓住-(及物性)-3-(定式)
他们没有抓住他。
[以上三例均引自 Anderson(2006b:750)]

佤族人使用的佤语的基本语序为 SVO,一般否定标记 ʔaŋ 和禁止标记 pɔ、kouh 都是副词,且位置都在谓词的前面。在有些方言里否定标记可以有不同的形式。

(364) kiʔ ʔaŋ krup ʔɤʔ khaiŋ!
他们 NEG 拜 我 算了
他们不如拜我算了。

(365) kiʔ kɯm taɯk tɔŋ kah ʔaŋ mɔh sia pa brɛʔ kih.
他们 于是 才 知道 对于 NEG 是 画眉的

偷　盐

于是，他们这才明白偷盐的不是画眉。

(366) peʔ   pɔ   baŋ lia si mauʔ
　　　 你们 NEG 滚   石头
　　　 你们别滚石头。

(367) maiʔ kouh ʔaŋ tɕu loʔ ʔɤʔ.
　　　 你   NEG NEG 信   话   我
　　　 你别不信我的话。

(368) mɛiʔ pho hɔ. （佤语阿佤方言）
　　　 你   NEG 走
　　　 你别走。

卡西语是印度和孟加拉国卡西族人的语言，典型的形态特征是具有性范畴标记。卡西语的基本语序为 SVO，其否定标记是词缀-m，在句中的线性位置根据时体的不同有所变化：有时后附于主语代词，有时后附于性范畴标记，有时前附于动词词干，均在谓词前面。但在和卡西语相近的 Bhoi 语中，否定标记 re 可以添加在动词之后、后置的性范畴标记之前。(Anderson, 2006a：187 - 188)

(369) phi-m ʔiithuʔ ya   ŋaʔ （卡西语）
　　　 你-NEG 认得   （宾） 我
　　　 你不认得我吗？

(370) u khɨnnaʔ   u   -m   bɑm. （卡西语）
　　　 这 孩子（阳性）-NEG 吃
　　　 这个男孩没有吃。

(371) ŋanʔ m- thoʔ. （卡西语）

我．FUT　NEG-写

我不准备写。

(372) u　khɑnnɑʔ　bɑm　re　u.　(Bhoi语)

这　孩子　　吃　NEG（阳性）

这个男孩没有吃。

[以上四例引自 Anderson（2006a：187-188）]

莽语是中国、越南等地莽人的语言。基本语序为 SVO，否定标记是副词 ʔam^{31}（不）、ẓa^{51}（别）、ta^{31}（不要、别）。线性位置在动词（包含助动词）的前面。（高永齐，2003：89，112）

(373) gom^{51}　ʔə^{31}　hɔ^{35}　ʔəm^{31}　tɕaŋ^{51}　θaɯ^{51}.

　　　水　　的　流　NEG　会　　臭

流着的水不会臭。

(374) ẓa^{51}　tap^{55}!

NEG　埋

别埋！

(375) ta^{31}　ȵam^{51}!

NEG　哭

不要哭！

克木语也是跨境语言。我国境内的克木族人数量较少，主要分布在云南西双版纳傣族自治州的景洪市和勐腊县，归属布朗族，但在老挝、泰国、缅甸等地却都是人口较多的独立民族。尤其是在老挝，克木族是第二大民族，有 50 多万人。克木语基本语序为 SVO，常用否定副词有 7 个：pə"不、没"、

laʔ"没"、pəlaʔ"尚未"、biʔ"没"、daʔ"别、不要"、ʔɛʔ"不"、khat de taʔ"从来没有"。不同的否定副词否定的侧重点不同,但位置都在谓词之前。如果副词、形容词、名词等同时作状语时,其语序一般为"时间名词 + 副词(频率副词 + 否定副词)+ 处所名词 + 谓语中心词 + 程度副词或形容词"。(戴庆厦、陈国庆等,2012：1,152,229)

(376a) ʔoʔ pə/ʔɛʔ mah.
　　　 我 NEG 吃
　　　 我不吃。

(376b) ʔoʔ laʔ mah.
　　　 我 NEG 吃
　　　 我没吃

(376c) ʔoʔ pə laʔ mah loːc
　　　 我 NEG 吃完
　　　 我还没吃完。

(376d) ʔoʔ biʔ mah.
　　　 我 NEG 吃
　　　 我再也不吃了。

(376e) me daʔ mah.
　　　 你 NEG 吃
　　　 你别吃。

(376f) ʔoʔ khat de taʔ mah.
　　　 我 NEG　　 吃
　　　 我从来没有吃过。

(377) nɔ gɔʔ pə tɕhaːi lau hə lɔʔ kəm m̥uʔ loːc.
　　　他们 也 NEG 会 说 语 克木 都

他们也都不会说克木语。

另外京语、越南语、德昂语、布庚语的基本语序都是 SVO，否定标记也是副词，添加在动词或形容词前。只有佤语（基本语序为 SVO）由于受到仡佬语的影响，作为否定标记的副词 ʔo³³ 后置于动词或形容词，如果动词带宾语或补语，否定标记就添加在宾语或补语的后面（梁敏，1984），实际上是在句末位置。

(378) khoŋ³³　　　mak²²　（京语）
　　　 NEG　　　　穿
　　　 不穿

(379) dɯŋ² laːm² tsɔ ŋɯːi² khaːk⁵ uɤt⁵ ɯk⁵.（越南语）
　　　 NEG 做 使 人　　　NEG 委屈
　　　 别让别人受委屈。

(380) liʔ tɛːm mɔi ʔɤ man.（德昂语）
　　　 字　写　你　NEG 好
　　　 你写的字不好。

(381) sa u⁴⁴ thu⁴⁴ mɯ⁵⁵ ʐoŋ³¹ ʑi²⁴ tsau⁵⁵.（布庚语）
　　　 鸟 飞　　NEG　容　易　打
　　　 飞着的鸟不容易打着。

(382) kɯ⁵⁵ kan⁵⁵ laːu³³, kɯ⁵⁵ kə⁵⁵ laːu³³ ʔo³³.（佤语）
　　　 只　这　好　　只　那　好　NEG
　　　 这只（动物）好，那只不好。

(383) ʔi⁵⁵ saːi⁵³ li³³ quːn⁵⁵ haːi¹¹ muɔ³¹ ndi³³ tɔ³³ qoŋ³³ ʔo³³.
　　　 （佤语）
　　　 他　会 讲 儿子 害　母亲　的　故事 NEG
　　　 他不会讲儿子伤害母亲的故事。

不过越南语和京语在孟—高棉语族语言中显得有些特殊，它们有其他多数孟—高棉语族语言所没有的声调，却没有相应的表达语法意义的各种附加成分，主要语法手段和汉语一样都是虚词和词序，所以有时也被认为属于汉藏语系壮侗语族。它们都有专用的一般否定标记和禁止标记，下面再补充两组相应的对照例句。①

(384a) tui˧ la˩ muo˩ doŋ˧ da˩ den˥, n̪ɯŋ˧ ma˧ tsăŋ˩ lăn˩ ti˥ nau˩ ka˩.（京语）
虽然　冬天　已　到　　但是　NEG
冷　点　哪　全
虽说冬天已到，但一点儿也不冷。

(384b) Tuy tăng² mua² động da⁴ dên⁵, nhu'ng ma² chăng³ lanh⁶ ti⁵ nao² ca³.（越南语）
虽然　冬天　已　到　　但是　NEG
冷　点　哪　全
虽说冬天已到，但一点儿也不冷。

(385a) neu˩ jəi˩ mɯɯ˧ thi˩ ta˧ khoŋ˧ di˧.（京语）
如果　天　下雨　就　咱们　NEG 去
如果天下雨，咱们就不去。

(385b) Nêu⁵ tro'i² mu'a thi² ta không di.（越南语）
如果　天　下雨　就　咱们　NEG 去
如果天下雨，咱们就不去。

---

① 越南语例句中的 2、3、4、5、6 分别代表越南语的玄声"`"、问声"?"、跌声"~"、锐声"´"和重声".", 不标调的为"平声", 越南语的 đ 用 d 表示。（王连清，1983：30）

本节统计了12种样本语言的25个否定标记，其中基本语序为SVO的语言有11种，基本语序为SOV的语言有1种。SVO语言中否定标记为副词的有9种，是词缀形态的有2种；否定标记的句法位置以在谓词前占优势（7/9），有2种语言的否定标记在谓词后。SOV语言的否定标记为词缀形态，线性位置在谓词前。

第八节　南岛语系

南岛语系（Austronesian Family）又称马来—玻利尼西亚语系（Malayo-Polynesian Family）。分布在从非洲的马达加斯加到南美的复活节岛、北起夏威夷南至新西兰的广大地区，横跨了印度洋和太平洋，是世界上分布最广的语系。使用人口1.7亿，约有近千种不同的语言。大致有五个语族：台湾语族（Formosan Branch），一般又分为排湾、泰雅、邹三个语支，主要有台湾原住居民使用的排湾语（Paiwan）、泰雅语（Atayal）、噶玛兰语（Kavalan）、鲁凯语（Rukai）、邵语（Thao）、阿美语（Amis）、赛夏语（Saisiyat）、邹语（Tsou）等；印度尼西亚语族（Indonesian Branch），主要有印度尼西亚语（Indonesian）、马来语（Malay）、爪哇语（Javanese）、他加禄语（Tagalog）、希利盖农语（Hiligaynon）、巴厘语（Balinese）以及非洲马达加斯加的国语马尔加什语（Malagasy）等；美拉尼西亚语族（Melanesian Branch），主要有斐济语（Fijian）、所罗门群岛语（Solomonese）等；密克罗尼西亚语族（Micronesian Branch），主要有马绍尔群岛语（Marshallese）、吉尔伯特群岛语（Gilbertese）、雅浦岛语（Yapese）、瑙鲁语（Nauruan）等；玻利尼西亚语族（Polynesian Branch），主要有夏威夷语（Hawaiian）、汤加语（Tongan）、萨摩亚语（Samoan）、毛利语（Maori）、复活节岛语（Rapa Nui）等。

南岛语系语言绝大多数没有声调，属于黏着型语言，有比较发达的形态变化和各种格标记。主要语序类型为 SVO，部分语言为 VSO 和 VOS 型，不过由于焦点系统的运作使动词和主语都有形态上的呼应，① 所以很多时候后面两种语序可以并存。

绝大部分台湾语族语言的基本语序类型是 VOS，也常有主宾颠倒的情况，但谓语（有时可以是名词）居首则是统一的。否定成分都是独立的语类，主要是副词，也可以是动词（相当于汉语中作谓词的"没有"），有的否定词中间还可以插入表体貌的词缀［比如例（389）］。从语义上看，多数语言中有专门的禁止标记。该族语言否定标记的位置在类型上是 NEG + V，李云兵（2008：256—259）指出除了否定词直接修饰动词或形容词外，还存在一种构成形式，也就是在动词或形容词与否定副词之间加入结构助词。我们认为这并不是台湾语族语言否定标记词序的根本特点，因为如果仅从语言形式上看，否定词和动词（或形容词）之间其实并不限于这两类构成方式，还有很多其他成分也可以插入，这在下面的语料中可以看到。从句子层面观察，会发现该语族语言否定成分的位置在线性序列上有个明显的共性，就是非常固定地在主句或小句

---

① 焦点系统是南岛语系语言独有的句法特征，也是其句法上最重要的特征，保存这项特征最完整的就是台湾南岛语。台湾南岛语的焦点句可大致分为主事焦点句和非主事焦点句，后者又可有受事焦点句、处所焦点句、工具焦点句等。主事（actor；有时在台湾南岛语文献中把 Agent 也看作主事者）焦点句的主语就是主事者本身，受事焦点句的主语就是受事者，以此类推。不过，有些南岛语的焦点系统已经发生了或多或少的变化，有的甚至转变成了二分的主动和被动系统（张秀娟，2000：8 - 10）。

最前面（包括直接作谓词时），除非有些话语连接词［见例（391）］或疑问词［见例（410b）、例（411）］或语用主题成分［见例（418）］可以出现在否定词之前。动词词干所附加的形态词缀以及动词的其他修饰语都在动词前或后，但一律在否定词之后。由于这种否定成分的位置比较特殊（与爱尔兰语类似，可以认为是谓头和句首两个敏感位置的巧合），有一定的类型学意义，我们这里选三个语支的七种代表语言，把它们否定标记的使用情况分别做如下描写和比较。

北排湾语的一般否定标记是副词 ini-ka（可以简化为 ika，"不、没"），禁止标记是副词 maya（别、不要），位置都在句首，其中 maya 后面必须跟随有主事者焦点标志的动词，而且和动词之间还可以出现 sa。另有否定动词 neka（没有），属于词汇否定。

(386) neka ti palang.
NEG（主格）（人名）
Palang 不在。

(387) izua paysu nimadju. → neka nu[①] paysu nimadju.
有 钱 他的　　　　　NEG 钱 他的
他有钱。　　　　　　　他没钱。

(388) na-k-em-an-aken → ini-ka-aken a na-k-em-an.
（完成貌）吃 我　　　NEG 我　　（完成貌）吃

[①] 这里的 nu 有时可以省略（张秀娟，2000：107）。

我吃了。　　　　　　　　我没吃。

(389) ini-anan-kɑ　t-em-ekeL　　　ti　kama
　　　tua vava.
　　　NEG-已经　喝-（主事焦点）　（主格）爸爸
　　　（斜格）①酒
　　　爸爸不喝酒了。

(390) ini-ka-aken　a　　uri　s-em-a-kasiv　a
　　　NEG-我（连系词）（未来式）用棍子-
　　　（主事焦点）（连系词）
　　　k-em-eLem　　tjay　palang　nutiaw.
　　　打-（主事焦点）（斜格）（人名）
　　　明天
　　　我明天不会用棍子打 Palang。

(391) 'au ini-ka nape'uzung, izua sa ᴸin-lia　ni vuvu
　　　tuki a nema' aya ti kulelelele.
　　　但 NEG 像地瓜叶　有 这 藏-（完成貌）爷爷
　　　不知 什么 说　（人名）
　　　"但不像地瓜叶，不知爷爷藏什么？" kulelelele 说。

(392) tekeL-u.　→　　maya（sa）t-em-ekeL.
　　　喝-（命令式）　　NEG　　喝-（主事焦点）
　　　喝！　　　　　　　别喝！

(393) maya-itjen　a　　　t-em-eveLa
　　　tua sinikivada' ni　palang.

---

① 因为北排湾语的受格、工具格与处所格符号相同（处所的格位符号前要加 i），这里统称为斜格。南岛语系语言中的斜格泛指所有无标的格或非主格的格，是相对于主格或宾格而言的（张秀娟，2000：82，214）。

NEG - 我们（连系词）回答 - （主事焦点）
（斜格）问题　（属格）（人名）
我们不要回答 Palang 的问题！

注意上面例（388）、例（390）中的 -aken 是主格附着式人称代名词，作为后缀，它是必须附着在句首成分之后的（张秀娟，2000：87），所以从语法规则上也可以判断否定标记的句首位置。另外，北排湾语还有一些否定动词，比如 nakuya（不可以、不好）、suʻeLam（不喜欢）等，它们与否定标记的位置不同，后者出现在未来式 uri 的前面 [比如上面例（390）]，而这些否定动词只能在 uri 的后面（见例（394）、例（395）]，它们对句子的否定适宜看作词汇否定。

(394) uri　　suʻeLam a　　za kakeDian　　tua icu.
（未来式）不喜欢（主格）　那　小孩　（斜格） 这
那个小孩将会不喜欢这个。

(395) uri　　nakuy-anga　k-em-an tua vavui.
（未来式）不可以 - 已经　吃（斜格）山猪
将不可以再吃山猪了。

泰雅语的一般否定标记有两个：副词 ini'（没有）一般用来表示过去某个时间没有发生；副词 yakaat（不、没有）常常否定未来可能发生的事情或过去的经验，有时也可作为断事动词来否定两个名词结构间的关系。禁止标记有两个：kaa 和 laxi，都相当于汉语的"别"，至于二者功能或语义上的差异，目前尚不清楚，只不过 laxi 后面要跟着主格格位标记 ku'，然后再接含主事焦点标记的动词（黄美金，2000a：127－132）。这些否定标记的位置也在句首。另外有否定动词 ukas（没有）主要用于存在句、断事句等，属词汇否定。

(396) ini' = mu　　　　tuting-i　　　　ku'　xuil.①
　　　NEG＝我.（属格）打－（受事焦点）（主格）狗
　　　我没打（这）狗。

(397) ini' = mu　　　　palalu'-ani　　　ku'
　　　'ulaqi'.
　　　NEG＝我.（属格）摇－（受惠者焦点）（主格）
　　　小孩
　　　我没摇（这）小孩。

(398) ukas　a'　qulih.
　　　NEG（主格）鱼
　　　没有鱼。

(399) ukas　ku'　tawqi'　i'　imuwaag.
　　　NEG（主格）长老（处所格）家
　　　长老不在家里。

(400) yakaat = cu　　　pɑ-qaniq

---

① "＝"表示后面连接的是附缀（clitic），附缀在原文献中称为寄生词。台湾语族语言的寄生词不同于一般的附缀，它通常必须"寄生"在句首的主要述语上，不管该述语是动词、名词、否定词或其他词类。泰雅语的寄生词不改变词干的重音，字重音仍旧落在词干的最后一个音节上。泰雅语的主格和属格人称代名词都是附着式代名词，属于寄生词，永远需要附着在谓语的第一个成分之后（黄美金，2000a：53，86）。所以我们也可判断这里的否定词绝大多数情况是在句首（含小句句首），前面一般不出现其他成分。

cu' qulih.
NEG＝我.（主格）　（未来式）.（主事焦点）－吃（受格）鱼
我不要吃鱼。

(401) yakaat＝cu　　　m-in-aniq
cku' qulih ka'　hani.
NEG＝我.（主格）　（主事焦点）－（完成貌）－吃（受格）鱼　（连系词）这
我没吃过这种鱼。

(402) yakaat itaal　'i'　yumin.
NEG　泰雅人（主格）　（人名）
yumin 不是泰雅人。

(403) kaa　usa'-Ø　　　i'　uray.
NEG 去－（主事焦点）（处所格）乌来
别去乌来！

(404) laxi　ku'　m-usa'　　i'
uray.
NEG （主格）　（主事焦点）－去（处所格）乌来
别去乌来！

(405) laxi　ku'　m-nubuwag　cu'　quwaw.
NEG（主格）（主事焦点）－喝（受格）　酒
别喝酒！

噶玛兰语的否定成分有 usa（不是）、mai（没有、不）、taqa（不要、不敢）。usa 用来否定名词词组或句子，相当于断事动词。mai 和 taqa 都可以作动词，因为 mai 后面既可以接受格名词词组［例（408）］，也可以带上附着代词、时式和动貌标记［例（409）］，而 taqa 后面可以接焦点系统的标记，并且随之发生形态变化：主事焦点用原形，受事者或处所焦点用 taqaan［例（410）］（张永利，2000：142，146）。另外 mai 和 taqa 也可以作副词，后面跟动词或形容词［例（412）不同于例（410a），其主事焦点在动词上，所以此时的 taqa 是副词］，属于一般否定标记。噶玛兰语的禁止标记是副词 naRin（别）。它们的位置也全部是在句首。

(406) usa = iku kebaran.
　　　 NEG＝我 噶玛兰人
　　　 我不是噶玛兰人。

(407) usa = iku mai tu kerisiw.
　　　 NEG＝我 NEG （受格） 钱
　　　 我不是没有钱。

(408) mai = iku tu kerisiw.
　　　 NEG＝我（受格）钱
　　　 我没有钱。

(409) mai = pa = iku tapawan-ku anuqaRabi.
　　　 NEG＝（未来式）＝我 在家–我的 今天晚上
　　　 今天晚上我不在家。

(410a) taqa aiku qan tu Raaq.
　　　 NEG 我 吃 （受格） 酒
　　　 我不要喝酒。

(410b) nianu qa-taqa-an-su timaikuan.
　　　 什么 （前缀）－NEG－（受事焦点）－

你　　　我
你为什么会不要我?

(411) mana　　mai = isu qatiw　　　　ta　　　kasaw-
　　　an　　　temawaR.
　　　什么　　NEG = 你 去（主事焦点）（处所格）　长
　　　滨 -（处所格）明天
　　　你明天为什么不去长滨呢?

(412) taqa = iku　m-'etung　　　　tu　　teraquq.
　　　NEG = 我（主事焦点）- 杀（受格）　鸡
　　　我不敢杀鸡。

(413a) naRin　q-em-an　　　　tu　　Raaq.
　　　 NEG　吃 -（主事焦点）　（受格）酒
　　　 别喝酒!

(413b) naRin　qan-an　　　　ya　　Raaq.
　　　 NEG　吃 -（受事焦点）（主格）酒
　　　 酒别喝!

鲁凯语的谓语可以是动词或名词，通常都在句首，但是当句子有语用上的主题或者出现否定词时，则主题或否定词位于句首，如果二者同时出现，则主题居前〔例 (418)〕。也就是说，否定标记的位置一般情况下都在句首。鲁凯语的否定成分有两个：动词 kaDua 用于存在句和断事句，kai 作动词用于断事句，用作一般否定标记时为副词修饰动词，一般用在句首。禁止标记是副词 ara，用于祈使句也在句首，此时动词常常需要重叠。

(414) kaDua　ipingi　　　ka　　　angatu.

NEG 房子旁边 （主格） 树

房子旁边没有树。

(415) kaDua lalake-su.

NEG 小孩－你的

你没有小孩。

(416) kai-su ka tama nakuane.

NEG－你 （主格） 爸爸 我

你不是我的爸爸。

(417) kai w-a-salaza ki la-vavalake

ka tawpungu.

NEG （主）－（实现）－追① （斜格） PL－

小孩 （主格） 狗

（那条狗）没有追小孩。

(418) kusu ka kai swaveDay-su！

你 （主题） NEG 属于鲁凯族－你

你（啊）不是鲁凯族的人！

(419) ara kane-kane！

NEG 吃－吃

别吃！

(420) ara ungu-ungulu！

NEG 喝－喝

别喝！

---

① "主"代表主动式语态，鲁凯语的主语由动词词缀标示的语态来显示。主动式时，主语为主事者；被动式时，主语为受事者（齐莉莎，2000a：93）。"实现"是鲁凯语的一种时貌，可分为标示过去已发生、完成的事件、正在进行的事件和习惯性的事件三类（齐莉莎，2000a：96）。

邵语的否定标记也常在句首,不过有一种情况值得注意。有些语料［比如例（423a）］显示主语有时可以在句首,位于否定词的前面,这种主语是否属于语用上需要提前的主题成分,尚不得而知。一般否定标记有两个:副词"antu"（没有、未）常用于否定过去尚未发生或未来可能发生的事件;副词"ani"（没有、未）和"antu"用法大致相同,有时可以互换［例（422）］,有时却不行［例（423）］,两者的具体用法和语义差别还有待进一步研究（黄美金,2000b:115-116）；另外,否定动词"uka"（没有、不）用于断事句中,作句子的谓语,属于词汇否定。禁止标记是副词"ata"（别）,一般用于祈使句。

(421) 'antu' 'ina wa cicu' m-a-pa-pa' 'azazak.
　　　 NEG 妈妈（连系词） 他 （主事焦点）-背-背 小孩
　　　 他母亲从未背孩子。

(422a) 'antu' yaku' tu m-in-aniza.
　　　　NEG 我 （主事焦点）-（完成貌）-钓鱼
　　　　我从未钓过鱼。

(422b) 'ani' yaku' tu m-in-aniza.
　　　　NEG 我 （主事焦点）-（完成貌）-钓鱼
　　　　我从未钓过鱼。

(423a) yaku' 'antu' a-m-utuSi kariawan.
　　　　我 NEG （未来式）-（主事焦点）-去 埔里
　　　　我不要去埔里。

(423b) ＊yaku' 'ani' a-m-utuSi kariawan.
我 NEG （未来式）-（主事焦点）-去 埔里

(424) 'uka' fari'.
NEG 风
没有风。

(425) 'ata' paru-i hura wa 'azazak.
NEG 打-（受事焦点） 那 （连系词） 小孩
别打那小孩！

阿美语的否定标记都出现在句首。三个否定词 'ca/ca'ay/ca'ayay（不是、没有）的意思并无太大不同，只是 ca'ayay 似乎比较表示强调（吴静兰，2000：105）。修饰动词时它们是副词，此时动词有着焦点系统和格位的形态变化，它们也可以作断事动词充当谓语。否定动词 awa（没有、不在）主要用于断事句。副词 tati'ih（不好、不可以）、ma-fukil（不会）修饰动词。否定成分 na'ay［不（想）要］既可以是动词作谓语，也可以是副词修饰动词。其中只有作副词时才是一般否定标记，此时位置均在句首。禁止标记是副词 aka（别、不要）。

(426) ca'ay kaku pi-tangtang tu futing.
NEG 我（主格） PI-煮① （受格） 鱼

---

① PI 和例（433）的 KA 在这里都可以看作是动词性质的标示符号。（吴静兰，2000：107）

我没有煮鱼。
(427) ca'ay ku singsi cingra.
NEG （主格）老师 他（主格）
他不是老师。
(428) awa ku paysu i tongroh nu parad.
NEG （主格）钱 （介系词）上面 （领属格）桌子
桌子上没有钱。
(429) awa ku mama aku i luma'.
NEG （主格）爸爸 我（属格） （介系词）房子
我爸爸不在家。
(430) tati'ih k<um>aen① cingra tu hemay.
NEG 吃<主事焦点> 他（主格） （受格）饭
他吃饭不好。
(431) ma-fukil mi-tamaku kaku tu tamaku.
（主事焦点）-不会 （主事焦点）-抽烟 我（主格） （受格）烟
我不会抽烟。
(432) na'ay kaku tayra i taypai.

---

① < >表示插入的是中缀。

NEG　我（主格）　　去　（介系词）　　台北
我不要去台北。

(433)　aka　　ka-t < um > angic.
NEG　　KA-哭 < 主事焦点 >
不要哭！

赛夏语的语序在台湾语族语言甚至在整个南岛语系语言中都是比较特殊的，其基本语序类型为 SVO，当然也有动词居首的语序。叶美利（2000：70）认为这很可能是受汉语的影响。否定成分的位置自然也很少在句首，基本上和汉语一样都是在谓语前面或直接作谓语，不过赛夏语的动词有形态变化，有时否定成分本身也需要加动貌标志［例（438）］。赛夏语的否定成分有五个：'okik（"没有、不是"，在未来式中用 'amkik）、kayni'（不要）、'oka'（没有、不是）既可以是动词作谓语，也可以是副词来修饰谓语，'okay（"没有、不是"，在未来式中用 'amkay）、'in'ini'（还没）是副词，修饰谓语。其中只有作副词时才是一般否定标记，此时位置均在谓词前的谓头位置。禁止标记是副词 'izi'（不要、别），修饰谓语，也在谓头。

(434)　mingkoringan 'okik　kerpe.
　　　 女人　　　　　NEG　　胖
　　　 女人不胖。

(435)　'isa'an　kayba:en　'amkik　a:ra:i'.
　　　 等一下　衣服　　　NEG　　脏
　　　 等一下衣服就不脏了。

(436)　yako kayni'　　　　m-a"rem.

我　　NEG　（主事焦点）－睡

我不要睡。

（437）（ray）　　kawaS babaw 'oka' ka　　'ilaS.
（处所格）　天空　上　NEG（受格）　月亮

天上没有月亮。

（438）hini' ka　'omaeh '-in-oka'　　ka　taw'an
'isahini' hayza' ila.
这（主格）田　NEG.（动貌）（受格）　房子
现在　　有　　了

这块地以前没有房子，现在有了。

（439）pazay 'okay talek-i.
饭　　NEG　煮－（受事焦点）

饭没有煮。

（440）rim'an　'amkay　'oral.
明天　　NEG　　下雨

明天不会下雨。

（441）pazay 'izi' 'amet.
饭　　NEG　完

别把饭吃完！

作为印度尼西亚官方语言的印度尼西亚语，源于苏门答腊岛东北的马来语，从语源学上看，印度尼西亚语应该是马来语的地区性变体。其基本语序为SVO，否定标记是副词，位置在动词的前面。

（442a）mereka menolong kami.

他们　　帮助　　　我们．（排外式）①
他们帮助了我们。

(442b)　mereka tidak menolong kami.
他们　　NEG 帮助　　　我们．（排外式）
他们没有帮助我们。
［这两例出自 Sneddon（1996：195），转引自 Miestamo（2007）］

希利盖农语是菲律宾第四大语言，有大约 10% 的人口在使用，基本语序是 VSO。希利盖农语的动词比较复杂，可以有四种态（voices）、四种时、三种体和三种式。有三个否定词：walá/ waláy（用于存在句、过去时句、现在时句）、díli'（用于将来时句等）和 ayáw（用于祈使句）。在有些方言中还有另外一个否定标记 bukún，用来否定名词和形容词。（Zorc 2006：298 - 300）从句法特点上看，这些否定标记都是独立的词类，修饰谓词时是副词，属于一般否定标记或禁止标记；充当谓词时应该看作动词，属于词汇否定，位置都在句首。

(443)　Walá'　　kitá　sing balaáy.
　　　 NEG. 存在 我们（旁格）房子
　　　 我们没有房子。

(444)　Waláy　　baláy　kitá.
　　　 NEG. 存在　房子　我们

---

① 排外式（exclusive），与包容式对立，是指代名词中第一人称代词只包含说话人而不包含说话对象（或其他人），例如 we（我们）= 我，不含你。（戴维·克里斯特尔，2000：133）

我们没有房子。
(445) díli' siyá manggaránun.
bukún siyá manggaránun.
NEG 他/她 富裕
他不富裕。
[以上三例引自 Zorc（2006：300）]

另外菲律宾邦板牙省等地的 Kapampangan（Pampangan）语是菲律宾使用人口最多的语言之一。和其他菲律宾语言一样，Kapampangan 语也是 VSO 语言，谓词在句首，附着代词和动词常在第二位置，但如果要对全句实施否定，则否定助动词 e 必须添加在句子最前面，否定词带上形态特征，原有的谓词则失去相应特征。

(446a) Masakit-ya ing lalaki.
病-（通格）.3SG（限定成分）.（通格）.SG 人
这个人有病。

(446b) E-ya masakit ing lalaki.
NEG-（通格）.3SG 病 （限定成分）.（通格）.SG 人
这个人没病。
[以上两例引自 Kitano（2006：155－156）]

本节统计了 11 种样本语言的 34 个否定标记，其中基本语序为 SVO 的语言有 2 种，基本语序为 VOS 的语言有 6 种，基本语序为 VSO 的语言有 3 种。SVO 语言中的否定标记均为副词，且线性位置均在谓词前。VOS 语言的否定标记也是副词，出现位置均在句首。VSO 语言的否定标记为副词（2/3）和助动词（1/3），出现位置也均在句首。

第九节　闪含语系

闪含语系（Semitic-Hamitic Family）又叫亚非语系或阿非罗－亚细亚语系（Afro-Asiatic Family），分布在从阿拉伯半岛经北非直到毛里塔里亚，北到高加索地区，南到赤道的大片地区，使用人口 1.7 亿左右，大约有 140—150 种语言。主要有五个语族：闪语族、柏柏尔语族、乍得语族、库施特语族和埃及—科普特语族。

闪语族（Semitic Branch）大部分分布在马耳他、埃塞俄比亚和阿拉伯国家境内，是闪含语系中使用人口最多的语族。可以分三个语支：东部语支，主要是已消亡的巴比伦语（Babylon）等；南部语支主要有阿拉伯语（Arabic）、马耳他语（Maltese）、埃塞俄比亚诸语言（Ethiopic languages）等；北部语支主要是希伯来语（Hebrew）。

埃塞俄比亚诸语言有 20 多种语言组成，主要有提格雷语（Tigre）、提格里尼亚语（Tigrinya/Tigrigna）、Argobba 语以及最近被确认的 Dahlik 语等。它们与亚洲的闪语族语言（比如下面的希伯来语）最为明显的句法差别在于基本语序类型，二者分别是 SOV 和 VSO，动词在句中的位置刚好相反，但否定标记的位置却相同，都是在谓词的前面。先来看下面 Argobba 语的例句：

(447) lεgan　azzεnnεwga　mεt'illεw.

明天　NEG – 如果下雨　我 – 来
如果明天不下雨，我会来的。　（Wetter, 2006: 238）

这个例句不是常规的简单句，否定范畴在主句谓词前的小句中出现，不过仍可以看出否定标记是词缀，添加在条件小句中的动词前面。

希伯来语是犹太人的民族语言，作为世界上最古老的语言之一，过去的两千五百年主要用于《圣经》及相关宗教方面的研究。它的口语形式曾经消亡过一段时间，从上个世纪才开始在犹太人口语中重新复活，现在已成为以色列的国语。希伯来语的基本语序是 VSO，全句否定标记是副词，添加在谓词的前面，但并非在句首。

(448) pára que no talfenéen a la mištará.
结果　NEG　打电话 他们向 警察
结果他们没有打电话给警察。
[此例出自 Berk – Seligson (1986)，转引自 Mahootian (2006: 522)]

柏柏尔语族（Berber Branch）分布在非洲的阿尔及利亚、摩洛哥、尼日尔境内。主要有什卢赫语（Shilha）、卡拜尔语（Kabyle）、特瓦力语（Tuareg）、卡比勒语（Kabyle）、塔马舍克语（Tamazight）等。该语族语言的基本语序为 VSO。下面的例句显示出否定标记可以是副词，出现在动词前面。

(449) hm (a) d̪ ur as ttəgga t̪fiɣa walu.

(Middle Atlas Berber 语)
为了 NEG 对他 做.3SG.（阴性）蛇 没什么事
因此这条蛇不会对他有影响。
［此例出自 Penchoen（1973：87），转引自 Miestamo & Wagner-nagy（2008）］

乍得语族（Chadic languages）主要分布于中西非的尼日利亚北部、尼日尔、乍得、中非共和国及喀麦隆。乍得语族大致上可以分为比乌—曼达拉语支（Biu-Mandara）、东乍得语支（East Chadic）、西乍得语支（West Chadic）和买撒语支（Masa）等四个语支。代表语言是豪萨语（Hausa）、科托科语（Karekare）等。乍得语族多数语言的基本语序是 SVO，非常值得关注的是，其典型的否定方式通常不是在常见的谓词前面、而是在句末位置添加否定标记。这种情况不同于动词居尾语言的否定成分位于句末的现象。前者的否定标记不是对谓词的直接修饰，而是更倾向于对全句的否定，另外，语言中几乎不存在必须只出现在句末的副词，所以这类否定标记适宜看作助词。

(450) tâa kyur shau   dà（Guruntum 语）
她 准备煮食物 NEG
她不准备煮食物。

(451) Wə gùsnə hàrga   bà.（Kera 语）
他 买了她的山羊 NEG
他没有买她的山羊。
［以上两例出自 Jaggar（2006a：289）］

(452) ali   nə   masa goro ɓa.（Tera 语）

（人名）（完成式）　买　可乐　NEG
Ali 没有买可乐。
[此例出自 Newman（1970：128），转引自 Miestamo & Wagner-nagy（2008）]

豪萨语和北非的阿拉伯语、东非的斯瓦希里语合称为非洲最重要的三大语言。豪萨语是西非地区公认的一种商业交际语，基本语序是 SVO。豪萨语的否定有两种情况：在完成体中一般需要用两个否定成分 bà（a）……ba 构成框式否定，前面的 bà（a）在显性主语之后的位置或在句首，后面的标记在句末；而在非完成体中，仅使用句首否定成分 bà（a）。这种句末的否定成分和上面乍得语族语言中的一样，也应看作助词。同理，句首的否定词，也不同于动词居首语言的句首否定副词，也适宜视为助词。

(453) màataataa　bà　tà　　　daawoo　ba.
　　　妻子我的　NEG 3SG（阴性）回来　　NEG
　　　我妻子还没回来。
(454) ba　ka　ci　ba.
　　　NEG 你（阳性）吃了 NEG
　　　你没吃。
(455) baa　sàa　zuwàa.
　　　NEG 3PL　来
　　　他们不会来。

豪萨语的禁止标记是助词 kada，用于句首位置。对于断事句的否定，也是在句首添加否定成分 bà（a），属于词汇否定。

(456) kaba　ka　　　　tafi gida!
　　　NEG 你（阳性）回　家
　　　你别回家！

(457) baabù　ruwaa　nân.
　　　NEG. 存在　水　这里
　　　这里没有水。

[以上五例出自 Jaggar（2006b：223－225）]

库施特语族（Cushite Branch）主要分布在苏丹、埃塞俄比亚、肯尼亚和索马里境内。包括索马里语（Somali）、奥罗莫语（Oromo）、盖拉语（Galla）、锡达莫语（Sidamo）、贝扎语（Beja）等。其中奥罗莫语是埃塞俄比亚最大民族奥罗莫族人的通行语言，在索马里、肯尼亚等地也有使用。奥罗莫语是有语调重音的语言，重音可以起到区分词语及其句法性质的作用。它的基本语序类型是SOV，否定标记是低音调的副词 hin，不同于高音调的谓词焦点 hín（书写时借用东奥罗莫语方言的 ni 以示区别）。否定标记用在谓词的前面。

(458) saree-n　　adii-n　　　　ni　　iyy-iti.
　　　狗－（主格）白－（主格）（焦点）叫－3（阴性）.PRES
　　　白狗在叫。

(459) bishaan　　　　hin　　dhug-aam-e.　/biʃáːn/
　　　[L. H]
　　　水.（主格）NEG 喝－（被动）－3（阳性）.PAST

水没有喝。

(460) bishaan   dhug-ani.   /biʃaːn/ ［L. L］
水．（通格） 喝 –3PL. PAST

他们喝了水。

［［L. H］、［L. L］代表语调高低的变化，以上三例出自 Appleyard（2006：104）］

埃及—科普特语族（Egyptian- Coptic Branch）语言基本上已经消亡，包括古埃及的象形文字和现在仅用于礼拜仪式的科普特语（Coptic）。暂时没有找到相关语料。

本节统计了 8 种样本语言的 10 个否定标记，其中基本语序为 SVO 的语言有 4 种，基本语序为 SOV 的语言有 2 种，基本语序为 VSO 的语言有 2 种。SVO 语言中的否定标记均为助词，其中 3 种语言的否定标记线性位置在句末，1 种语言的否定标记在句首或是框式形式。SOV 语言的否定标记，1 种是词缀，1 种是副词，出现位置均在谓词前。VSO 语言的否定标记为副词，出现位置也均在谓词前。

第十节　尼日尔—科尔多瓦语系及其他语系

尼日尔—科尔多瓦语系（Niger- Kordofamian Family，又译为尼日尔—科尔多凡语系）包含塞内加尔到肯尼亚、往南直达好望角的非洲大陆的上千种语言，使用人口 1.8 亿左右。该语系起源于西非，逐渐迁徙至非洲东南部。包括两个语族：科尔多瓦语族（Kordofamian Branch），主要是分布在苏丹努巴山区的几种使用人数很少的语言，该语族语言疏离于尼日尔—科尔多瓦语系其他语言，有时被认为应该独立出来；尼日尔—刚果语族（Niger-Congo Branch），又分六个语支，最大的语支是贝努埃—刚果（Benue-Congo）语支，该语族主要有非洲东南的班图语言（Bantu Languages）、塞内加尔等地的弗拉尼语（Fulani）、Diola Fogny语、几内亚等地的沃洛夫语（Wolof）、多哥等地的埃维语（Ewe）、苏里南等地的阿坎语（Akan）、冈比亚等地的马林克语（Malinke）、塞拉利昂等地的门德语（Mende）、尼日利亚等地的约鲁巴语（Yoruba）、伊波语（Ibo）、Mbembe语、Eleme语、中非等地的Banda-Linda语、利比里亚等地的科佩勒语（Kpelle）、喀麦隆等地的方语（Fang）等。

  贝努埃-刚果语支的班图语言，不是单一的语言，而是非洲最大的独立方言群，旧称班图语系，包含约600多种语言，覆盖面积从喀麦隆中部到索马里南部，大约占非洲大陆面积的1/3。其中最大的语种是斯瓦西里语（Swahili），现在已成为东非最通行的语言，坦桑尼亚和肯尼亚把它作为官方语言。另外还有祖鲁语（Zulu；在南非）、卢干达语（Luganda；在乌干达）、卢旺达语（Ruanda；在卢旺达）、贝姆巴语（Bemba；在赞比亚）、茨瓦纳语（Tswana；在博茨瓦纳）、隆迪语（Rundi；在布隆迪）等。现代班图语的基本语序为SVO，并且常用声调表达语法意义或区别词义。现代班图语的动词不仅是句子的结构核心，也能比其他词类传递更多的信息，这种动词表达的内容在英语等语言中常需要几个词来表示，有时动词可以带多达20个词素（Nurse & Philippson, 2003：9）。现代班图语表达否定范畴的动词结构有以下两种形式（Nurse, 2006：683）：

  Ⅰ. NEG_1 - 前缀 - 构形成分 - 宾语 - 词根 - 语义扩展后缀 - 尾元音 - 句末成分

Ⅱ. 前缀－NEG$_2$－构形成分－宾语－词根－语义扩展后缀－尾元音－句末成分

据 Nurse（2006：683）对现代班图语的统计显示，51% 的语言存在两种否定标记：一种用在从句、关系小句、虚拟式、祈使式中，位置一般在 NEG$_2$；另一种用在主句中，位置在 NEG$_1$。28% 的语言只有单一标记，位置在 NEG$_1$ 或者 NEG$_2$ 或者动词前后，另外还有 15% 的语言使用两种以上的否定标记。除了否定词缀外，现代班图语言有时也用独立的助词做否定标记，位置一般在句末。比如坦桑尼亚鲁菲吉河南岸的 Kimatuumbi 语。

(461) te- ba- li- ki- n- deet- er- a.　　（卢干达语）
　　　NEG 他们 FUT 它 我 带来 给 （尾元音）
　　　他们不会把它带给我。

(462) naa-ki-bwéni　kikóloombe líilí.（Kimatuumbi 语）
　　　我－它－看到　贝壳　　　NEG
　　　我没看到贝壳。

斯瓦西里语是典型的黏着语，短语结构中的词序是中心语居前，句子的基本语序类型是 SVO。不过，有时出于话语语用的需要，经常会出现焦点成分在句子或短语后面，话题成分在前面的变通语序（Deen，2006）。斯瓦希里语的动词可以附带多个词缀，最多可有十个可能性槽位（slot）供不同的语法形式使用，当然这些位置并不一定要同时被占用。下面是 Marten（2006：307）列出的分布表：

第二章 各代表语言的否定标记 177

1	2	3	4	5	6	7	8	9	10
Pre Initial Neg	SM	Post Initial Neg	Tense Marker	Relative Marker	Stem Marker	OM	Verbal Base	Final	Post Final Plural

从分布表中可以看出，斯瓦西里语的否定标记是词缀形式，一般在主格标记（SM）前的句首位置出现（见下例），有时还可以同时添加在时态前缀的前面。

(463) ha- wa- ta- ku- ambi -e -ni.
NEG – SM – FUT – OM – 告诉 – FIN – PL
他们不会告诉你们。[SM 是主格标记，OM 是宾格标记，FIN 是句末成分，此例引自 Marten（2006：307）]

原始班图语和大多数现代班图语一样，基本语序也是 SVO，据 Meeussen（1967）分析，原始班图语动词的形态构成可能是下面的结构成分：

NEG + 主格 + NEG/（时、体、情态）+ 宾格 + 词根 + 语义扩展后缀 + 句末后缀

这个构成规则可以看作上面斯瓦西里语的简化形式。和斯瓦西里语一样，并非所有槽位都同时要求填满，另外，有些槽位也可以同时包含多个内容，而否定标记的位置基本相同。

科萨语（isiXhosa）是南非共和国的官方语言之一，也属

于班图语言,基本语序为 SVO,有着典型的一致、时体、语气、否定等形态变化。其否定标记也是以词缀的形式附着于动词,具体形态和位置根据不同的句子语气情态有所变化。比如直陈式句子的否定可以使用框式否定,以前缀形式添加在表主语一致的动词前缀之前,并且在动词后又添加一个否定后缀;当是混合时态的分词小句时,① 否定词素 nga 出现在表主语一致的前缀之后,动词后仍带否定后缀。

(464a)　iintombi　　zi-phendul-a　　　imibuzo.
　　　　女孩们(主语一致)－回答-PRES　问题
　　　　女孩们回答问题。

(464b)　iintombi　　a-zi-yi-phendul-i
　　　　imibuzo.
　　　　女孩们　NEG－(主语一致)－(宾语一致)
　　　　－回答-NEG　问题
　　　　女孩们没有回答问题。
　　　　[以上两例出自 Visser(2006:709)]

(465a)　iintombi　　　　zi-b-e
　　　　　　　zi-cula　　iingoma.
　　　　女孩们(主语一致)－(不完整动词)－(完成时)　(主语一致)－唱　歌曲
　　　　(那时)女孩们在唱歌。

(465b)　iintombi　　　　zi-b-e

---

① 混合时态即混合过去时态(compound past tenses),是科萨语不同于其他班图语言的典型时态,是指发生在过去直到现在还没完成的行为或状态,由带分词小句的不完整动词形式来表达。(Visser, 2006:710)

zi-nga-cul-ingoma.
女孩们（主语一致）－（不完整动词）－（完成时） （主语一致）－NEG－唱－NEG 歌曲（那时）女孩们不在唱歌。
[以上两例出自 Visser（2006：710）]

科萨语祈使句表禁止意义的否定标记也是添加在动词之前、主语一致前缀之后的 nga，同时在动词后附着否定后缀，构成框式否定形式。

(466) u-nga-yi-bek-i   incwadi apha!
（主语一致）（2SG）－NEG－（宾语一致）－放－NEG 书 这里
别把书放这里！

(467) ni-nga-libal-i   ukuthenga isonka!
（主语一致）（2SG）－NEG－忘记－NEG 买 面包
别忘记买面包！
[以上两例出自 Visser（2006：713）]

贝努埃—刚果语支的 Mbembe 语，在否定表达上也比较独特，使用的是语调变化造成的否定词缀。从下面语料可看出，表人称、时态的词缀变为低音调后转成了否定词缀，这种变化应属于词法范畴，在否定表达上应视为词汇否定。

(468) mó-tá. → mǒ-tá.
3. FUT－去   3. NEG－去
他会去。   他不会去。

(469) mó-cí→　　　　mò-cí
　　　3. FUT-吃　　　3. NEG – 吃
　　　他准备吃东西。　他不准备吃东西。
　　　[这两例出自 Barnwell（1969：63，80），转引自
　　　Bond（2006）]

Diola Fogny 语是西非塞内加尔等地的语言之一，基本语序是 SVO，否定标记也是词缀形式，根据时态有所变化，出现的位置一般在句首，在一致标记的前面。

(470) pan-i-maŋ.　　→　　lɛt-i-maŋ.
　　　FUT-1SG – 想要　　FUT. NEG-1SG – 想要
　　　我想要。　　　　　我不想要。
　　　[此例出自 Sapir（1965：33），转引自 Miestamo
　　　（2006）]

阿坎语也不是单一的语言，使用者一般各自称呼其分支方言名称，比如契维语（Twi）、布龙语（Brong）或芳蒂语（Fante）。阿坎语的基本语序结构为 SVO，否定标记是鼻音节前缀，添加在动词词干的前面。

(471) Abofra no　　re-　　n-　　noa bi.
　　　孩子　这个（进行体）– NEG – 煮 一些
　　　这个孩子不会再煮东西了。
　　　（Kropp Dakubu, 2006：139）

邢福义、吴振国（2002：364—371）列出的谱系分类中，

单列的语系还有两个。一个是在非洲东北部和中部的尼罗—撒哈拉语系（Nilo-Saharan Family），有一百多种非洲语言，使用人口约两千多万，主要分布在从马里到埃塞俄比亚，从埃及最南部到坦桑尼亚的区域。大致可分六个语族，主要有卡努里语（Kanuri）、努比亚语（Nubian）、富尔语（Fur）、丁卡语（Dinka）和玛赛语（Masai）等。该语系语言发源于埃塞俄比亚山区，一直以来没有大的传播，受其他语言影响也较小。位于苏丹中部的巴吉尔米语（Bagirmi），其基本语序类型为 SVO，标准否定和名词否定的方式相同，都是在否定对象后面添加副词 li/eli，存在否定使用词汇否定手段的否定动词 gwoto。没有专用的禁止标记，表达禁止意义的标记和方式与陈述句完全一样。

(472) Ma m-'de. → Ma m-'de li.
　　　 我 1SG-来　　 我 1SG-来 NEG
　　　 我来了。　　　我没有来。

(473) Ma Ahmed. → Ma Ahmed eli.
　　　 我（人名）　　 我（人名）NEG
　　　 我是 Ahmed。　 我不是 Ahmed。

(474) Ma m-₃t lol (o). → Ne gwoto lol (o).
　　　 我 1SG-在（系词）这里　他 不在.NEG 这里
　　　 我在这里。　　　　　　他不在这里。

[这三例引自 Veselinova（2006）]

(475) ab 'be. → ab eli. → ji j-ab eli.
　　　 去 家　　 去 NEG　　 我们 1PL-去 NEG
　　　 回家！　　别去！　　我们没有去。

[此例出自 Stevenson（1969：91，93，95），转引自 Miestamo（2007）]

另外一个是非洲南部的科依桑语系（Khoisan Family）。从语源学上和人种学上看，该语系是非洲南部最古老的原住居民的语言，带有独特的吸气辅音（click）的语音特征，有时被称为吸气音语言，不过在上世纪90年代就已经处于濒危状态。该语系约有三十种语言，大致有五个语族，主要分布在喀拉哈里沙漠区域的纳米比亚、博茨瓦纳和坦桑尼亚中部，包括纳马语（Nama）、奥恩语（Khoi）、霍登托语（Hottentot）、布施曼语（Bushman）、哈扎语（Hadza）、桑达韦语（Sandawe）等。科依桑语系语言大多数可以看作孤立语，语法关系主要靠语序而不是屈折形态米表示，只有坦桑尼亚的语言存在着大量的形态后缀。基本语序结构是SOV或SVO，大多数语言的否定标记可以看作副词，位置在动词的后面。见下面纳马语的方言Richtersveld Nama语的例句（引自Witzlack-Makarevich, 2006）。

(476) frederika-s ge nî nē !ûi nēba llom tama.
（人名）-3（阴性）.SG.（主语）DECL FUT 这个 晚上 这里 睡觉 NEG
Frederika今晚不会在这里睡觉。

(477) hîî pīr-n-a !ora tama, apel-n-a go !ora.
不 梨子-3（普通性）.PL-（旁格） 采摘 NEG 苹果-3（普通性）.PL-（旁格）（过去时）采摘
不,（他）没有摘梨子,（他）摘了苹果。

(478) hîî !khubu-s　　　　!nâ　hâ
　　　 tama　park　!naâ　hâ.
　　　 不　Kubose -3（阴性）.SG 在（系词）.PRES
　　　 NEG 公园　　在　（系词）.PRES
　　　 不，（他）不在 Kubose，（他）在公园。

(479) nētsē-n　　　 llî-n-a　　　llaeū tama,
　　　 今天 -3（普通性）.PL.（主语）　3 -3（普通
　　　 性）.PL -（宾语）　　　　担心 NEG
　　　 gowa-b　　　â-n-a.
　　　 语言 -3（阳性）.SG　（联想关系）-3（普通
　　　 性）.PL -（宾语）
　　　 今天，他们不关心它，不关心他们的语言。

除了前面这十二大语系，还有一些语系待定的孤立语言（language isolate），以及其他若干小语系散布各地，许多土著语、原始部落的语言（大多在非洲美洲大陆）还没被完全了解。这里根据可得语料，来观察一下部分语系语言的否定标记情况。

西班牙中北部和法国西南部的巴斯克语（Basque；当地称为 Euskara）作为原始印欧语言在欧洲的遗留语言，并不属于印欧语系，而是一种孤立语言。不过由于受到周围西班牙语、法语、拉丁语等语言的影响，巴斯克语的词汇和语法特征已经不同于原始印欧语言。以标准化巴斯克语言——Batua 语为基础，还可以分为六种主要方言。巴斯克语基本语序是 SOV，其否定标记可以是副词 ez，在句中的位置是在助动词的前面。不过要注意的是，在否定句中，巴斯克语还可以使用 SVO 语序，而助动词的位置却总是在动宾结构之前，否定标记又总是在助动词之前。

(480a) Jon-ek   Miren-i   egia   esan   dio.
（人名）-（作格）（人名）-（与格）事实 说-（完成体）（助动词）
Jon 告诉了 Miren 这个事实。

(480b) *Jon-ek   esan   Miren-i   egia   dio.
（人名）-（作格）说-（完成体）（人名）-（与格）事实（助动词）
Jon 告诉了 Miren 这个事实。

(480c) Jon-ek   ez   dio   Miren-i   egia   esan.
（人名）-（作格）NEG（助动词）（人名）-（与格）事实 说-（完成体）
Jon 没有告诉 Miren 这个事实。

(480d) Jon-ek   ez   dio   esan   Miren-i   egia.
（人名）-（作格）NEG（助动词）说-（完成体）（人名）-（与格）事实
Jon 没有告诉 Miren 这个事实。

（这四个例句引自 Haddican, 2004）

加勒比语系（Cariban family）主要分布在南美洲亚马逊河北部，从哥伦比亚到圭亚那，从委内瑞拉到巴西中部的广大地区。该语系至少包括 25 种语言，主要有加勒比语（Carib）、帕诺亚语（Panoan）、奇基多语（Chiquito）、Apalai 语等。

Apalai 语的否定标记作动词的状语，在系词小句中通常是 -pyra、-pra、-bra、-ra 等否定后缀。可以看出，例句中的原有动词失去了限定性，系词是作为限定成分被引入的。从例句暂时推测其基本语序为 OVS。

(481a) isapokara　　　Ø-ene-no.
　　　　jakuruaru 蜥蜴 [1>3] -看-PAST
　　　　我看到了一只 jakuruaru 蜥蜴。
(481b) isapokara　　　on-ene-pyra　　a-ken.
　　　　jakuruaru 蜥蜴　3-看 – NEG　1 – （系词）. PAST
　　　　我没看到 jakuruaru 蜥蜴。
　　　　[这两例出自 Koehn & Koehn（1986：64），转引自 Miestamo 2007]

墨西哥湾以东大西洋沿岸一带的美国东南部印第安人使用的马斯科吉语言（Muskogean），可以看作一个独立的语群。一般认为还存在五种方言，包括乔克托语（Choctaw）、奇克索语（Chickasaw）、阿帕拉契语（Apalachee）、夸萨蒂语（Koasati）、希奇蒂语（Hitchiti）、克里克语（Creek）等。马斯科吉语言是典型的黏着语，基本语序类型为 SOV，是中心词居后语言，动词在小句中的后面，名词在名词短语中的后面，使用后置词。动词具有和主语宾语相一致的不同类型，可以附带大量的前缀和后缀来表示各种语法意义。否定标记也是词缀，可以同时被添加在动词词干前后，构成框式否定形式。多数语言有专用的禁止标记，在使用时单独用在动词之后。

(482) Ak -tʃI -hiɬa -<ʔ>-tʃ-o -ki -tok -aʔni.（奇克索语）

我.NEG－你.（受事）－跳舞－使－NEG－NEG－PAST－（传信情态）

我没必要让你跳舞。

(483) Hatʃik -im-asɨ́ɬɬ-ok -Ĩʃa-k-akĨi-h-õ, hatʃi-ki-yat ithãna-h-oːkiː.（乔克托语）

你们.NEG-他－问－NEG －还 你们的父亲 知道

即使你们还没有问，你们的父亲就知道了。

[以上两例出自 Broadwel（2006a：408）]

(484) cík-m- o.（夸萨蒂语）

2SG. NEG－聚会-NEG

你不要去聚会。

(485) íp. → is-p-án. （夸萨蒂语）

吃 2SG－吃－NEG. Imp

吃！ 别吃！

[以上两例出自 Kimball（1991：58，270），转引自 Miestamo，（2007）]

而克里克语的否定标记则很少使用框式形式，一般是附着于动词之后，并根据动词性质有不同的形态：如果是行为动词，否定标记用后缀-íko，见例（486）；如果是静态动词，则用后缀-íkoː，见例（487）。

(486) nâːk-n nis-íko-t ɬ-aláhk-is.

事物－（宾格）买－NEG－SS 去－到这里

– DECL

他来去都没买什么东西。（SS 是 same subject 的缩写，标志主语相同）

(487) sataɬakko ci-yá:c-íko:-t   ô:m-a.
苹果   你－喜欢－NEG－SS   是－QU
你不喜欢苹果吗？

[以上两例出自 Booker（2006：280－281）]

墨西哥中部地区的托托纳克语言（Totonacan languages），McQuown（1942）认为可能和中美洲的玛雅语（Mayan）等密切相关，不过现在一般仍被视为中美洲语言中的孤立语言。托托纳克语言有两个已经几乎不能互通的分支：包含四种语言的 Totonac 语支和包含三种语言的 Tepehua 语支。它们都有非常复杂的形态变化，存在大量表达各种语法意义的词缀，语序上也都比较自由，无标记的常见语序是 VSO 型。虽然托托纳克语言的主语常常可以由于焦点、话题化等语用原因提到动词前，但否定标记在句首的位置一般不受影响，正因如此，这种否定标记更宜看作助词。见例（488）。

(488) lakaa ik-nispaa hun tʃiʃkuʔ hun tiyuut laa-min (tan̪)-ti.（Misantla Totonac 语）
NEG 我－认识 这个 人 这个（代词）（随伴格）－来－你．（完成式）
我不认识和你一起来的这个人。
（MacKay & Trechsel, 2006：7）

爱斯基摩—阿留申语系（Eskimo-Aleut Family）主要分布

在西伯利亚、阿拉斯加及阿留申群岛地区。该语系语言的最初语序是 SOV，由于受到欧洲语言的影响，有些人也使用 SVO 语序。不过这些语言的语序并不固定，名词的句法功能由格标记来区分。爱斯基摩—阿留申语系语言是典型的复综语（Polysynthetic；又称多式综合语或编插语），大多是以动词词根为中心，在词根的前后附加各种表示语法意义或词汇意义的词缀。因此语言中的一个复杂词语就相当于其他语言中的一个句子。阿拉斯加州爱斯基摩族 Inupiaq 语的动词词尾多是表示主语和宾语人称、数的后缀，同样是词缀的否定标记出现在动词后的时体后缀和词尾之间。比如下面的北坡方言（the North Slope dialect）。

(489) atuġ-nia-ŋit-chuk.
唱 – FUT – NEG – 他们 . DU
他们（两个）不准备唱歌。
[DU 表双数，Kaplan（2006：2）]

通行于东北西伯利亚的楚科奇—堪察加语系（Chukotko-Kamchatkan Family），又称罗拉维特兰语系，是古西伯利亚语言的一种，主要有楚科奇语（Chukchi）、科里亚克语（Koryak）、尼福赫语（Nivkh；归属尚有争议）等。从现有语料看，楚科奇语也是典型的编插语，基本语序为 SOV，其否定标记是词缀形态，使用的是比较少见的框式否定形式，这样的词缀也可以看作框式词缀。

(490a) ċejwə-rkən.
去 –（延续体）

他/她去。

(490b) a-nto-ka　　　　　(itə-rkən).
　　　　NEG-出去-NEG　（系词）-（延续体）
　　　　他/她不出去。
　　　　（这两例出自 Kämpfe & Volodin 1995：68-69，转引 Miestamo 2007）

尼福赫语是尼夫赫人［又称吉利亚克人（Gilyak）］的语言，包括三种方言：阿穆尔语（Amur）、东萨哈林语（East Sakhalin）和南萨哈林语（North Sakhalin）。尼福赫语的基本语序是SOV，像其他典型的西伯利亚语言一样有丰富的语法格形式，否定标记一般可以看作助词。由于没有找到更多的语料，我们只能初步判断尼福赫语禁止标记的位置在句首，并没有紧随动词。见下例。

(491)　tʰa　　ikɨn-doχ　　　tʰaxta-ya.
　　　　NEG 哥哥-（与格）　生气-IMP
　　　　别对你哥哥生气。（Anderson，2006c：646）

尤卡吉尔语言（Yukaghir Languages）是俄罗斯境内生活在科雷马河盆地的尤卡吉尔人的语言，不过它并不是单一的语言，而是由西伯利亚东北部的两个几乎消失的语言组成的独立语群。这两个语言分别是北尤卡吉尔语，又称 Tundra 语；南尤卡吉尔语，又称 Kolyma 语。尤卡吉尔语言是西伯利亚地区近40种严重濒危的语言之一。和其他的本土西伯利亚语言相似，尤卡吉尔语的基本语序为SOV，否定标记是词缀 el，添加在动词之前。用一般否定标记表示禁止意义时，可以在动词后添加禁止辅助词缀 lek。①

(492) qa:qa:-pe-gi　　　ajli-de-ge
　　　"el-qon-ŋi-lek"
　　　mon-de-ge　　tamun-gele
　　　uørpe-p-ki　　　　el-med-o:l-ŋi.
　　　祖父－PL－（领有格）　禁止－3（非定式）－
　　　（处所格）　NEG－去－PL－（禁止辅助词缀）
　　　说－3（非定式）－（处所格）　　（代词）－
　　　（宾格）孩子－PL－（领有格）　NEG－听－
　　　（意愿式）－3PL（不及物）
　　　孩子们的祖父加以制止，说"别去"，但是孩子们不听（Anderson，2006d：740）。

南美印第安土著的奥托－曼格安语系（Otomanguean family）的萨巴特克语言（Zapotecan）可以看作一个独立的语群。与该语系其他语言相比，萨巴特克语言缺少一致和语态的变化，但是其 VSO 的基本语序却比较明显，属于典型的核心居首语言。该语言的否定标记也是词缀，后附于动词后面。有意思的是，下面的例句显示即使有其他否定词语的存在，否定范畴的表达还是需要否定标记，但这并不造成肯定意义。

(493) Tṣu　　men　　wii-t?（Quiegolani Zapotec 语）

---

① 由于没有更多的语料，我们还不能判断词缀 lek 就是专用的禁止标记或是祈使标记。由于它和一般否定标记构成框式否定来表示禁止意义，所以这里暂且称禁止辅助词缀。

谁　没有任何东西　看到 – NEG

谁没有看到东西？（Broadwell, 2006b: 748）

跨新几内亚语系（Trans-New Guinea family）是一个比较宽泛的统称，包括太平洋西部巴布亚新几内亚和邻近岛屿的大约 20 个语族的 500 多种语言，大多数语言的使用人口都只有数千人。该语系的基本语序为 SOV，否定标记是词缀或助词。从下面 Kewa 语和 Alamblak 语的语料中可看出其否定标记可以在动词的前面或句首位置。

(494) Nipúí pu-la　　　pare　nípaalá na-pía.（Kewa 语）
他　来 – 3SG. PRES 但是 我 害怕 NEG – (系动词) . 1SG. PRES
他正在来，但是我并不害怕。
［出自 Franklin (1971)，转引 Van Valin (2006: 645)］

(495a) tɑfitë　rër noh-r-fë-r.（Alamblak 语）
NEG 他死 – （非现实） – PAST – 3SG.（阳性）
他还没有死。

(495b) fiñji noh-r-më-r.（Alamblak 语）
NEG 死 – （非现实） – PAST-3SG.（阳性）
他没有死。

（以上两例出自 Bruce，1984）

新几内亚及其周围地区的语言又被统称为巴布亚诸语言（Papuan languages），有时也被称为印太诸语言（Indo-Pacific languages）或非南岛诸语言（Non-Astronesian languages）。这些语言内部彼此差别很大，可能分属若干语系，目前还没有完全厘清，不过从调查出的语料来看，所有语言的基本语序都是 SOV。在否定范畴表达上，最常见的否定成分是没有形态变化的副词或助词。有些语言仅有一个否定成分，比如 Nek 语，使用否定副词 nim，位置在动词前或小句末尾。很多语言有两个否定成分，一个用于小句否定，另一个可以起到单独使用的否定叹词的作用，比如 Usan 语等。Wurm（1982：63）认为巴布亚诸语言也经常使用动词词缀来表示否定。Sentani 语的否定表达既要在动词前添加前缀，又需要改变动词的屈折形态。Amele 语有两个否定副词，qee 用于陈述，cɑin 用于命令，但也可以使用否定词缀。Hua 语的否定前缀 ′ɑ′- 位于动词前，而在完整句中则使用否定副词′ɑ′ɑ。另外，巴布亚诸语言很少使用像 nobody、none 等这样的否定词汇，比如在 Mauwake 语中，唯一可以算得上否定词汇的是 eewuar（还没有），但仍需要在句子中另外添加否定成分。下面来看一下 Mauwake 语否定范畴表达的实际情况。

巴布新几内亚 Madang 省的 Mauwake 语，是典型的 SOV 语言，名词短语的核心在前，附属成分在后，只有所有格等例外，所有动词至少有一个后缀。用来表达否定的有四个副词：me、weetak、wiɑ 和 marew，其中 weetak 和 wiɑ 几乎同义但使用时在句法结构上稍有不同。之所以称它们为副词而不是前缀或后缀，是因为它们在形态上和组合时的位置比较自由，都有各自的重音，并且主要是修饰谓词。不过严格说来，有时还有动词和叹词的功能。这些否定成分在句法上的位置各不相同，具体说，me 在被否定成分前，而 marew 则相反，在被否定成分之后，weetak 和 wiɑ 代表完整句子时在句子中比较自由，①但在否定非谓词时则位于句末。

它们的分工有所不同，一般而言，最常用的否定成分 me 基本上是对小句和句子成分的否定，weetak 和 wiɑ 是表达否定叹词功能或非动词谓语的否定，marew 也可以否定非动词谓语，偶尔否定名词成分。［关于巴布亚语言的介绍和例句（496）-（501）见 Berghäll（2006）及其中文献］

(496) Awuliɑk nɑin eliwa weetɑk/wiɑ.
　　　甘薯　　那个　好　　NEG
　　　那个甘薯不好。

(497) Yo　　　　（muɑ）mɑɑla mɑrew.
　　　1SG.（主格）（人）　长　　NEG
　　　我不是个子高（的人）。

(498) Me　on-ɑ-m　　　ɑkenɑ.
　　　NEG 做-PAST-1PL 确实
　　　我确实没有做。

(499) I　　　　　me　　wiɑ② ɑmukɑr-e-mik.
　　　1PL.（主格）NEG　3PL.（宾格）责骂-PAST-1/3PL
　　　我们没有责骂他们。

由于否定副词 me 是唯一对动词否定的标记，所以也被用在祈使句中，表达的是禁止意义，也就是说，一般否定标记和

---

① 不过它们通常作为开头小句或最后小句出现，很少在句子中间插入。
② 第三人称宾格代词和否定词 wiɑ 语音形同。

禁止标记同形。

(500) Ni   iperuma fain me enim-eka.
　　　2PL.（主格）鳗鱼　这个 NEG 吃-2PL. IMP
　　　别吃这个鳗鱼。

Mauwake 语中出现两个否定成分时，和汉语一样是逻辑上的双重否定，否定被抵消，结果是肯定意义。

(501) Maamuma me   marew-ar-e-mik.
　　　钱   NEG   NEG-（开始状态）-PAST-1/3PL
　　　我们/他们有钱。

布鲁沙斯基语（Burushaski）也被认为是一种独立的语言，主要分布在巴基斯坦北部以及印度的克什米尔边界，包括三种以当地山谷命名的方言：Hunza 语、Nagar 语及 Yasin 语。Anderson（2006e：168－169）指出布鲁沙斯基语的基本语序为 SOV 型，动词有着复杂的形态变化，并引介了 Tikkanen（1995：91）总结出的该语言单个动词所附带的各种词缀的排列顺序：

NEG- D- PERSON/CLASS/NUMBER- CAUS-√-PL. SUBJ-
-4   -3   -2   -1   Ø +1

DUR- 1SG. SUBJ-PRTCPL/OPT/COND/AUX-SUBJ. SFX-Q
+2   +3   +4   +5   +6

可以看出，否定标记的位置在动词词根的最前面。布鲁沙斯基语的否定标记是前缀 oó，不过其形态可能会由于某种原因（具体未知）转为 a。

(502) oó-min-im-i.
NEG – 喝 – AP – Ⅰ ①
他没有喝。

(503) oó-mɑn-um-ɑn.
NEG.PL – 变化 – AP – PL
他们没有变化。

(504) duróo-m-i.　→　ɑ-túru-m-i.
干活 – AP – Ⅰ　　NEG – 干活 – AP – Ⅰ
他干活了。　　　他没有干活。

(505) hir　　yɑ　　guse-e　　dɑsen　ɑ-mu-yeec-en.（Yasin 语）
男人 或者 女人 –（一致标记）女孩　NEG – Ⅱ – 看 – PL
男人或女人没有看这个女孩。

[以上四例引自 Anderson（2006e：169，171）]

克里语（Cree）是北美加拿大原住居民使用的语言之一，有着丰富的形态变化，无标记的语序为 VOS，其实除了不能是 OSV 外，还存在有其他四种语序（Junker，2004）。在否定范畴表达上，既有固有的表义务情态的副词性否定标记 kɑyɑ，

---

① 布鲁沙斯基语根据现实世界的语义把名词分 Ⅰ、Ⅱ、Ⅲ、Ⅳ 四类，分别代表男人、女人、非人类的生物和无生命的事物，这些分类要通过词素变体和动词一致形态表现出来。这里出现的 Ⅰ、Ⅱ 对应的就是男人和女人。AP 是指逆被动态（antipassive），一般用于作格语言，相当于非作格语言的被动态。在不同语言中可以有不同的语义功能，但至少都意味着语义上及物性的降低。（Anderson，2006e：169）

也有受到法语否定词 non 影响的陈述式副词性否定标记 nô。从现有语料看，克里语否定标记的位置在动词前是可以肯定的，不过是否也必须在句首位置，尚有待进一步证实，见下面两例。

(506) nô wîhkaɣt mîna nika-itostan.
NEG－(陈述式) 曾经 也 我会去那里
我坚决不再去那里。

(507) káya mišcêt astɑ lisel!
NEG－(义务态) 太多 放 盐
别放进去太多盐！

[以上两例出自 Wolfart，(2006：276)]

苏族一卡托巴语系 (Siouan-Catawban Family) 也称为大苏语系 (Siouan family)，是北美印第安语言中的一个独立语系，大部分分布在密西西比河分水岭上游地区。该语系语言的基本语序为 SOV，还有一个显著的句法特点是，几乎所有语言都存在重叠现象。其中克奥语 (Crow) 是美国蒙大纳州东南克奥族人的语言，和 Hidatsa 语共同组成该语系的密苏里河分支。克奥语属于典型的编插语，虽然从句法上可以看出成分组成的基本语序为 SOV，但句子经常是由动词带多种词缀组成的复杂的语音整体，各种形态都倾向于综合黏附在一起。其否定标记在动词的后面。比如下面的例句：

(508) baa-w-aash-baa-lée-wia-waa-ssaa-k.
(无定) －1－打猎－1－去－想－1-NEG-DECL
我不准备去打猎。(Graczyk，2006：303)

这个像单个词语的句子由三个都带有主语人称标记的动词组成，否定标记 – ssaa 在最后一个动词的人称标记后面，句子的末尾是陈述语气标记-k。

该语系中具有特殊理论价值的是卡托巴语（Catawban）。和绝大多数大苏语系语言一样，卡托巴语也使用重叠语法手段，动词词根的重叠标志着"空间或时间中某个行为的延续或者维持，或者是某个观念的加强或分布"（Rudes, 2006，转引自 Souag, 2006）。但最值得注意的是，重叠手段有时也用于否定，这种情况下的句法操作会对后缀和词根产生影响，只不过具体的运作过程尚不清楚（Souag, 2006）。Lameen Souag 在说明重叠可添加增音 i 时曾引用了一个否定例句，摘录如下：

(509) kawikáwiha：re：他一点也没抱怨 < | kaw- | 抱怨

文中没有指明这个例句的否定范畴就是通过重叠手段表达的，我们也无法进一步明确断定。只是由此可知，语言中应该存在重叠语法手段表达全句否定范畴的情况，也就是说，表达全句否定范畴的语法手段目前至少有两种：添加（否定标记）和重叠。当然，后者是否具有类型学意义还需要更多的语料支持。

澳大利亚的 Ngiyambaa 语属于帕马—恩永甘语言（Pama-Nyungan languages）的 Wiradhuric 分支，是澳大利亚新南威士尔 Wangaaybuwan 和 Wayilwan 原住居民的语言，现在已濒临灭绝，大约只有数十人使用。帕马—恩永甘语言的最早语序为 SOV，现在也有很多语言使用 SVO、OSV 语序或不存在优势语序。从下面 Ngiyambaa 语的例句，暂时无法判断是哪种语序，但可以看出否定标记的位置并不是紧接着谓词，而是位于句首，应该看作助词。

(510) waŋa:y winar manabi-nji.
　　　 NEG 女人（通格）打猎．PAST
　　　 这个女人没去打猎。
　　　 ［此例出自 Donaldson（1980：239），转引自 Miestamo & Wagner-nagy（2008）］

智利和阿根廷南部的火地岛和巴塔哥尼亚土著居民的语言，被称为 Chon 语言，它实际上包含两种具体语言：在 2003 年已经消亡的 Selk'nam 语和接近消亡的 Tehuelche 语。Selk'nam 语的基本语序是 OVS，从保存的语料看，Selk'nam 语使用的否定标记可看作是助动词，并带有性范畴形态。

(511) xe-j sò-we-nn.
　　　 来-（惊讶语气）NEG-（性）-（语气）．（阳性）
　　　 他不会来。
　　　 ［此例出自 Najlis（1973：58），转引自 Miestamo & Wagner-nagy（2008）］

澳大利亚土著语言 Djingili 语的基本语序是 SOV，一般否定标记是副词 angjkula，线性位置在谓词前。禁止标记是后缀-ji，添加在谓词后。

(512) dunjunmi-ji, mankiya-mi.

戳 – NEG　坐 – IMP

别戳我，还坐那！

(513) angikula langkaj-nya-ju　ngarru.

NEG　听 – SG – 做　1SG.（宾格）

你没有听我讲。

［以上两例出自 Van der Auwera（2006：567）］

本节统计了34种样本语言的49个否定标记，其中基本语序为SVO的语言有9种，基本语序为SOV的语言有16种，基本语序为VSO的语言有2种，基本语序为VOS的语言有1种，基本语序为OVS的语言有2种，没有明显优势语序或基本语序未定的语言有4种。SVO语言中的否定标记是词缀形态的有6种，是副词和助词的各1种，另有1种语言只有否定词汇例句；其中4种语言的否定标记线性位置在句首，在句末、谓词前、谓词后和框式形式的语言各有1种。SOV语言的否定标记，是词缀形态的有11种，是副词和助词的各2种，既有词缀又有副词的有1种；其中有7种语言的否定标记可以出现在谓词前，有4种语言的否定标记可以出现在谓词后，4种语言可以使用框式否定形式，否定标记可以在句首或句末的语言各有2种。2种VSO语言的否定标记分别为助词和词缀，线性位置分别在句首和谓词后。1种VOS语言的否定标记是副词，出现位置在谓词前。2种OVS语言的否定标记分别是助动词和词缀，位置均在谓词后。4种优势语序不明确的语言中，2种语言的否定标记为副词，位置分别在谓词后和助动词前；1种为助词，位置在句首；另外1种使用重叠手段，暂无否定标记。

第三章 否定标记的句法位置

第一节 否定标记在陈述句中的句法位置

一 线性位置表现

句子否定标记的线性位置在具体语言中存在很多差异，即便是在同一语言中，也并非都是固定不变的。这种表面上看起来灵活复杂的序列变化，①使得否定成分和被否定成分的语序似乎与其他语序没有太多关联，因而被视为语序类型学中不太稳定的考察参项，即该结构的语序难以从其他语序推知（刘丹青，2002：1）。其实，相对于其语类属性、语义特点，探讨否定成分的分布特点对于研究与此相关的语言共性仍有着一定的类型学价值，分析这些具体位置不仅可以了解否定标记在每个语言中的组合特点，把握它们的发展演变的过程及趋势，还可借此进一步探究它们实现否定功能的触发点和运行轨迹。不少学者［Lehmann（1978），Dahl（1979），Dryer（1988、1992、2003、2008），马忠建（1999），李云兵（2008）等］都对此做

---

① 关于否定成分和被否定成分线性顺序的基本情况，请参阅 Dryer（2013）以及马宏程（2009）。

出了不懈努力，开展了比较详细地调查分析。

从逻辑上说，否定标记和主要谓词（有些语言中是词干形式，也用 V 表示）之间的相对位置似乎只有 NEG + V 和 V + NEG 两种类型，但考虑到成分数量、音节多寡等因素，否定标记的线性位置就显得相当灵活了。如果暂不考虑否定标记与其他修饰成分的语序问题，我们的考察结果至少可表现为以下六种情况：

1. NEG + V，NEG 未必在句首。

（1）tɕaɯ^{35} ʔam^{31} ta^{31}.（莽语）
　　鸡　　NEG　叫
　　鸡不叫了。（高永齐，2003：89）

2. NEG + V，NEG 一般在句首。

（2）pan-i-maŋ.　→　lɛt-i-maŋ.（Diola Fogny 语）①
　　FUT – 1SG – 想要　　FUT. NEG – 1SG – 想要
　　我想要。我不想要。
　　[出自 Sapir（1965：33），转引自 Miestamo & Wagnernagy（2008）]

3. V + NEG，NEG 未必在句尾。

（3）ko^{35} ẽ^{21} tsi^{21} tha^{55}　le^{21}.（土家语）

---

① 此例是第二章的例（470），这里为了便于说明问题，在援引例子时未避重复，且重新编号，下文不再一一指出。

他　　来 NEG　（助）

　　　他不来了。(田德生、何天贞等,1986:197)

4. V + NEG,NEG 一般在句尾。

(4)　sɛ⁴³ ȵe⁴⁴ nɛ⁴³ ei⁴⁴　mɛ³³ a⁴³.（田坝仡佬语）
　　　只　牛　这　我　要 NEG
　　　这头牛我不要。(张济民,1994:95)

5. NEG 在 V$_双$或 V$_多$之间。

(5)　zi³³ tha⁵⁵　ŋo³³!（zi³³ ŋo³³ = 哭）（彝语喜德话）
　　　NEG 哭
　　　别哭！(吴铮,2007:61)

6. 两个及以上的 NEG,主要是框式形式：NEG$_1$ + V + NEG$_2$。

(6)　Nous　ne　visitons　pas　cet amis.（法语）
　　　我们 NEG 拜访　　NEG 这位朋友
　　　我们不拜访这位朋友。(熊学亮、刘东虹,2006:53)

如果按照基本语序与语类属性的组合,且暂不限于陈述句类,我们的考察结果可有如下简表：

否定标记句法位置统计表①

语类属性	语序类型	SVO (119)	SOV (95)	VSO (14)	VOS (8)	OVS (2)	基本语序未定 (3)	总计及比例 (241)
副词	句首			2	6			8（3.3%）
	谓词前	97	38	6	2		1	144（59.3%）
	谓词后	7	15				1	23（9.5%）
	双NEG（含框式）	7	1					8（3.3%）
	句尾	6	1					7（2.9%）
词缀	句首	4						4（1.7%）
	谓词干前	3	19					23（9.5%）
	谓词干后	2	22	2			1	27（11.2%）
	双NEG（含框式）	1	4					5（2.1%）
助词	句首	1	2	1			1	4（1.7%）
	谓词前	1	3	2				6（2.5%）
	谓词后		3					3（1.2%）
	双NEG（含框式）	1						1（0.4%）
	句尾	4						4（1.7）
助动词	句首		1	1				2（0.8%）
	谓词前		3					3（1.2%）
	谓词后		3			1		4（1.7%）

---

① 表中未含使用重复手段的语言，对应的数字表示"可以"而非"只能"出现该位置的数量，所以总计数量可能会超出各部分之和。

由此可以看出,否定标记不仅在基本语序相同的语言中存在着某种倾向性规律。① 而且其分布特点与其语类性质也有一定的关联(分析见第四章第二节)。如果不考虑具体语类属性,把在谓词词干前后也视为在谓词前后,那么由上表可以得出:

(1) SVO 语言中,否定标记可以在句首、谓词之前、谓词之后、句尾和使用双 NEG 的语言所占比例分别是 4.2%、84.9%、7.6%、8.4%、7.6%。

(2) SOV 语言中,否定标记可以在句首、谓词之前、谓词之后、句尾和使用双 NEG 的语言所占比例分别是 3.2%、66.3%、45.3%、1.1%、5.3%。

(3) VSO 语言中,否定标记可以在句首、谓词之前、谓词之后、句尾和使用双 NEG 的语言所占比例分别是 28.6%、57.1%、14.3%、0%、0%。

(4) VOS 语言中,否定标记可以在句首、谓词之前、谓词之后、句尾和使用双 NEG 的语言所占比例分别是 75%、25%、0%、0%、0%。

(5) OVS 语言中,否定标记可以在句首、谓词之前、谓词之后、句尾和使用双 NEG 的语言所占比例分别是 0%、0%、100%、0%、0%。

(6) 在所有样本语言中,否定标记可以在句首、谓词之前、谓词之后、句尾和使用双 NEG 的语言所占比例分别是 7.5%、72.6%、23.7%、4.6%、5.8%。

---

① 关于否定标记语序的类型学分析还可参看熊学亮、刘东虹(2006:52—54)。

这个统计比例肯定会因选择的样本有偏失而不太科学,尤其是只有两种语言的OVS型,只能算是个案,不具有整个语序类型的代表性。但从所有类型的整体上看,反映出来的倾向性应该是准确的。在其他四种语序语言中,动词前的位置最常被否定标记所占据（在VSO和VOS型语言中,常规句中的动词前位置和句首位置很多时候是巧合的）,其次是动词后位置。在所有语序的样本语言中,否定标记的线性位置按占用频率从大到小为:动词前＞动词后＞句首＞框式＞句尾,并且动词前占了绝对优势。从句法生成角度来说,实际句法位置占用的频率则为:谓头＞句首＞句尾。这和其他文献中的统计结果大致相符,比如Dryer（2003）统计显示的"否定词＋动词"的句内否定形式占所统计语言的76.5%;马忠建（1999）考察否定成分可以添加在谓词前的语言占样本语言的92%。

需要说明的是,由于部分语言否定标记的添加可能不是固定在一个位置,所以这里的数据会有一定地重复统计。另外,不具代表性的$V_双$或$V_多$之间的否定标记也没有统计在内。尽管涉及的样本语言不多,语言系属和地理上的分布不均衡也较大程度上降低了统计的科学性,但还是可以看得出否定标记线性位置的灵活性。

二 实际句法位置

根据标记理论,标记项的分布范围相比无标记项所受的限制更多。否定范畴相对于肯定范畴的使用频率要低得多,Givón（1984）的统计结果表明,英语学术论文中否定句只占5%,在小说中否定句也只占12%（转引自沈家煊,1999）。虽然其他语言没有具体统计,但作为有标记项的否定范畴的使用情况也应该和英语相似。尽管如上所述，从标记项的共时层面看，否定标记在线性排列上的位置复杂多变。不过，我们认同全句范畴规则对于否定范畴的适用性，认为否定标记添加的实际句法位置正是句首、谓头和句尾，只是核查否定特征时的操作方式有所不同。

  生成语法的自然主义语言观，始终认为语言是人脑的一种机能，语言的基本原则非常简洁，这些原则相互作用才产生各种复杂结构。语言机制包括认知系统和表现系统，前者有词库和运算系统组成，后者可再分为概念意向系统（跟意义有关）和感觉运动系统（跟发音有关）。运算系统和表现系统有两个接口：通往概念意向系统的叫逻辑形式（LF），通往感觉运动系统的称为语音形式（PF）（邓思颖，2003：33）。最简方案认为人类语言只有一个运算系统、一个词库，根据语段相关理论（Chomsky, 2001, 2004），词库中的每个词项都以特征（features）的形式存在，可以说，特征是句法运作的核心。除了音系选择和词汇的任意性外，语言变异只局限在词库的非实词部分以及词项的普遍特征上。语言的基本屈折属性具有普遍性，只是语音表现形式不同（或者没有语音表达），句法运算中的参数变化仅限于形态属性，即屈折变化（戴曼纯，2003：145）。词项的非诠释特征（uninterpretable feature）必须在语段移交前得到删除，在句法推导中删除是通过探头（probe）和目标（goal）构成的匹配关系进行的。语句生成的推导过程从词库开始，根据所需生成的语段从词库中选择词项，这些词项被选择时已经子语类化为携带所需特征的语类，实义语类和功能语类相继进入推导过程，在经匹配删除不可识别的特征后，这些片段分别拼读，移交给语言表现系统的两个分支，获得相应的语音和语义诠释，推导的片段在最后组装成句。

注意这里词项特征都是句法特征，不同于语义特征。这些特征根据自身强弱的参数，决定具有相应特征的词库项是否进入到显性句法来进行核查。特征无论是强是弱，肯定会在运算系统各层面触发相应的操作手段，从而使句子显现出相应的标记特征。从语句生成的过程可以推断，句法操作的动因其实就是各个语类所携带的特征，尤其是功能语类进入到句法运行轨道时，必定会激活相关特征，吸引它们进行特征核查，从而牵一发而动全身，触发其他相应的句法操作，各种与范畴相关的标记也就应运而生了。

简单小句的基本结构［CP TP vP VP］中，只有能表达命题意义、音义方面具有相对独立性的标句词短语 CP 和强特征动词短语 vP 才是语段①，其中 C 携带的是能表达命题意义的语气、主题和焦点等特征，比如文献中疑问用［qu］特征表达，陈述用［decl］表达，祈使用［imp］表达，可分别形式化为 $C_{[qu]}$、$C_{[decl]}$、$C_{[imp]}$。所以 CP 可包括时态、语力（force）成分等，而 vP 的题元角色完备、带有完整的主目语结构，二者的中心语 C 与 v 能与其他成分形成探头和目标的匹配关系。我们认为，用来核查词项非诠释特征的位置［Spec, CP］就是句子的第一个句法敏感位置—句首，包含整个谓词

---

① Chomsky（2001）认为语段 vP 有强弱之分，有外主目语的是强语段，标示为 v*P；无外主目语的则是弱语段，仍标示为 vP，这里还统一为 vP。又指出真正的语段 TP 虽然是时态（Tense）短语，实际上相当于原则与参数理论中的 IP。功能性屈折范畴 I 可以根据情况分解为时态、体貌、语态、否定等具体范畴成分，语段理论中的 T 同样包含这些成分。文中除非是引用他人文献，统一使用 TP。

结构的语段 vP 前临的句法核查位置则是第二个敏感位置—谓头，一般就是［Spec，TP］。句子陈述功能的实现是语力表现，因此功能核心属于 CP，而否定范畴的核心仍属于 TP。由于谓词是句子的语义核心，刘丹青（2008）认为否定成分经常通过对谓语动词的否定来达到否定全句命题的效果，时、体、式等范畴也是如此，再根据语义靠近原理（陆丙甫，1998），否定标记一般就被置于谓语动词的附近。虽然这存在有一定的语义依据，但从下面的推导过程来看，特征核查才是句法位置得以体现的基础和动因，否定标记的实际位置应该是句法运算系统运行的必然结果。那么，否定标记进入句法推导后是如何体现在这些句法位置上呢？

这里仍以熟悉的英语句子"He doesn't drink milk."为例，来分析一下 SVO 语言中否定范畴表达的推导过程。

语段 vP 先后选择实义词项 he、drink、milk 和功能词项 v，其中主动词 V（drink）是及物动词，含有 Φ 特征、指派宾格特征，补足语 milk 也含有 Φ 特征、语类特征，根据轻重顺序 vP 成分统制 VP，Arg_0 关系可以在 VP 内得到建立。按照主语在 VP 内生成假说，he 也应该在 VP 之中，he 含 D 特征、Φ 特征和格特征，这些词项的特征没被核查，暂时无法进入 LF 层诠释。当 v 进入运算系统时，由于 v 带有强 V 特征，需要带同样强特征的主动词 drink 移至［Spec，vP］来核查。

接下来否定范畴功能中心 Neg 进入推导进程，Neg 携带不包含语义内容的非诠释特征［uNeg］，需要相应的可诠释特征［iNeg］来核查。于是功能中心开始寻找匹配的目标，但是现有语类无法满足此要求，运算系统只能从词库项中另请高明，英语中符合条件的语法标记只有 not，而 not 本身的词项特点，要求它进入推导后需要一定的附着对象，所以此时只能添加傀僵助动词 do 来满足需求。

然后，时体范畴中心 T 进入推导程序，由于 T 带有强 D（EPP）特征、Φ 特征、格特征和时态特征（其实 T 的一致特征是从 C 获得的），强 D 特征需要 he 显性移动至 [Spec, TP] 来核查，同时核查的还有并移的 Φ 特征和格特征，而时态特征则要求助动词 do 具备 [Pres.] 特征，词项变化为 dose。

最后进入的是句类范畴的功能中心语 C，这里的 C 含有陈述特征 [Decl]。英语像大多数语言一样没有专门的陈述语法标记，可以视为此特征是弱特征，不会引起句法上的显性移位。至此全部句法推导完成，拼读过的语段组合完整交给 PF 和 LF，获得语义和语音诠释。C 的特征 [Decl] 还能改变句子的音系部分，产生相应的语调。该例句的具体推导过程可图示如下：

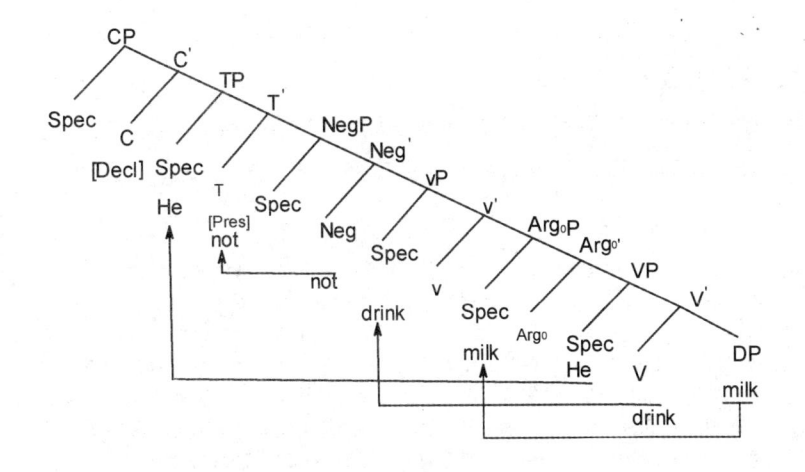

推导中的 NegP 紧邻 vP，与否定标记的可诠释特征 [iNeg] 构成匹配关系的 [Spec, NegP] 是否定标记删除特征的句法位置，也就是谓头。表面上看到的否定标记在动词前、动

词后、框式等现象，实际上都是谓头位置在具体语言中的实例化。当然对于不同语言表现的不同语序和同一语言的可选语序，并非意味着语言的谓头位置灵活多变、左右逢源。可以假设，所有语言主要成分的基本次序是一致的，[①] 添加否定标记的谓头位置也是一致的，[②] 而实际语序的不同，是由移位造成的。根据显性参数化假定，（邓思颖，2003）移位与否由词项特征所决定，词项特征的存在与否属于参数，这可能和各种历史因素造成的词汇形态、音韵有关，和语义没有关系。邓曾认为，企图解释为什么要移位实在比较困难，有点像很难说清楚为什么普通话没有辅音［θ］一样，其动力带任意性色彩，并非语言机制内部的因素。

按照我们的假设，这种语序中否定标记的线性位置是由SOV语言中的谓头位置通过移位得出的，英语not的词项特征决定了助动词的出现，并且not紧附于助动词后，在主要动词的前面。对于出现在动词前后其他位置的否定标记，应该都是移位造成的。Pollock（1989）也认为否定标记的位置不同和移位相关，只不过移位的是助动词或主要动词，而否定成分被假设为固定地嫁接在VP上，见下图。

[①] Hawkins（1983）分析了S、O、V参项的不足，SVO语言虽然占了人类语言很大一部分，但类型特征却很不稳定，不具备语言共性所追求的预测性。而根据Greenberg共性七，SOV很大可能是严格的核心后置语言。Yau（1979，1982）也指出，在与世隔绝的聋哑人家庭中，自发产生的基本语序都是SOV。训练猩猩用符号表示语言的实验也证实，尽管教它们的是作为SVO的英语，但是猩猩总倾向使用SOV语序。此外，人类语言中不乏确定无疑从SOV语言发展为SVO语言的例子，例如英语、法语；但是确定无疑从VO发展成OV语言的例子，至今没有发现过。（转引自陆丙甫，2005）再结合语用上的"可别度领前原理"和语义上的"语义靠近原理"的相互作用，（陆丙甫，1998）最和谐一致的语序应该是SOV，这个语序极为稳定，可以看作是最基本的语序类型。

[②] 仍假定为动词前的位置，这是全句否定标记的发展趋势，参见第五节。

```
        IP
       /|
      / |
     /  I'
    /  /|
   /  / |
  /  /  VP
 /  /  /|
Spec  / V'
     Neg
      |
      V
```

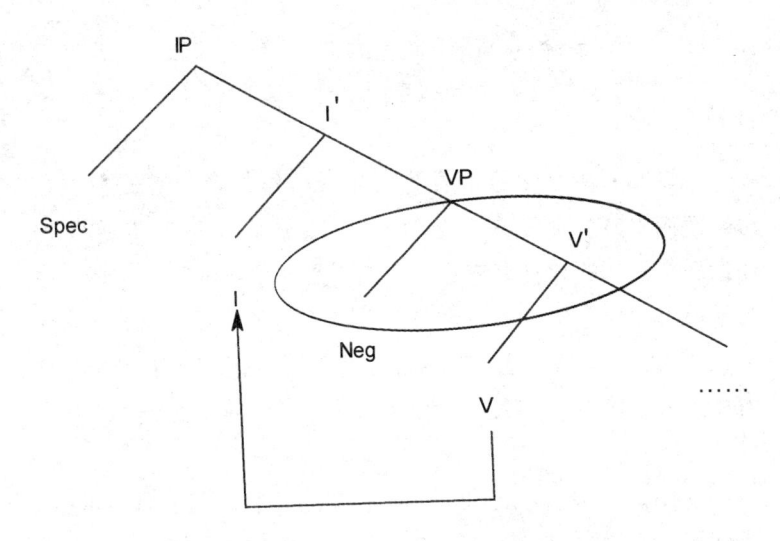

Pollock 根据这个假设来解释英语和法语中否定成分的位置差异：英语的助动词从 V 移位到 I，主要动词则不移位，所以助动词连带否定成分位于主要动词之前；而法语中的助动词和主要动词都要移位，也是从 V 到 I，所以否定成分在助动词和主要动词之后。虽然这两种语言的移位情况得到了描述，但具体的动因仍不得而知。

再来看一下句首和句尾。这两个位置的全句反应功能比较容易理解，这在其他全句范畴中已有证实。（徐杰，2005）不过，Dahl（1979）认为否定标记一般不能自由出现在句首位置，的确，很多语言的否定成分都不能被话题化前置于句首。比如下面的荷兰语。

(7a)　＊Niet　gaat　hij　naar　huis.
　　　　　NEG　去　他　　房子
　　　他不会回家。
(7b)　Niet iedereen gaat naar huis.

不 每个人 去 房子
并非每个人都要回家。

例(7a)中如果强制性把否定成分添加在句首,则不合法,而例(7b)则不属于全句否定。另外,对于 VOS 或 VSO 动词居首语言的句首否定成分,实则是动词前位置的表现,也就是说否定成分位于句首和谓头的巧合位置。比如威尔士语、爱尔兰语、于阗语、台湾南岛语、希利盖农语等。下例是台湾南岛语的北排湾语。

(8) na-k-em-an-aken→ ini-ka-aken a na-k-em-an.
(完成貌)吃 我 NEG 我 (连系词)(完成貌)吃
我吃了。 我没吃。(张秀娟,2000:88)

然而有些语言确实存在着纯粹的句首否定成分,尤其是 SOV 和 SVO 语言中的词缀或助词性否定标记。比如例(2)的 Diola Fogny 语。该语是西非塞内加尔等地的语言之一,基本语序是 SVO,否定标记是词缀形式,根据时态有所变化,出现的位置固定在句首。

否定标记固定地添加在句首,明显不同于谓词前的谓头位置。由于句首[Spec,CP]可以核查表达命题意义的语气、主题和焦点等特征,同时也是信息传达的起始点,很容易被话题化或焦点化,致使疑问、感叹、祈使等句类功能常常要借助它来体现,因此,否定标记在此出现也有着一定的句法和认知依据。但是由于否定算子不能改变句子的示意功能,只能作用于它的命题内容(Lee,1988),也就是说一个陈述句被否定后仍表示陈述,一个疑问句被否定后仍是表达疑问,一个命令言语行为被否定后仍是表达命令，所以从算子的辖域范围看，我们认为在功能中心 C 之后还存在一个抽象的否定算子 Op_- 位置。据 Zeijlstra（2004）的观点，这个 Op_- 占据的正是 [Spec, NegP] 的位置，与上面的推导模式相同，否定标记的特征被否定中心 Neg 吸引到这里进行核查。见下图：

(9a)　＊ [$_{CP}$ NEG [$_{C'}$ [$_{IP}$ …]]]
(9b)　 [$_{CP}$ NEG [$_{C'}$ [$_{IP}$ Op_- …]]]

句尾也能体现完句功能，在信息传达的空间序列上，句尾是表达完句功能的最自然位置，也是句子的第三个敏感位置。当这里出现功能标记时，根据"吸引 α"可以产生隐形操作，(Chomsky, 1995：297) 相应的句类功能特征作为孤零零的形式特征移到匹配位置接受核查，而作为功能标记的语类本身则留在原地，所以句尾也是句法操作的敏感位置。虽然 SOV 语言的句尾否定标记常和谓头位置巧合（实则仍是谓头位置，分析类于句首和谓头的巧合），比如达让僜语，见例（10）。但对于非动词居尾的语言，也存在着不少纯粹的句尾否定标记，比如例（11）的田坝仡佬语。

(10)　xɑŋ³⁵ mɑ³¹ mioŋ⁵³ go³¹ ɑ³¹ gau⁵³ wi³⁵ lɯi⁵³ m⁵⁵.
　　　 我　 以后　（助）淘气　（助）NEG
　　　 我以后不淘气了。（吴铮，2007：45）
(11)　sɛ⁴³ ȵe⁴⁴ nɛ⁴³ ei⁴⁴　mɛ³³ a⁴³.（田坝仡佬语）
　　　 只 牛　这 我　　要 NEG
　　　 这头牛我不要。（张济民，1994：95）

(12) ali   nə   masa goro ɓa.（Tera 语）
（人名）   （完成式） 买   可乐 NEG
艾丽没有买可乐。
［出自 Newman（1970：128），转引自 Miestamo & Wagner-nagy（2008）］

而例（12）Tera 语属于闪含语系乍得语族语言，其基本语序是 SVO，典型的否定方式是在句尾位置添加单个否定标记。这种情况不同于动词居尾语言的否定成分位于句尾的现象，后者的句尾否定实则是谓头否定。

对于否定标记来说，添加在句尾并没有违背（9b）所示的句法结构，仍然需要否定算子并在［Spec, NegP］接受匹配核查。见（13）：

(13) [CP [C' [IP Op¬ ...] NEG]]

综上所述，从句法生成统一性来看，否定标记的可诠释特征［iNeg］都需要在［Spec, NegP］与否定中心的非诠释特征［uNeg］进行匹配核查，添加在不同句法位置的差异表现在具体操作方式上：添加在谓头位置的否定标记，可以因具体语言词项特征的不同而产生标记本身或谓词等词项的移位，造成分布于谓词前或后的线性语序；添加在句首或句尾的否定标记，则因受制于移位条件的约束以及词法条件的限制，会产生隐形操作，［iNeg］作为孤零零的形式特征移到［Spec, NegP］接受核查，而作为功能标记的语类本身则留在原地；添加在谓头和句首（或句尾）巧合位置的否定标记，特征直接在该位置核查，标记本身也不再移位。三个位置触发不同的句法反应，复杂多变的表面线性位置由此出现。

当然，对于否定标记体现出的表面线性位置为何不尽相同，学界还有其他观点，比如 Morimoto（2001）运用词汇功能语法的优选理论，从形式化角度提出相关的优选项来进行解释；熊学亮、刘东虹（2006）则认为原因有两方面，内部原因是否定中心语参数设定的不同，外部原因则是相似性等三条主要原则相互竞争的结果。具体见第四节。

第二节　否定标记在祈使句中的句法位置

由于表达陈述语气的语法标记在绝大多数语言中都没有显性形式，否定标记的添加至少在表面上不会产生占位冲突，如上所述，都出现在三个句法敏感位置上，但是，在表达其他语气情态范畴的语法标记同时出现时，标记的语言形式及句法位置与陈述句中相比有何变化？是否有着相同语法表现和句法机制？实际上，前面考察中列出的禁止标记就是祈使句中的否定标记，这里再与祈使范畴标记做对比分析。先来看祈使范畴标记的语法表现。

一　祈使范畴标记

祈使范畴最初被限定在词法范畴中，主要由动词的形态变化来表示，这应该属于动词的祈使式范畴。但对于缺乏动词式范畴的语言来说，祈使范畴只能通过其他形式来表达。其实作为表示说话者祈使意义的语法范畴，祈使范畴本质上应该是一类全句功能范畴，是在整个句子层面表现出来的，而并非单独属于某个语类（比如动词）。表达祈使范畴的句子就是祈使句,汉语界还从语气角度把祈使句和其他三种句类并列。① 我们姑且不讨论这种分类是否科学,但祈使范畴确实是一种独立的范畴类别,这一点毋庸置疑,因此,它在语法形式上肯定有着不同于其他范畴的特点。

祈使范畴标记和疑问范畴标记、否定范畴标记同理,是祈使范畴得以表达的具体语法标记,可用 Imp 表示,也就是说,如果没有 Imp 祈使范畴就不能表达。不过要注意的是,这种祈使标记的特点不同于祈使句的标记特征。后者是祈使句本身具有的各种标记性特征,这种特征表现在句子的诸多方面,以往的研究大多是集中于此。为了便于类型学上的分析,这里排除了用其他句类表示祈使功能的间接言语行为类句子。

对于祈使句目前还没有准确的界定标准,一般都是从语气或功能角度来判定。以往的研究多集中在祈使句的句类性质、词位特征、语境制约等句法语用层面来做相关分析,达成的基本共识是:祈使句在语义上传达了发话人对受话人行为的请求、命令等,语用上是发话人想达到对受话人实施指令行为的交际效果,在逻辑上祈使句并不涉及语言与现实的真假问题。

我们认为,在言语行为中祈使句的使用受到了一定的制约,具有内在的标记特征。祈使句标记特征的理论根基是功能范畴特征 $C_{[imp]}$ 的存在,它在运算系统中会触发各个层面的反应,引起相应的操作手段:语音层面可以启动语音手段,表现为语音标记特征;句法层面可以启动句法手段,添加祈使标记句

---

① 徐杰先生认为传统意义上的陈述、疑问、祈使和感叹四种句类,是就句子所谓表情达意的功能来划分的。其实"表情"和"达意"是所有的句子都具有的两个不同性质的功能。作为"表情"的感叹句同其他表"达意"的三类句子不在同一平面上,它们是根据不同性质的功能标准分出的句类。[《句子的功能分类和相关标点的使用》,《汉语学习》1987,(1):5]

词及相关的句法形式反应，表现为各个句法结构的标记特征（马宏程、谭明华，2009）在语言形式上，所有语言的祈使范畴都有祈使标记，标记的语法类别可以是形态、助词和零形式，也是出现在三个敏感位置上，这都是特征核查的自然结果。（马宏程、熊雯，2009）这里再分别举例略述如下。

二 祈使范畴标记的语法特征

1. 祈使标记是形态

在很多有动词祈使式范畴的语言中，附加在动词上表达祈使范畴的形态成分，就是整句的祈使标记 IMP。比如在南岛语系的布农语中，不同祈使句的动词会带有不同的祈使标记。下表引自齐莉莎（2000b：88），其中肯定祈使句的 a'、av 是附着于动词词根后的形态词缀，表达祈使意义，属于形态祈使标记；否定祈使句的前缀 kaa' 其实是否定标记，这里的祈使标记是隐形的零标记。从句法统一性规则来看，位置也应该在动词后面，但在逻辑式中被提升到抽象祈使算子的 C 位置。见下表和例句。

祈使句	肯定	否定
主事焦点	动词词根 + - a'	kaa' + 动词为主事焦点
非主事焦点	动词词根 + - av	kaa' + 动词为非主事焦点

(14a) maun-a'（haising）!
　　　吃 - IMP 　（饭）
　　　吃饭！

(14b) kaun-av　haising-a'!
　　　吃 - IMP 饭 - 那

吃那（碗）饭！

(15a) kaa' m-aun haising.
NEG 主事焦点-吃.（IMP） 饭
别吃饭。

(15b) kaa' kaun-un haising.
NEG 吃-受事焦点.（IMP） 饭
别吃饭。

马斯科吉语言的克里克语，祈使式和陈述式、疑问式一样，都有特定的语法标记，并且都是以词缀的形式出现在动词后。表肯定祈使式的语法标记随主语的数而有不同，单数时用-ɑs，非单数时用-ɑks，表劝告语气时再在动词后、祈使标记前加上后缀-ík。

(16) pɑp-ɑs. → homp-ɑks
     吃 – IMP   吃 – IMP
     （你）吃啊。 （你们）吃啊。

(17) lít-ík-ɑs.
     跑 –（劝告）– IMP
     跑吧。

［以上两例出自 Booker（2006：280）］

至于没有动词祈使式的语言，有时也会使用形态表示祈使范畴标记，比如系属仍有争议的黏着型的朝鲜语。

尹明花（2006：54）认为朝鲜语表达句子类型的方式是用终结词尾（Ending Form；EF）："-다"式终结词尾表达陈述概念意义，"-까"式终结词尾表达疑问概念意义，"-

"구나"式终结词尾表达感叹概念意义,而表达祈使意义的方式就是在句尾位置添加终结词尾"-리"。这些词尾都是典型的形态成分,附着在前面的对象后(朝鲜语是 SOV 型语言,所以一般是在动词后)。

2. 祈使标记是助词

藏缅语族的独龙语,简单句中动词的命令式和祈使式都可以表达全句祈使范畴。命令式是在动词前加附加成分 pɯ˧˩表示,动词后再附加体现人称和数变化的形态;祈求式有两种表示法:当祈求第二人称允许第一人称施动时,在动词后附加相应成分(根据数的不同有 niŋ˧˩、çin˧˩、nɯ˧˩三种变化);当祈求第二人称允许第三人称施动时,是在动词前加成分 la˧表示。(孙宏开,1982:106—108)

(18) ŋăi˥ a˧˩ gɯi˥ niŋ˧˩!
    我   去 - IMP
    让我去吧!

(19) ă ŋ˥ nĭŋ˥ năŋ˥ găm˥ʨó?˥ la˥ dzăl˥!
    他们   好好地   衣服 IMP 洗
    让他们好好地洗衣服!

我们认为,前一种附加成分是不能独立的形态标记,后一种成分则是助词标记。因为la˥保持音节独立,不和后面的动词合并 [梅广(1996:153)所引的例句是(20),并称这种祈求式为商量式],它和动词之间还有一定间隔,可以插入其他前加成分,另外它自身还有语音交替的形态变化,在线性序列上处于和疑问助词 ma[55]一样的谓头位置。

(20) aˇsɑ́ŋniɣ ɑ̄ŋn ǐŋˊɡ҃ ɕiŋˇɺi leˇ lɑʔˊɑˇɡǔi˧!
明　　　天　他们　柴　背（助词）　IMP 去
让他们明天背柴去吧！

据戴庆厦等（2007：167，254）的考察，同属藏缅语族的波拉语，表达祈使范畴则有专用的谓语助词，这些助词依据人称和数的不同有相应的形式，它们的线性位置都是在句尾。

(21) ŋa^{55} kɔt^{55} va^{31}!
　　我　做　IMP
　　我做吧！
(22) nɔ̃^{55} kɔt^{55} ɛʔ^{55}!
　　你　做　IMP
　　你做吧！
(23) thɛ$^{31/55}$ la^{31} ɔ^{35}!　→　thɛ^{31}　ai^{55}!
　　NEG 去 IMP　　　　NEG 去（IMP）
　　（你）别去！　　　　别去！

英语的祈使范畴，并不是通过动词表达的，传统语法认为的所谓动词祈使式，其实就是普普通通的第二人称作主语的现在时态。[①] 据 Platzack, C. & Rosengren, I. (1998) 分析，英语祈使句的 do 不同于其他句类中的 do，它不是助动词。我们认为这里的 do 正是英语祈使句的特定标记词，可以看作助词，

---

① Jespersen, Otto 指出英语祈使句的主语总是第二人称，即便形式上看起来是"第三人称"。(*Essentials of English Grammar.* New York：Holt, Rinehart and Winston, 1933：110)

在否定祈使句中必须出现,且合法的位置只能是句首。(参看马宏程、谭明华,2009)

(24a) Don't you go there tomorrow!
(24b) *You don't go there tomorrow!

3. 祈使标记是零形式

从跨语言的句法功能看,祈使范畴是所有语言都存在的。很多语言中都有显性的祈使标记。比如阿尔泰语系的蒙古语,在表达志愿式、警告式等祈使式范畴时都有各自的后附成分,这些形态成分就是祈使标记,但表达一般的命令式祈使式范畴则不用任何显性标记。(道布,1983:48-50)根据句法的一致性方法论,我们可以假设这些没有显性标记的地方,也应该有不带语音形式的零标记。

(25) ʃandɯg lɛɛd- (ǎ) j (~ lɛɛd-jaa)!
　　 沙井　淘井 – IMP
　　 我(们)淘沙井吧!
(26) aadʒɯɯŋɯe jab aa, œœtʃ-bɔɔ!
　　 慢　　 走　　摔倒 – IMP
　　 慢慢走,小心摔倒!
(27) tʃii minii googiig dɯɯd!
　　 你我　哥哥　叫.(IMP)
　　 你把我哥哥叫来!

同语系的柯尔克孜语,对于第二人称复数和第三人称的祈使,动词分别有相应的祈使形态标记,而对第二人称单数的祈使则用词干形式。(胡振华，1986：100－105) 这些没有显性标记的词干形式，也应该有零标记。

(28) siler bar-ʁəla! menin bir az dʒumuʃum bar.
　　　你们 去－IMP 我的 一点儿 事　　　　有
　　　你们去吧！我有一点事儿。

(29) al azər kel-sin!
　　　他 现在 来－IMP
　　　让他现在来！

(30) balam kel!
　　　孩子 来. (IMP)
　　　我的孩子，来！

很多使用祈使助词的语言也会出现零标记的现象。比如上面提到的英语祈使句标记 do，在相应的肯定句中也是存在的：当有显性主语时，为避免语用上冲突，作为自然重音的祈使标记一般不出现；① 当没有显性主语时，祈使标记 do 可以出现，也可以不出现，但位置仍只能是句首。对于（31c）来说，句子有无标记都表达祈使相同范畴，说明无显性标记的句子带有零标记。

(31a) (*Do) you go there tomorrow!
(31b) (*You) do go there tomorrow!
(31c) (Do) go there tomorrow!

---

① 根据 Akmajian (1984：10) 的祈使语调原则，显性主语是祈使句唯一的语调核心。

缺乏动词祈使式的汉语，可以使用语气助词来表达祈使范畴，这种语气词不同于表达语用功能的语气词，它携带相应的特征［Imp］，可以标示祈使语气的存在。不过这里的祈使标记也是可选的，且位置只能是句尾，比如例（32）的"吧"。该句一般理解为祈使句，是由于语气助词"吧"是祈使句的标句词，有表达祈使语气功能的作用。（何元建，2007：85）不带"吧"时句子可以是陈述句或祈使句，那么表达祈使范畴时就应该认为是使用了零标记，句子的语调只是附着表现。至于祈使句中的"X一点"、"小心X"等结构形式，我们认为只是带有祈使语义特征的语类结构，不是真正的祈使标记。

(32) 小赵把鞋脱了（吧）。

从上面的简单分析可以看出，祈使标记的句法位置在线性序列上虽然表现为句首、动词前、动词后和句尾，但动词前后的位置也正是谓头位置（见上文对否定标记的分析）。也就是说，祈使标记可以添加在句首（如英语）、句尾（如波拉语、汉语）、谓头（如独龙语）。另外，和否定标记一样，对于动词居前的语言，祈使标记在句首时可以看作句首和谓头位置巧合；对于动词居后的语言，祈使标记在句尾时可以看作是句尾和谓头巧合，从标记生成角度来看实则分别在句首和句尾。还要说明的是，对于形态标记的添加，应该算作词法手段，不过添加位置颇值得注意，除了在动词主干前后之外，还可以加在句尾（如朝鲜语）。至于祈使句其他的表面特征，比如主语、谓词等具体的句法语义特点都是相关的连锁反应。

从信息传达的必要性上看，每种语言都会有表达陈述和祈使功能类型的句子，相应的也都会有各自的否定表达方式。既然祈使标记和否定标记一样出现在敏感位置上，那么二者是否一定共现呢？在成分形态、句法位置以及生成机制等方面有什么具体表现？是否会引起句子其他成分的变化？

三 否定标记与祈使标记共现的句法特征

对于祈使范畴中出现否定标记的现象，学界主要讨论的是真实否定结构（True Negative Imperatives；TNIs），即带有祈使形态的动词被否定的结构。一般认为：每一个带有语义否定的显性否定标记 X^0 都会阻断 TNIs；每一个阻断的语言都带有一个显性否定标记 X^0。[①] 我们在此基础上将同一语言中被否定的陈述句和祈使句（均为简单句，相应的否定标记为 NEG_{decl}、NEG_{imp}）做了对比，有如下分类。

Ⅰ. NEG_{decl} 和 NEG_{imp} 相同，V 形态相同，允许 TNIs。

这类语言的 NEG_{decl} 和 NEG_{imp} 使用的是同一形式，主要动词的形态一般也没变化，句子形式的差异在其他句法结构层面，允许 TNIs。比如英语中都是使用否定标记 not 来表达否定范畴，陈述句和祈使句的不同主要表现在主语是否强制出现方面。[②] 而法语中否定表达的语表形式有时完全一致，只是在句调重音上加以区别。（Ramat，2006）英语、法语中祈使标记

[①] 引自 Zeijlstra（2006a：405），关于 TNIs 的讨论可参阅 Zeijlstra（2006a）及其所引文献。这里 X^0 相当于 NEG。

[②] 这两句中 do 的句法性质并不同，前者是纯粹的助动词，来支持否定标记表达否定范畴，后者是祈使标记词，可以看作助词，兼作 not 的附着对象。（马宏程、熊雯，2009）

的语法类别分别为助词和零形式,① 线性位置分别在句首和主动词后,而否定标记的线性位置分别在主动词前和主动词前后(即框式否定标记)。英语中 IMP 在 NEG$_{imp}$ 前,而法语中则 IMP 在 NEG$_{imp}$ 之间。

(33a) You do   not   eat fish.(英语)
你(AUX) NEG 吃 鱼
你不吃鱼。

(33b) Do   not   eat fish, John!
IMP NEG 吃 鱼(人名)
别吃鱼,约翰![该例引自 Ramat(2006:566)]

(34a) Jean ne traverse pas.(法语)
(人名) NEG 穿过去 NEG
约翰没有在穿行。

(34b) Jean, ne traverse   pas!
(人名) NEG 穿过去.(IMP) NEG
约翰,别过去![该例引自 Ramat,(2006:566)]

Ⅱ. NEG$_{decl}$ 和 NEG$_{imp}$ 相同,V 形态不同,允许 TNIs。

这类语言的 NEG$_{decl}$ 和 NEG$_{imp}$ 使用的是同一形式,但主动词的形态不同,在祈使句中主动词带有祈使形态标记,允许 TNIs。比如波兰语的 NEG$_{decl}$ 和 NEG$_{imp}$ 都是 nie,意大利语的 NEG$_{decl}$ 和 NEG$_{imp}$ 都是 non,且都直接在限定主动词前,祈使标记为形态,附着于主动词后。线性位置上 IMP 在 NEG$_{imp}$

---

① 法语中虽然表面上主动词形态没有变化,但根据句法一致性,可理解为祈使标记为附着主动词后的零形式。

之后。

(35a)　(Ty)　　　nie　pracujessz.（波兰语）
　　　　你.2SG　NEG　干活.2SG
　　　　你没有干活。

(35b)　Nie　pracuj!
　　　　NEG　干活.2SG.IMP
　　　　别干了！［该例引自 Zeijlstra（2006a：406）］

(36a)　Giovanni　non attraversa.（意大利语）
　　　　(人名)　　NEG 穿过去.3SG
　　　　约翰不过去。

(37b)　Giovanni, non-attraversare.
　　　　(人名) NEG-穿过去.2SG.IMP
　　　　约翰，别过去！［该例引自 Ramat（2006：566）］

Ⅲ. NEG_{decl} 和 NEG_{imp} 相同，V 形态不同，阻断 TNIs。

这类语言的 NEG_{decl} 和 NEG_{imp} 使用的是同一形式，主动词的形态不同，和Ⅱ类不同的是，祈使句中主动词不能出现祈使式，阻断 TNIs。比如西班牙语，主动词的形态虽然也不同，但在否定祈使句中主动词必须使用虚拟式，线性位置上否定词在主动词之前。

(38a)　Tu　no　lees.　　（西班牙语）
　　　　你　NEG　读.2SG
　　　　你没有读。

(38b)　¡Lee!
　　　　读.2SG.IMP

读！

(38c) *¡No lee! (*TNI)
NEG 读.2SG.IMP

(38d) ¡No leas!
NEG 读.2SG.SUBJ
别读！[该例引自 Zeijlstra (2006a: 406)]

Ⅳ. NEG_{decl} 和 NEG_{imp} 不同，V 形态相同，允许 TNIs。

这类语言的 NEG_{decl} 和 NEG_{imp} 使用的语言形式不同，但主动词形态结构变化相同，允许 TNIs。比如荷兰语，这在像缺少形态变化的汉语类语言中更是普遍。荷兰语的否定标记均在主动词后，祈使标记也是零形式，在 NEG_{imp} 之前。汉语祈使句的否定式常采用不同于陈述句的否定词，例如，北京话的"甭"、普通话的"别"、苏州上海等，吴方言的"覅"等，这些特殊的合音否定词可以看作专用的否定形式。其线性位置、语法类别以及主动词形态均与相应陈述句的相同，祈使标记也是零形式，但在 NEG_{imp} 之后。

(39a) Jij slaapt niet. （荷兰语）
你 睡觉 NEG
你没有睡。

(39b) Slaap!
睡觉.（IMP)
睡觉！

(39c) Slaap niet! (TNI)
睡觉.（IMP) NEG
别睡觉！[该例引自 Zeijlstra (2006a: 405)]

Ⅴ. NEG_{decl} 和 NEG_{imp} 不同，V 形态相同，阻断 TNIs。

这类语言的 NEG_{decl} 和 NEG_{imp} 使用的语言形式不同，但主动词形态变化相同，否定祈使句不使用祈使式，阻断 TNIs。比如希腊语，NEG_{decl} 和 NEG_{imp} 分别是 den 和 min，主动词形态都使用了直陈式，否定标记在主动词前。

(40a) den grafis. （希腊语）
NEG 写.IND.2SG
你不在写。（IND 表示直陈式）

(40b) mi(n) grafis!
NEG 写.IND.2SG
不要写！[该例引自 Isac（2002）]

Ⅵ. NEG_{decl} 和 NEG_{imp} 不同，V 形态不同，允许 TNIs。

这类语言的 NEG_{decl} 和 NEG_{imp} 使用的语言形式不同，主动词形态变化不同，否定祈使句可以使用祈使式，允许 TNIs。比如古希腊语，陈述句和祈使句的主动词分别使用直陈式和祈使式，否定标记在主动词前，祈使标记以形态形式附着于主动词后，线性位置上 IMP 在 NEG_{imp} 之后。

(41a) Ou m' erethízeis. （古希腊语）
NEG 我 使生气.2SG.IND
你不要让我生气。

(41b) Mē, m'eréthize.
NEG 我 使生气.2SG.IMP
别让我生气。[该例引自 Ramat（2006：566）]

Ⅶ. NEG$_{decl}$和 NEG$_{imp}$不同，V 形态不同，阻断 TNIs。

这类语言的 NEG$_{decl}$和 NEG$_{imp}$使用的语言形式不同，主动词形态变化也不同，但否定祈使句不使用祈使式，阻断 TNIs。比如南岛语系的噶玛兰语，一般否定标记有 usa（不是）、mai（没有、不）、taqa（不要、不敢），表达祈使句的否定词是 naRin，相当于普通话的"别"，它们的线性位置都是在句首。其祈使句依焦点的不同可以分为两种：一种是受事者或者处所焦点，标记为后缀 ika，另一种是主事焦点，标记为后缀 ka。（张永利，2000：140）但二者都不出现在否定祈使句中。拉丁语的否定祈使句也不能出现祈使式，要用虚拟式，否定标记在主动词前。

(42a) taqa aiku qan tu Raaq.（噶玛兰语）
　　　NEG 我 吃（受格） 酒
　　　我不要喝酒。［引自张永利（2000：146）］

(42b) qan-ika（ya）Raaq
　　　吃-IMP（主格）酒
　　　请喝酒！［引自张永利（2000：140）］

(42c) naRin q-em-an tu Raaq.
　　　NEG 吃-（主事焦点）（受格） 酒
　　　别喝酒！

(42d) naRin qan-an ya Raaq.
　　　NEG 吃-（受事焦点）（主格） 酒
　　　酒别喝！［c 和 d 引自张永利（2000：147）］

(43a) Non cantas.（拉丁语）
　　　NEG 唱歌.2SG. IND

你不唱歌。

(43b) Ne cantes.
NEG 唱歌.2SG.SUBJ
别唱了。[该例引自 Ramat（2006：566）]

我们暂未找到 NEG$_{decl}$ 和 NEG$_{imp}$ 相同、V 形态相同、阻断 TNIs 的语言，所以上面仅列出了七种类型。对于阻断 TNIs 的三类语言，由于否定祈使句中明确不会出现主动词祈使式，所以在描述时也暂时未涉及到是否存在 IMP。那么，这些语言中究竟有没有 IMP 呢？

Han（2001）把 IMP 称为 Op$_{IMP}$（祈使算子），认为 TNIs 阻断是语义不符的结果。Op$_{IMP}$ 如果得不到及时移位而出现在否定算子的辖域内，就会违背了后者只能影响小句命题内容的限制，使祈使功能失去语义效力，所以这些语言的主动词不能使用祈使式，句子的祈使意义是由语用推理来实现的。显然，这里并不认为有产生祈使意义的 IMP。Zeijlstra（2006a）虽然对阻断 TNIs 的七种语言都做了解释，但也基本赞同 Han 的观点，在 NEG 的不同及主动词的移位等方面的分析也并未认可存在 IMP。

但是，我们对此并不认同。根据已介绍过的语段理论，表达祈使功能的形态属性应该具有普遍性，不应因没有出现祈使式而否认祈使算子的存在（会额外增加语用推理等方面的因素），这也符合句法一致性和经济性的需求。至于阻断 TNIs 的语言的 IMP，我们统一假定为和部分允许 TNIs 的语言一样，都是零形式。由此，上述七类语言的句法表现可总结如下（其中阻断 TNIs 的语言涉及 IMP 时用斜体）。

类型	句法表现	两种句类比较 NEG_decl / NEG_imp	V形态	TNIs	否定祈使句 NEG语类	线性位置	IMP语类	线性位置	NEG与IMP位置比较
I	英语	相同	相同	允许	副词	V前	助词	句首	IMP > NEG
I	法语	相同	相同	允许	副词	框式	零形式	V后	NEG$_1$ > IMP > NEG$_2$
II	波兰语	相同	不同	允许	副词	V前	形态	V后	IMP < NEG
II	意大利语	相同	不同	允许	副词	V前	形态	V后	IMP < NEG
III	西班牙语	相同	不同	阻断	副词	V前	零形式	V后	IMP < NEG
IV	荷兰语	不同	相同	允许	副词	V后	零形式	V后	IMP > NEG
IV	汉语	不同	相同	允许	副词	V前	零形式	V后	IMP < NEG
V	希腊语	不同	相同	阻断	副词	V前	零形式	V后	IMP < NEG
VI	古希腊语	不同	不同	允许	副词	V前	形态	V后	IMP < NEG
VII	噶玛兰语	不同	不同	阻断	副词	句首	零形式	V后	IMP < NEG
VII	拉丁语	不同	不同	阻断	副词	V前	零形式	V后	IMP < NEG

I 类的英语和 II、VI 类语言均有显性 IMP，其中英语的 IMP 在 NEG 之前，符合小句基本结构，C_{imp} 和 T_{neg} 的非诠释特征分别与 IMP 和 NEG 的可诠释特征相匹配得到删除，完成所有成分匹配后的表达式顺利移交给语音和语义部分，产生出句子（33b）。而 II、VI 类语言的 IMP 在 NEG 之后，按照 Han（2001）的观点，IMP 因祈使效力的丧失不应出现，我们认为 IMP 的线性位置未必对其是否显现起决定作用，关键应该是探头 C_{imp} 的特征的强弱。带有非诠释性特征的探头进入句法运算轨道后，会产生句法引力，开始在其成分统制的范围内自动寻找并吸引带有对应特征的其他语类，强迫其进入到核查域进行

匹配，① 使驱动运算操作的非诠释特征得到核查而被删除。如果是弱的非诠释性特征，则不会发生显性操作，根据"吸引α"会产生隐性操作（Chomsky, 1995：297），那么形式特征可以抛下语类单独前往核查，即隐性移位。因此，带强特征的 C_{imp} 会要求目标 IMP 显性移位，IMP 须为显性标记，如以主动词形态表示，则主动词须一并移位；而弱特征将发生 IMP 的隐性移位，主动词原地待命，IMP 则为隐性标记。由此可知，Ⅱ、Ⅵ类语言的 C_{imp} 带有强的非诠释性特征，比如例（35b）的简易推导式为：[CPø [c pracuj] [TP ø [nie] [vP ø [v pracuj] [VP [v pracuj]]]]]。带 IMP 的主动词有可诠释特征 [iIMP]，由于不受介入性条件限制，且遵守可见性条件，② 主动词被带强特征 [uIMP] 的 C_{imp} 探测到并显性移位至其标示语位置 [Spec, CP]，从而删除 C_{imp} 的非诠释性特征获得语义解释。此时，显然 IMP 没有在 NEG 的辖域内，也符合 Han 对否定算子的限制。

Ⅰ类的法语和Ⅳ类语言均允许 TNIs，但主动词形态并没有显性 IMP，零形式 IMP 的线性位置相对于 NEG 既可以在前，也可以在后，或者在两个 NEG 之间。如果从句法统一性角度把零形式和显性形式统一起来，上述分析则同样适用。至于阻断 TNIs 的Ⅲ、Ⅴ和Ⅶ类语言，我们认为和其他四类语言在句法表现上不同的只有不出现祈使式，而零形式 IMP 同样存在，样本语言均显示 IMP 线性位置居于 NEG 之后，但理论上存在居前型语言。至于祈使式无法出现的原因，我们推测与具体语

---

① 构成核查域的核查关系有三种：指示语与中心语；中心语 α 与中心语 β，α 附加于 β 上；附加的 α 与 [Spec, β] 中的 γP。[具体见戴曼纯（2003）及所引 Carstens（2000）]

② 介入性条件及可见性条件的解释可参见何晓炜（2007：349）。

言的词汇形态相关,无关句法。此外,七类语言 NEG_{decl} 和 NEG_{imp} 的异同,我们赞同 Zeijlstra(2006a)的观点,认为二者携带了不同的特征,具体可见 Zeijlstra 及其所引文献的分析,此不赘述。

由上述语料分析可知,否定范畴和祈使范畴同时表达时,否定标记和祈使标记则一定共现,句法表现为:在很多语言中祈使标记失去了在肯定范畴中的显性形式,否定标记也使用了和陈述范畴中不同的语言形式,还有可能引发了语调等形式的变化;在语类性质上,祈使标记大多是形态或零标记,常附着于主动词之后,否定标记与简单否定陈述句中的形式保持一致;在句法位置上,二者仍然分布在句法的三个敏感位置上,具体分布规律,尚不清楚,而否定标记多在祈使标记之前,不过这不对句法有决定性影响;在推导机制上,两种标记都遵循特征核查原则,分别受到带相应特征的功能中心的吸引,否定标记或其可诠释特征移位到[Spec, TP]位置,祈使标记或其可诠释特征移位到[Spec, CP]位置,推导中起关键作用的是 C_{imp} 的特征的强弱。

由于本部分只涉及11个样本语言,也未讨论标记的实际句法位置,因此否定标记和祈使标记共现的句法表现肯定不完善,尚待进一步研究。与否定标记相关的成分还有否定极项,这类词项常常只能出现在表否定意义的句子中,一般都在否定算子的辖域内,可以是量化词语类、副词、前置词、习语等,其实很多否定标记就是从这些否定极项词语法化而来的。不过至于为什么自然语言中会存在这些否定极项词,它们又有什么具体的句法特征,至今还没有统一的定论,目前只是推测应该和词库项中的特征相关,本文也不再讨论。

第三节 两个否定标记共现时的句法位置

上面讨论过，一般情况下，人们仅使用一个否定标记来表达否定，否定标记的位置被添加在句法的三个敏感位置上。但如果语言使用一个以上的否定标记或者同时使用否定标记和其他否定成分，它们的线性位置是怎样的呢？

刘丹青（2008）曾把这种情况总结为三个小类，由于实际上语言中使用两个以上否定成分的情况比较少见［见例（44）］，这里只讨论句子有两个否定成分（双 NEG）的情况。

(44) Nikto ni s kem ni o čëm ne govoril.（俄语）
没有人 NEG 和 任何人 NEG 有关 任何事 NEG 说过
没有人对任何人说过任何事。

一个句子使用两个否定成分，从逻辑上看可以有两种情况[①]。一是否定意义被抵消，结果是肯定意义，在逻辑上表达为"¬¬P = P"，可称为双重否定（Double Negation；DN）。二是这两个否定成分并没有相互抵消，而是仍然产生了一个否定语义，这种现象在文献中被称为否定一致（Negative Concord；NC）。相应的，只出现其中一种情况的语言可分别称之为 DN

[①] Horn（2010：112）对多重否定（multiple negation）的划分还有一类：羡余否定（Pleonastic Negation；PN），由于该类有否定成分未表达否定语义，整个句子仍会属于肯定或否定，所以这里未计。

语言（如德语、荷兰语）和 NC 语言（如法语、意大利语），两种情况都可以出现的则为 DN&NC 语言（如汉语、英语）。由于对否定成分等有关问题的理解不同，在判定双 NEG 的归属尤其是 DN 的确定标准方面一直存有争议。

一　双重否定

双重否定最容易理解为使用双 NEG 但表达肯定语义的语言现象，实际上在其含义、范围、句式类型等问题上学界仍未达成共识。对此，张焕香（2013：21－36）有过较为详细地总结和述评。范振强、肖治野（2010：77－78）也指出了三个焦点问题：第一，一些表达否定意义的词语（如"禁止"）和格式（如反问句）能否算作否定成分？第二，双重否定所包含的两个否定成分是否可以各自独立？第三，除了单句，具有类似形式和意义的短语和复句能否说是双重否定格式？根据本文的考察角度，我们排除了第一条中的词汇否定和语用否定，以及第三条的短语和复句中的否定格式，对第二条则持否定回答。由此在借鉴范振强、肖治野（2010：78）的基础上，将双重否定界定为：使用存在着管辖关系的两个否定成分来表达肯定意义的语言现象。

这类现象很早就得到了学者们的关注，比如马建忠［（1898－1899）1983：331］认为"盖'无不'两字，皆弗辞也，连用相消，同乎正意"。不过双重否定在语用效果上常常"决不是像数学上负乘负得正那样互相抵消。双重否定或者加强肯定，口气更加坚决"［如例（45a）］，"但更多的是减弱肯定，口气比较缓和"［如例（45b）］，"更重要的是有些场合双重否定大大改变了原来的单纯肯定的意义"［如例（45c）］。（吕叔湘，1985：247）也就是说，"双重否定意思上是肯定的，不过

跟单纯的肯定不全一样。"(丁声树,1961:200-201)

(45a) 没有一个人不赞成。
(45b) 这个计划也还不无可取之处。
(45c) 不怕他不答应＝他准会答应≠怕他答应。

余金枝(2011:308)指出矮寨苗语也可以用双重否定表示肯定,且有的比单纯肯定语气要委婉 [例(46a)],而有的则更强烈 [例(46b)]。①

(46a) we^{44}la^{31}tçu^{53}ȵi^{22}tçu^{53}khəŋ^{35}məŋ^{44}.
　　　 我　也　NEG　是　NEG　肯　去
　　　 我也不是不肯去。
(46b) pɯ^{53}tçu^{53}　pu^{22}tçu^{44}a$^{44/53}$pɛ^{53}tə^{44}nəŋ^{44}tçu^{53}ɕən^{35}.
　　　 我们　NEG　背完　一些　柴　这　NEG　休息
　　　 我们不背完这些柴不休息。

严格来说,双重否定现象不属于本文定义的否定句。不过我们认为,如果把否定过程分开处理,仍可以把相关的语法成分视为否定标记。比如据赵燕珍(2012:187)考察,赵庄白语构成双重否定的两个否定词可以是一个否定副词和一个否定助动词 [例(47a)、例(47b)],也可以是两个否定副词 [例(47c)] 或一个否定动词和一个否定助动词 [例(47d)],但没有两个否定助动词构成双重否定的现象。两个否定词在句中位置是:否定副词在谓词前,否定助动词位于句

---

① 实际上例(46b)不是我们界定的双重否定,这里保持了原文献的体例。

末。[以下四例出自赵燕珍（2012：188）]排除直接做谓词的否定动词，其余的否定成分都可以是否定标记：如果把句子看作存在两次否定过程，相应地两个否定成分则是每个过程中的否定标记，通过一个对另一个的句法管辖构成"否定之否定"。

(47a)　pa⁵⁵ tɕhɛ⁴⁴ phia⁴⁴ nɯ⁵⁵　nɔ⁴⁴　nɔ³³ pɯ³³ ŋiɛ²¹ tuo³³.
　　　　他们　请　到　　你领格 宾语助词你　NEG　去　不得
　　　　他们请了你你不能不去。

(47b)　ŋɔ³³ tsi⁵⁵　tsɔ⁴² pɯ³³ ŋiɛ²¹ piɔ³³.
　　　　我　话题标记　说　NEG　去　不是：
　　　　我不是不想去。

(47c)　pa⁵⁵ tɕhɛ⁴⁴ phia⁴⁴ nɯ⁵⁵ nɔ⁴⁴ nɔ³³ pɯ³³ xɯ³³ pɯ³³ ŋiɛ²¹.
　　　　他们　请　到　　你领格 宾语助词你　NEG　好　NEG　去
　　　　人家请了你你不能不去。

(47d)　pɔ³³ ȵi⁵⁵ tsi⁵⁵　tsɔ⁴² a⁴⁴ tɕhɛ³⁵ (< tɕhɛ³³ ȵi⁵⁵)
　　　　mu³³ piɔ³³.
　　　　他　也　话题标记　说　一　　　件　　也
　　　　没有　不是
　　　　他也不是什么也没有。

上述例句中，双重否定中的否定功能中心 Neg 两次进入推导过程，携带有不包含语义内容的非诠释特征［uNeg］，需要相应的可诠释特征［iNeg］来核查，分别与之匹配的目标即是两个否定成分 Neg₂、Neg₁，且 Neg₂ 管辖 Neg₁（Neg₁P 不构成管辖障碍），实施核查操作的句法位置仍是在谓头等句法位置。下面是例（47b）的树形简图。

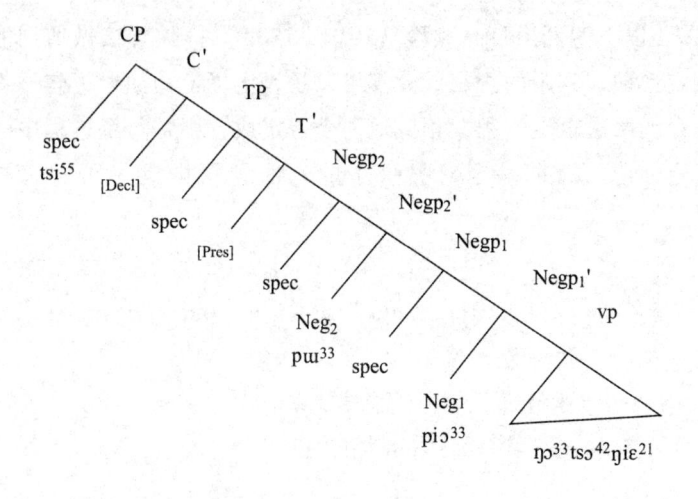

```
                CP
              ╱  ╲
         C'
      spec    ╱  ╲
      tsi⁵⁵       TP
         [Decl] ╱  ╲
              T'
           spec  ╱  ╲
              Negp₂
           [Pres] ╱  ╲
                Negp₂'
              spec  ╱  ╲
                 Negp₁
              Neg₂  ╱  ╲
              pɯ³³    Negp₁'
                   spec  ╱  ╲
                           vp
                        Neg₁
                        piɔ³³
                              ŋɔ³³tsɔ⁴²ɲiɛ²¹
```

二　否定一致

构成否定一致现象的否定成分可以是否定标记和否定不定词，也就是说，有时是两个否定标记，比如框式否定形式，有时是一个否定标记和一个否定不定词，有时可以是两个否定不定词。见下面例句。

(48) Nimeni　n-a　　venit.（罗马尼亚语）
　　 没人　NEG-（完成）来
　　 没人已经来。

(49) zaw¹ ɔj⁶ he¹　va³ ɛp⁴ taw⁶.（拉哈语）
　　 男孩　NEG 去 学 NEG
　　 这男孩还没有上学。

(50) I've　　　not done nothing.（英语方言）
　　 我（助动词）NEG 做　没有事情
　　 我什么也没干。

(51) non è venuto nessuno.（意大利语）
　　 NEG（系词）来.PAST.（分词）没有人
　　 没有人来。

(52) màataataa bà tà daawoo ba.（豪萨语）
　　 妻子我的 NEG 3SG（阴性）回来 NEG
　　 我妻子还没回来。

(53) T ʂ u men wii-t？（Quiegolani Zapotec 语）
　　 谁 没有任何东西 看到-NEG
　　 谁没有看到东西？

(54) Nessuno ha telefonato a nessuno.（意大利语）
　　 没有人 打电话 给 没有人
　　 没有人打电话。

（此例出自 Zeijlstra，2006b）

刘丹青（2008）认为这些语言使用两个否定成分，是否定成分的强化，作用就像为了表示强调而重复使用同义虚词一样。从语用效果上看有时的确如此，不过二者也有着不同的句法表现，表强调的同义重复大多数时候都可以使用单一成分而基本语义不变，否定一致语句中的两个成分却常常是缺一不可，见下面三个例句。那么这两个否定成分在句法上到底有何表现？句法位置是如何安排的呢？

(55a) Dnes *(ne-) volá nikdo.（捷克语）
　　　今天 NEG.打电话 没有人
　　　今天没人打电话。

(55b) Dnes nikdo *(ne-) volá（捷克语）
　　　今天 没有人 NEG.打电话

今天没人打电话。

(56) Gianni *(non) ha telefonato a nessuno. （意大利语）
（人名）NEG 打电话 给 没有人
Gianni 没有给任何人打电话。

（这三例出自 Zeijlstra，2006b）

否定一致语句不存在两次否定操作的过程，两个否定成分也不会同时表达否定语义内容。我们认为只有一个具有真正的否定语义内容，携带的是可诠释特征［iNeg］，可以起到否定算子的功用；而另一个则失去语义内容，携带的是非诠释特征［uNeg］。不过在进入到运算系统之前，它们不会产生相互核查的关系。否定功能中心 Neg 进入到推导后，由于 Neg 本身带有［uNeg］，需要相应的可诠释特征来核查，于是带有该特征的否定成分或单独的［iNeg］特征被吸附到核查域来完成核查。同时，另一个否定成分也在运算系统启动后得到核查。一般来说，语法上的否定标记带有［iNeg］特征。如果有两个否定标记，根据最近连接条件（Chomsky，1995），[①] 最靠近否定中心（一般是动词前谓头位置，可称为典型谓头位置）的否定标记应该最容易带有［iNeg］特征。假设两个否定成分分别在动词前和 VP 内，把 CP、vP 简化后可以得到下图。

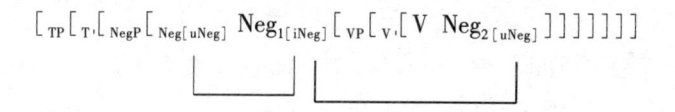

$[_{TP}[_{T'}[_{NegP}[_{Neg[uNeg]}\ Neg_{1[iNeg]}[_{VP}[_{V'}[V\ Neg_{2[uNeg]}]]]]]]]]$

---

① 最近连接条件是指，在句法推导中，如果不存在比语类 α 更接近功能语类 K 的语类 β，并且 β 可以被 K 吸引，那么 K 就会吸引语类 α。（Chomsky，1995）

上图中的 Neg₂ 更容易被看作是充当补足语的否定不定词。从上面分析可知，否定不定词就是携带非诠释特征的没有否定语义的不定成分，只有受到否定算子的统制，才能得到确定的意义。也正是这个原因，一般情况下，否定不定词的位置都在作为否定算子的否定标记的后面。比如上面例（56）的推导图简示见下。

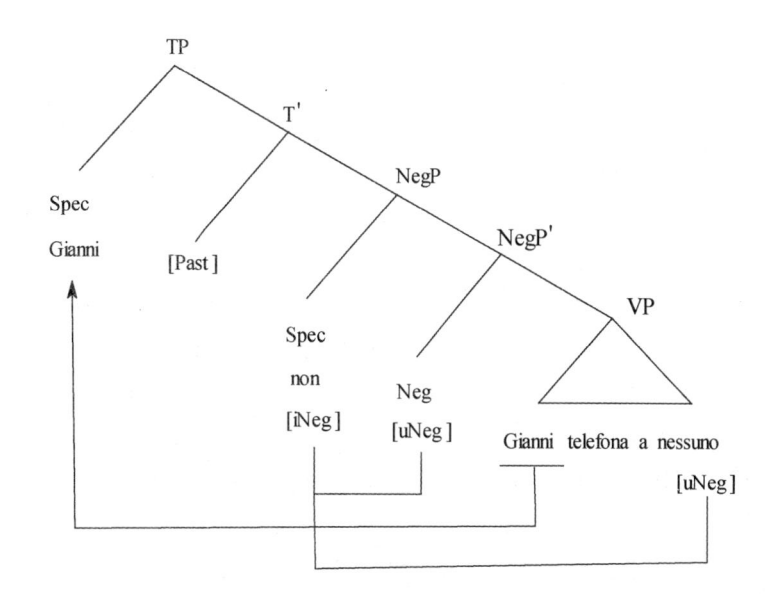

```
                    TP
                   /  \
                 /      T'
               /       /  \
             /       /      NegP
           /       /       /    \
         /       /       /       NegP'
       /       /       /         /   \
     Spec   [Past]   /          /     VP
     Gianni        Spec        Neg
                   non        [uNeg]   Gianni telefona a nessuno
                   [iNeg]                        [uNeg]
```

不过在有些语言里，否定不定词也可以出现在否定标记前面，比如例（55b）。这个时候的否定不定词在否定中心进入推导后，要先接受否定标记对［uNeg］特征的核查，然后再去核查 D 特征等。例（55b）的推导简图如下所示。

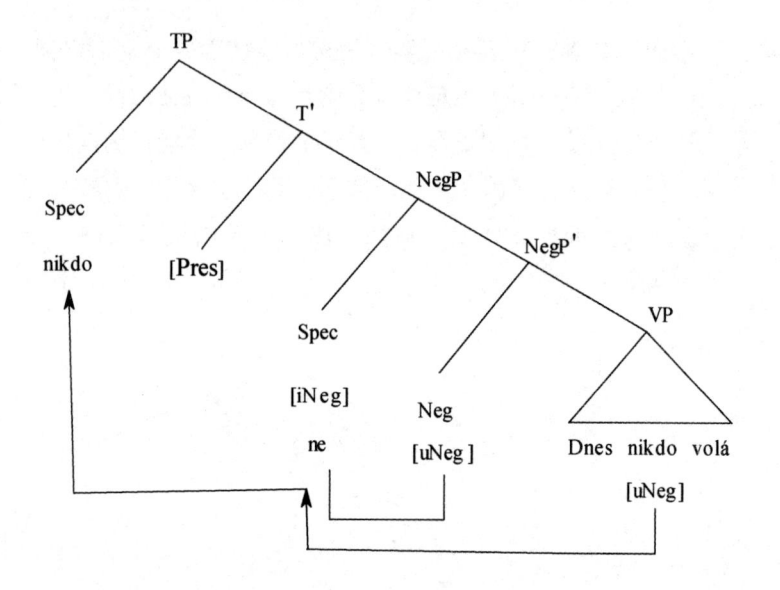

```
                TP
              /    \
           /        T'
         /        /    \
       /        /       NegP
     /        /        /    \
   Spec    [Pres]    /      NegP'
                   /       /    \
   nikdo         Spec    /       VP
                       /       /
                    [iNeg]  Neg    Dnes nikdo volá
                     ne   [uNeg]    [uNeg]
```

Zeijlstra（2006b）曾在讨论一系列可以进行功投射的形式特征的基础上，提出了灵活形式特征假设（the Flexible Formal Feature Hypothesis；FFFH），并运用这个理论考察了自然语言中的多重否定现象。最后认为只有否定一致中的否定才是被形式化的（formalised），才存在一个否定标记Neg0。由此可知，无论是双重否定还是否定一致，只要两个否定成分中存在有否定标记，那么具有真正否定语义、充当否定算子的只能是否定标记。如果是两个标记同时使用，则一般是最靠近否定中心的标记是否定算子。作为算子的否定标记带有［iNeg］特征，在句法运算中与否定中心和另一否定成分的［uNeg］特征进行核查，但其句法位置并未受到影响，和仅使用单个否定标记一样，也是添加在句法敏感位置上（最常见的仍是谓头位置）。

第四节 否定标记句法位置特征的相关解释

上面提到,我们暂时还不能从严格的句法角度来解释这种移位造成的语序差异,只是把它们归因于历史因素形成的词项特征,这里再提供几种相关解释来作参考。

熊学亮、刘东虹(2006)曾认为产生这种情况的内部原因是中心语参数设定的不同。他们指出否定词是 NegP 的中心词,人类语言都要遵循 Neg + VP 的原则,只是参数的设定各不相同。汉语、英语、法语的参数值是[+中心词居首],德语、日语是[+中心词居尾],这就导致了否定语序的差异。这种解释有一定概括力,但对于句首否定、句尾否定和一种语言有多种否定语序共存的情况却不容易说明。他们提出的外部动因则着眼于信息处理的认知角度,总结了 Haiman(1985)的三条相似性原则:①在话语中旧信息先出现,新信息后出现;②与密切相关的思想对应的语法单位在句法上往往也成毗邻;③说话者先表达当前脑海里最重要的思想。然后把语序的差异归因于这几个原则相互竞争的结果,胜的一方最终决定语序的排列。比如若原则①在竞争中占上风,代表旧信息的动词短语先出现,则呈现出 VNeg 语序;若原则③取胜,则呈现 NegV 语序。

吴铮(2007)解释了藏缅语中少见的否定标记后置于动词现象,认为这可能是历史演变的原因。比如动词居尾的博嘎尔路巴语在表达否定意义时,否定标记先与句尾判断动词或存在动词结合,再修饰前面的动词;经过合音,否定标记和判断动词或存在动词形成了新的否定标记,新的否定标记又经过重新分析而取代了早期否定标记,这在形式上就造成了否定标记后置的情况。如下图所示。

ko: bokar gom ben mo loŋ.

他　珞巴　话　说　NEG　是
他不说珞巴话。

否定标记和判断动词

ko: bokar gom ben moŋ.

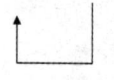

他　珞巴　话　说　NEG
他不说珞巴话。

从上面分析可知，在博嘎尔路巴语这种后置否定形式的语法化过程中，发生变化的不仅是否定标记的形式，应该还有谓词的句法性质。如果 ben 一直表达谓词功能的话，那么否定标记的句法位置其实并未改变，仍是在动词后。

人们使用否定形式往往是为了突出传达的否定信息，那么否定位置的不同就可能与此有关。比如 Ramat（2006：565）就认为否定形式及其位置的变化，是在语言运用中形成的，语用因素起了关键作用。下面巴西葡萄牙语（Brazilian Portuguese）、南非荷兰语（Afrikaans）等语言中的后置或框式否定形式都是语用机制的体现。

(57a) O João (não) come peixe não. （巴西葡萄牙语）

　　　　（人名）（NEG）吃　鱼　　NEG
　　　　约翰不吃鱼。
(57b)　Jan　eet　nie　vis　nie.（南非荷兰语）
　　　　（人名）　吃 NEG　鱼　NEG
　　　　约翰不吃鱼。
　　　　（以上两例出自 Ramat 2006：565）
(58)　m^{55} a^{44}ku^{44}hje^{55}to^{44}pei^{31}la^{44}ljuŋ^{44}ljo^{31}.（拉基语）
　　　　你　NEG　告诉　　别人　NEG
　　　　你别告诉别人！（李云兵，2000：129）

　　一个语言符号存在的根据就在于它在自己所处的系统中有着独特的价值，不然，它就会成为多余的东西，就会被淘汰。（邢福义等，1990）这两例中的动词后否定标记都不是多余的，它们都有增强否定意义的语用效果。至少可以这样理解，说话者为了正确表达否定意义，以免听话者没有听到动词前否定成分，没有觉察到信息的否定意图，就在动词后增加第二个否定小词，正如 Jespersen（1917）所说，是要向听话者表达出完整清楚的意思。因此动词后否定成分可以看作是由于动词前否定成分重音弱化可能导致听话者接受性减低而采取的一种补偿策略。

　　其实，在巴西葡萄牙语中，前面的否定标记 nạ 反而常可以省略，后面的 naõ 则一般不可少，并且几乎全部出现在句末，除非在从句中，见例（59）。

(59a)　Eu　imagino　que　você　não　tem　dinheiro.
　　　　我　想象　　CONJ　你　　NEG　有　　钱
　　　　我想象到你没钱。

(59b)　＊Eu imagino que você tem dinheiro não.
　　　　我　想象　CONJ　你　有　钱　　NEG

不过要注意在巴西葡萄牙语中，下面句子的从句并不表示否定意义。

(60)　Eu　naõ imagino que você tem dinheiro não.
　　　我　NEG 想象 CONJ 你　有　钱　　NEG
　　　我没有想象你有钱。

例（60）中句末的 não 不是对从句的否定，而只是该位置被固定合法化的一个语用表现，相当于句末语音停顿的一种补偿手段，起强调作用。Ramat（2006：565）还指出了与此相似的例子，比如南非荷兰语、英语、法语等的口语中也常使用这种话语追加方式。

(61)　He het nie gesê, dat hy hierdie boek geskrywe het nie.（南非荷兰语）
　　　他 AUX NEG 说 CONJ 他　这　　书　　写 AUX NEG
　　　他没有说他已经写了这本书。
(62)　I'm not gonna say it, nah.（英语）
　　　我 NEG FUT 说 它 不
　　　我不会说它，不。
(63)　J' vais pas le dire, non.（法语）
　　　我 FUT NEG 说　　不
　　　我不会说它。

这些句末的否定词并不是对前面句子的再次否定，只是在语用上强调了已经存在的否定意义。不过，葡萄牙语的 não 和法语的 pas、德语的 nicht 等在历时层面上有着很大差异来自动词后的度量对象，但是当它们语法化为否定标记时，在共时层面就成为了相同的动词后否定类型。比如法语框式否定中的后置形式 pas 来自拉丁语的 passu（m）"步骤、台阶"，其最初意义压根没有否定意思，而相当于动词后的表度量的对象。[je] ne vais pas 对应的拉丁土语是 non vado passum "我没有前进一步"。由于经常出现在否定意义的句子中，pas 逐渐被附加上否定值，增强否定意义，最后语法化为动词后的否定成分。当然动词后或句末否定成分的形式还可能来源于其他的合理因素，这需要更多的相关语言来调查分析。

第五节 否定标记句法位置的历时变化

如上所述，否定标记的线性位置在共时层面上表现得灵活多变，即使是同属谓头也有在动词前后的差别。那么从历时角度看，否定标记的线性位置是否是一成不变的呢？如果有变化，是否存在一定的演变倾向呢？

在否定标记演变的研究中，存在于部分语言的"Jespersen 循环（Jespersen Cycle）"基本得到了认可：最初的否定成分开始减弱，由于否定表达不足而需要增强，通常是另外添加词语，添加的词语最后成为取代前者的否定成分，这个新的否定成分又开始了同样的循环。一般来说，这个过程大致有四个阶段：Ⅰ. 通过某个否定标记表达否定；Ⅱ. 该否定标记与另一个否定副词或名词短语结合起来表达否定；Ⅲ. 第二个成分

（即上个阶段的否定副词或名词短语）可单独表达否定功能，最初的否定标记成为可选成分，当然这种变化在具体语言中还可以进行细分；Ⅳ.最初的否定标记消失。(Jespersen, 1917: 4) 这里首先以荷兰语为例来观察一下否定成分的变化过程——从最初的动词前否定成分演化到使用动词后的否定成分。(Zeijlstra, 2005: 184-186)

Ⅰ. 仅仅用否定前缀 en 或限定动词上的 ne 来表达否定。

(64) Her ne minno thich. （古荷兰语）
 他 NEG-爱 你
 他不爱你。

Ⅱ. 用否定前缀 en 或限定动词上的 ne 与另外一个可选否定副词 nie (t) 来表达否定。

(65) K'en weet (nie). （西佛兰芒语）[①]
 我-NEG 知道 (NEG)
 我不知道。

Ⅲ. 同时用否定副词 nie (t) 和否定前缀 en 或限定动词上的 ne 来表达否定。

(66) Maer dat en mach niet sijn. （中古荷兰语）

[①] 佛兰芒语是荷兰语在比利时的变体，此例是西佛兰芒语的保守用法 (Zeijlstra, 2005: 185)。

但是 那 NEG （助动词）NEG （系动词）
但那不可能是（这样）。

Ⅳ. 用否定副词 nie（t）和另外一个可选否定前缀 en 或限定动词上的 ne 来表达。

(67) Ghy (en) sult niet dooden. （17世纪的荷兰语）
你（NEG）-（助动词）NEG 毁掉
你不该毁掉（它）。

Ⅴ. 仅用否定副词 nie（t）来表达。

(68) Jan loopt niet. （标准荷兰语）
（人名）散步 NEG
约翰不去散步。
［例（64）—例（68）分别转引自 Zeijlstra（2005）的例（2a）、例（3a）、例（4a）、例（5a）、例（6a）］

Furtado da Cunha（2007：1651）通过对巴西葡萄牙语否定成分的考察，发现也存在着类似的否定循环：［［não + VP］ não］ > ［não + VP + não］ > não ［VP + não］ > ［VP + não］。否定成分 não 在谓词前使用是13世纪到15世纪古葡萄牙语书面语中唯一的否定方式，到了16世纪后半期框式否定 "não + VP + não" 在书面语中被发现，而到了现在巴西葡萄牙语，三种方式在口语中都存在，但在书面语中最常使用的仍是谓词前否定。另外，框式否定和谓词后否定还在青年群体言语中经常使用，前者的使用范围已遍及整个巴西，后者则似乎被严格限制在巴西东北部等地区。这两种否定方式的分布特点显示了否定成分语法化进程轨迹的不同。

　　Schwegler（1991）表示，否定方式的重新调整在自然语言中是常见现象，有半数的罗马原有语言在早期否定标记丢失前就引入了第二个否定标记，因此现在使用谓词后否定形式占有优势。①

　　那么，否定标记的线性位置是否都是保持由谓词前到谓词后的发展趋势呢？我们认为，这种谓词后否定成分的使用并不符合否定标记最优位置的要求，这种变化应该只是语言发展中的过渡阶段，是某个（多数是谓词前的）否定标记胜出前的暂时状态，由语用等因素引起的：由于原有否定成分在使用中的削弱而需要增强或补偿，②导致相应语言形式的增加。正如Furtado da Cunha（2007：1650）分析的那样，巴西葡萄牙语框式否定结构中第二个 *não* 的出现是为了加强已被削弱的第一个 *não* 所表达的否定，随着第一个 *não* 被重新解释成可选成分，谓词后否定结构才正式确立。也就是说，至少在语言的经济原则（Radford，1997：140）的推动下，Jespersen 循环不应限于否定成分的数量变化，在添加的位置上也不会只是由谓词前到谓词后，谓词后或框式否定标记应该随着语言的发展而被前置标记所取代，从而完成一个真正的否定循环。并且在历时变化中，前置标记的出现可能比后置标记的出现要快一些。由此，否定标记具体位置的演变可以大致推测为：

---

　　① 转引自 Furtado da Cunha（2007：1651）。
　　② Hopper（1994：37）认为，语言变化中最根本的因素到目前为止是语音材料的直接削蚀。

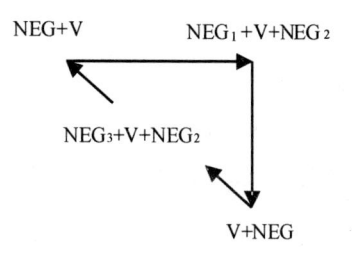

第三章 否定标记的句法位置 251

```
        NEG+V      NEG₁+V+NEG₂
           ↖       ↗ ↓
         NEG₃+V+NEG₂
                    ↓
                  V+NEG
```

简单否定句的基本结构可定义为：[_CP_ C [_AgrSP_ AgrS [_TP_ T [_NegP_ Neg-op_[uNeg]_ [_AgrOP_ AgrO [_VP_ NP₁ VNP₂]]]]]]。我们认为每个否定句只有一个具有真正的否定语义内容，携带的是可诠释特征 [iNeg]，起到否定算子的功用，框式否定中的其他否定成分携带的则是非诠释特征 [uNeg]。根据最近连接条件，典型谓头位置的否定标记应该最容易带有 [iNeg] 特征。所以框式否定的结构图为：[_CP_ C [_AgrSP_ AgrS [_TP_ T [_NegP_ Neg-op_[uNeg]_ Neg₁_[iNeg]_ [_AgrOP_ AgrO [_VP_ NP₁ V Neg₂_[uNeg]_ NP₂]]]]]]。否定功能中心 Neg 进入到推导后，由于 Neg 本身带有 [uNeg]，需要相应的可诠释特征来核查，于是带有该特征的否定成分 Neg₁ 被吸附到核查域 [Spec，NegP] 来完成核查。同时，Neg₂ 也在运算系统启动后得到核查。而对于谓词后否定，相应的结构图则为：[_CP_ C [_AgrSP_ AgrS [_TP_ T [_NegP_ Neg-op_[uNeg]_ [_AgrOP_ AgrO [_VP_ NP₁ V Neg₁_[iNeg]_ NP₂]]]]]]。二者相同的是，位于谓词后的否定成分都在核查后还要涉及 V 的移位（原因应该还是显性参数化假定），来实现 V 对该否定成分的成分统制，从而表现为线性顺序的 V+Neg。很显然，这在经济原则上不如谓词前否定。否定标记线性位置向典型谓头位置的演变还可在如下三方面得到支持。

1. 框式否定成分的变化

框式否定标记不是否定形式的常态，这种语用上的强调不符合经济性的要求，属于不稳定的中间状态，会发展为单一的谓词后或谓词前的否定形式。

由于语言经济原则的要求，法语的框式否定结构"ne……pas"已经有尽可能避免使用的趋势，常常根据需要仅使用谓词后的否定标记 pas。现代法语中，ne 的语音和语义部分已经开始减弱，出现了很多被省略或使用其他否定成分的情况。据 Ashby（1976）对巴黎中上层阶级的调查，省略和使用 ne 的比率几乎相当，Sankoff & Vincent（1977）对加拿大蒙特利尔法语使用者的统计结果则更惊人，省略 ne 的比率占到 99.5%。从这些统计文献中，可以看到法语框式否定结构中的 ne 已经出现趋于消失的现象。① Schwegler（1988）概括的所谓法语否定循环规则，则更清楚地显示出了框式否定向单一否定标记转变的可能。②

ne + verb > ne + verb + pas > verb + pas （> pas du tout > du tout）③

再来看发展到典型谓头位置的情况。李锦芳、吴雅萍（2008：38）推测侗台语否定句语序的演变过程是：V + Neg 型 > Neg$_1$ + V + Neg$_2$ 型 > Neg + V 型。认为 V + Neg 型应当是早期语序，第二阶段的 Neg$_1$ 往往是个新形式，常是个借词。最终固有的 Neg$_2$ 语义度减弱，语法化为表否定的虚词，最后脱落，句子形式演变到第三阶段。

据 Ramat（2006：562）介绍，否定标记线性位置演变为典型谓头位置的现象在 Maghreb 阿拉伯方言中也有明显表现。

---

① 转引自 Auger（2006：359）。

② 转引自 Ramat（2006：563）。

③ 其中 pas du tout 相当于 pas 的着重强调，是"一点也不"的意思，有时甚至可把 pas 省掉。（Auger，2006：359）。

这种方言是对 Maghreb 地区（主要包括摩洛哥、突尼斯、阿尔及利亚等北非国家）阿拉伯话的统称，属于闪含语系。由于主要作为口语使用，很少有书面形式，所以没有统一的标准，很容易受到殖民者语言（法语和西班牙语）的影响，这很像当初诺曼底被征服后的中古英语，表现出克里奥尔语的语言接触性特征。在否定成分的使用上，该方言中的框式否定标记"NEG（ma）+V+NEG（-š）"已经有被动词前否定标记所取代的趋势。

2. 克里奥尔语的证据

由语言接触造成的克里奥尔语在探索语言演变及共性方面有着特殊的意义。在以法语为基式的克里奥尔语中可以比较清楚地看出使用前置否定标记的自然倾向。（Ramat，2006：562）

(69a) Mo kup pa. and mo pa kup.（美国路易斯安那州的克里奥尔语）
我 砍 NEG　　我 NEG 砍
我不砍。

(69b) Mo mõte pa pe travaj.（非洲毛里求斯的克里奥尔语）
我的手表 NEG（进行体）　工作
我的手表不走了。

(69c) Mo pa ka dromi.（南美洲圭亚那的克里奥尔语）
我 NEG（将来体）　睡觉
我不打算睡觉。

［此三例分别转引自 Ramat（2006）的例（13a）、例（13b）、例（13c）］

这些克里奥尔语的否定标记 pa 都源于法语的否定词 pas，而 pas 一般是后置于没有屈折变化的动词之后，但这里的 pa 则已经常出现在动词及时体标记（pe、ka）之前，这就是明显的谓头位置。另外，丹麦语、挪威语和瑞典语都逐渐再次使用了动词前的否定形式。这表明印欧语系语言中存在否定标记线性位置变化的现象，由使用谓词后的否定标记逐渐演变为使用前置否定标记，即典型谓头位置上的否定标记。

3. 语言习得的支持

为了表达更清晰，一个很自然的倾向就是首先或者至少是尽可能早地使用否定形式，最常用的是在被否定的特定词之前（一般是动词）。（Jespersen, 1917）这既符合普遍语法简洁清晰的本质，也反映了人类认知的共性，并且在母语习得和第二语言学习过程中也得到了证实。

英语儿童在习得母语时期，最早学会的并不是使用助动词支持的否定形式，而是动词前简单否定的句子，比如：No eat。日语的否定标记一般不出现在动词前，而是以后缀形式添加在句末的动词词干之后，然而，以日语为母语的成年人在学习英语时，首先出现的中介语却是简单地将 no 置于动词前的句子。比如：I no want many children; I no like English。熊学亮、刘东虹（2006：54—55）对此有过专门探讨，其他如汉语、德语、法语等语言也都得到了类似的研究支持，无论学习者的母语和二语中是否有动词前的否定形式，这种形式都会出现在学习者的中介语中。在学习者习得句子概念后，否定词会趋于前置到动词。从整个习得过程看，Neg + V 最具原型性，这种语序最容易习得。Givón（1979）认为词语的否定（比如用否定词直接否定动词）处在信息处理、知识获取中的最佳认知范畴层次，是感知最快、在语言习得中出现较早、在知识组织上图式化最快的认知单位。熊刘两位先生认为，虽然从共时上看，有些语言没有采用 Neg + V 语序，但在否定语序习得中有可能先使用此语序，然后再将否定词后移。这种跨语言的相似性反映了人类认知的共性。

人类语言存在着很多共性的语法特征，这些特征是由共同的语法演变模式造成的，而这些共同的语法演变模式又起因于相似的语法演变机制以及有关语用动因。（Bybee，2003）其中的语法演变机制应该是属于普遍语法的内容，语言中的否定循环演变表现出的共性肯定也是如此。虽然否定标记线性位置差异的详细原因还不清楚，但包括三个敏感位置在内的诸多表面位置应该存在着共同的发展趋势，就是向典型的谓词前谓头位置靠拢。

第四章 与句法位置相关的其他特征

第一节 语音特征

语音特征是句法推导后被送到语音层面上的音系特征,在最简方案中,这种音系特征与概念意义的结合仍被认为具有约定俗称性,Chomsky(1993)把它称为"索绪尔式任意性"。但是对于否定标记来说,似乎存在着某些普遍性的语音特征:多数否定标记的音系成分中都使用了鼻音或低元音。

王力([1980]2004)指出,汉语中的否定词都是同源词,其中用于禁止语的,一般用明母字;用于否定叙述和否定判断的,一般只用帮母字。我们知道明母和帮母都是中古汉语的唇音帮组声母,音韵学界一般把它们分别拟为[m]和[p]。

马忠建(1999)考察了藏缅语族 25 种语言的否定形式,在对它们的语音结构进行比较后指出,表禁止或劝阻的否定成分(或否定语尾助词等),其声母多为 t(h);其他否定成分(或否定语尾助词等)的声母大多为 m。

林素娥(2006)用标记理论分析了否定标记的语音特征,认为否定概念的表达相对于肯定概念在形式上常会选择一种有标记形式,而这种标记性体现在语音上就是否定标记语音形式的响度更高。比如英语 yes-no、汉语 ʂɿ^{51}-pu^{51}、布依语 si^1-mi^5 等，不论是声韵母还是首尾音素，在响度上否定形式都高于肯定形式。

吴铮（2007）的统计列表，38 种藏缅语族的 40 个一般否定标记中，由鼻音直接作声母的有 28 个，鼻音自成音节的有 4 个，剩余的以鼻音为韵尾的 1 个，以低元音 a 自成音节或为韵腹的 7 个。也就是说，全部是以鼻音或低元音组成音节。

戴庆厦（2012）在论证景颇语的 n^{55}（不）来自双唇鼻音做声母的 m－音节时，认为整个藏缅语里"不"一词普遍是 m－音节，这应该是藏缅语的一个古老的语音形式，把原始藏缅语"不"构拟为 m－似无问题，并例举了 25 种语言来佐证。

本文考察的 242 种语言中，涉及否定标记 452 个，其中以鼻音组成音节的有 213 个，占 47.1%；以低元音组成音节的有 159 个，占 35.2%；二者合计占到样本语言中全部否定标记的 82.3%。

可以看出，大多数否定标记的语音成分中都使用辅音中响度最高的鼻音或其他响度较高的低元音，借以来表现否定范畴的语音标记特征，这在一定程度上也比较符合人类的认知机制。从信息认知的角度看，否定标记传达的信息常常被认为是新信息，是自然的语音强调对象。因此，在语音上使用这些响度较高的成分也就成了一种普遍选择。带有较高响度的否定标记在成为语法或逻辑重音的同时，自然也就很容易落脚在句尾、谓头和句尾这些可以容纳语用焦点的位置。当然，否定标记这个语音上的特征是否具有真正的类型学意义还有待更多的语料来支持。

第二节 语类属性

关于否定标记的语类特点，Ramat（2006：561-562）概括出了三大类：

1. 形态词法学上，使用的是独立的否定标记［如例（1a）、例（1b）］与合并到动词的否定标记［如例（1c）、例（1d）、例（1e）］。

(1a) Y   mae   John yn bwyta pysgod. →Nid
     yw   John yn bwyta pysgod.① （威尔士语）
     DECL（系词）（人名）吃 鱼   NEG（系词）
     （人名） 吃 鱼

(1b) Ivan est rybu. → Ivan ne est rybu. （俄语）
     （人名）吃鱼 （人名） NEG 吃鱼

(1c) John balIk yiyor. →John balIk ye-mi-yor. （土耳其语）
     （人名）鱼 吃 （人名）鱼 吃-NEG-PRES (3SG)

(1d) John wa sakana wo taberu. → John wa sakana wo tabenai. （日语）
     （人名） 鱼   吃 （人名） 鱼 吃

---

① 例句（1）的相应中文均为：约翰吃鱼。→约翰不吃鱼。另外，从例（1a）中我们看到作为全句否定标记的 nid 处在句首的位置，与相应的肯定陈述标记对立。其实威尔士语还有专门的陈述标记 y 和疑问标记 a，也是用在句首。
I. a   mae John yn bwyta pysgod?
QU（系词）（人名）吃鱼约翰吃鱼吗？
所以威尔士语的否定范畴被视为和陈述、疑问等相并列的句子语气情态，这样也就再次证实了否定应该是属于全句功能的语法范畴。

– NEG

(1e) Juán nd-o'u-i pira.（瓜拉尼语）
（人名）NEG – 吃 – NEG 鱼

2. 形态句法学上，否定形式是一个特殊的动词词串（verbal cluster），这个词串带有表示时体、情态和人称的否定辅助词（如例（1f）、例（1g）），其语类性质在否定助动词和常规动词之间。

(1f) John eats fish. →John doesn't eat fish.（英语）
（人名）吃 鱼 （人名）DO + NEG 吃 鱼

(1g) Jukka syö kalaa. →Jukka ei syö kalaa.（芬兰语）
（人名）吃 鱼 （人名）NEG-3SG 吃 鱼

3. 词汇学上，否定标记使用否定词［比如例（1h）］，另外还有与相应肯定存在动词形式不同的专用否定词，一般在类似"不是、不存在"等判断词的位置上出现，比如上面谈到的土耳其语的 var（存在）→yok（不存在），见例（2）。

(1h) Hans ißt Fisch. → Hans ißt keinen Fisch.（德语）
（人名）吃 鱼 （人名）吃 NEG 鱼

(2) Ekmek var. → Ekmek yok.（土耳其语）
面包 存在 面包 不存在
这里有面包。 这里没有面包。

从上面的语料分析可以看出，否定标记形式的形态词法属性大致是词缀、词类以及介于二者之间的形式。应该说，这种概括是全面的，但又是比较笼统的，在进行跨语言的类型学对比时还需要进一步的细化。Dahl（1979）、Payne（1985）、Dryer（2005）等的考察结果在这方面则显得就更有意义。Dahl 对 240 种语言否定表达的研究表明，自然语言的否定形式大多数是形态词素（可以是谓词的一部分），或者是独立的否定小词，二者各占统计样本的 45%、44.9%，而使用否定助动词形态的比例只有 16.7%，至于像英语那样借助傀儡助动词的语言则更是少见。文中还给出了否定成分的具体位置，统计数据如下：

Ⅰ. 作为谓词成分的否定形态，占 45%。

Ⅱ. 使用助动词的否定形态，占 16.7%。

Ⅲ. 使用独立的小词，占 44.9%，又可以出现在不同的线性位置：

a. 位置在动词前，占 12.5%。

b. 位置在助动词前，占 20.8%。

c. 位置在动词性词组前，占 2.1%。

d. 位置在动词后，占 1.2%。

e. 位置在助动词后，占 3.7%。

f. 位置在句首，0.4%。

g. 位置在句末，占 4.2%。

Payne（1985）把否定标记分为否定动词（包括否定助动词和高层否定动词）、否定小词、否定语素和否定名词四种类型，认为所有人类语言都至少使用其中一种作为标准的否定方式，而最常见的否定结构则是前三类。这种概括其实更广泛，包含了所有表达否定意义的成分。Dryer（2005）从 1011 种语言样本中统计出的结果是，按照从多到少的使用次序，否定标记依次是小词（477）、词缀（339）、双重否定形式（66）、介于动词和小词间的成分（65）、助动词（45）、介于否定词和词缀之间的成分（19）。

本文统计的样本不多，也没有进行更详细地分类分析，另外，虽然涉及否定标记的语言是 241 种，[①] 但是其中汉藏语系语言却超过了一半（123），这种系属和语言地理上分布的不均衡很大程度上降低了统计的科学性，所以我们只能算是对否定标记类型归纳的一个简单尝试。

根据我们的统计，119 种 SVO 语言中，否定标记可以使用副词、词缀、助词、助动词的语言数量分别是 117、10、7、0。

95 种 SOV 语言中，否定标记可以使用副词、词缀、助词、助动词的语言数量分别是 55、45、8、7。

14 种 VSO 语言中，否定标记可以使用副词、词缀、助词、助动词的语言数量分别是 8、2、3、1。

8 种 VOS 语言中，否定标记都可以使用副词。

2 种 OVS 语言中，一种语言的否定标记是词缀，另一种使用的是助动词。

3 种未确定基本语序的语言中，有 2 种使用副词，1 种是助词。

由此可以大致得出一个有关否定标记语类属性的统计结果：

Ⅰ. 可以使用副词的语言有 190 种，占 78.8%。

---

① 使用重叠手段的卡托巴语不存在语法上的否定标记，只有抽象的否定功能算子，所以这里没有计入。

Ⅱ. 可以使用词缀的语言有 58 种，占 24.1%。

Ⅲ. 可以使用助词的语言有 19 种，占 7.9%。

Ⅳ. 可以使用助动词的语言有 9 种，占 3.7%。

要说明的是，这里对否定形式的判定标准和 Dahl 等人不太一致。作为全句范畴功能中心之一的否定标记，和其他疑问、祈使等成分一样，都是语言中容易发生语法化的对象，这会造成它们在具体语言中表现各不相同。正如上面所示，否定标记在有的语言中是独立的词，有的语言中可以看成词内形态，而还有一部分属于二者之间的模糊状态。即便是独立的词，有时也会因其句法表现的差异而不太容易定性，Dryer 分类表中的类似中介成分正是如此。因此，这里没有把文献中常出现的否定小词做进一步区分，而是按照国内语法界的常规把修饰谓词的独立否定成分看作副词，把附着于其他语类或整个句子、表达语气等语法意义否定成分视为助词，而我们归入词缀形态的否定标记，① 在 Dahl 的统计中大部分被认为是谓词的组成成分。也就是说，这些统计结果表达的都是否定标记的倾向性特点。

否定标记是词缀时，一般附着在动词后或动词前，如汉藏语系的却域语、阿尔泰语系的柯尔克孜语；在有些语言中，如果动词带体词缀，则标记是加在动词后、体词缀前，如汉藏语系的史兴语；多数语言的否定标记与多音节动词的语序关系和它与单音节动词的语序关系是一致的，但有些语言的否定标记可以放在双音节或多音节动词之间，如汉藏语系的彝语；如果

---

① 称呼某些否定标记为词缀，主要是考虑到它们一般不能独立存在，常依附于动词词干，并且语音上常与附着对象互相影响。不过由于它们也有一定意义，可以修饰动词或形容词，有着状语的语法功能，所以也具有语类特点。

动词和助动词连用，多数语言的否定标记在二者之前，如汉藏语系的毕苏语；而有些语言的否定标记添加在二者之间，如汉藏语系的怒语；还可以使用框式否定形式，比如尼日尔-科尔多瓦语系的科萨语，据初步统计，一般有否定前缀则多数会有否定后缀，反之则未必，但具体表现都尚不清楚。

否定标记是副词时，主要添加在动词之前，如汉语和印欧语系的波兰语；可以在动词之后，如南亚语系的佤语、印欧语系的德语；可以用框式否定的形式添加在动词前后，如印欧语系的法语，汉藏语系的拉基语；可以添加在句尾，如日语和汉藏语系的仡佬语；可以添加在句首，如南岛语系的排湾语。

否定标记是助词时，可以添加在谓词前，这主要有两种情况：一是标记词汇意义减弱、音节形式简化，甚至直接与后面的谓词有合音现象，如闽东方言的福州话。二是否定标记后面的谓词为单音节，当谓词为双音节或多音节时，否定标记则类似于词缀需插入谓词之间，比如彝语喜德话、泸西话；可以添加在句首或句尾，是对全句的修饰，比如闪含语系的豪萨语及多数乍得语族语言。

否定标记是助动词时，主要添加在谓词前，可以附加各种形态变化形式，而句子的原有动词常常失去限定形式，比如乌拉尔语系诸语言、印欧语系的伊朗语；可以添加在谓词后，一般也会带有一定的形态形式，比如阿尔泰语系的吉尔吉斯语及多数达罗毗荼语系语言；也可以添加在句首（或句尾）和谓头巧合位置，标记带上形态特征，原有的谓词则失去相应特征，比如南岛语系的 Kapampangan 语。

由统计可以看出，在语类属性上，语言中表达全句否定范畴的语法标记多数使用了独立的副词，尤其是在 SVO、SOV、VSO、VOS 语言中，副词性否定标记的语言都超过了样本语言的半数，而这四种类型语言的总量在 Tomlin（1986）、Dryer（2005）和本文的统计样本中占据的比例分别是 99%、98.5%、98.8%。结合 Dahl 等人的成果，可以说，目前约有一半语言的否定标记是以单用的副词形式出现，如果再加上独立的没有词形变化的助词，则比例更高。

此外，使用词缀形态作否定标记的语言也很多，在 Dahl 等人的统计中和独立小词的比例差不多，这主要的原因在于语言本身的形态类型，那些带有丰富词缀形态的语言在表达否定时常常会使用相应的词缀。而语言在使用、接触等发展变化的进程中，也会造成否定成分的词缀化现象。刘丹青（2008：555）把这种情况称为否定词到词内形态的附缀化。在语言使用中，否定词可以因高频而弱读，进一步语法化为向前或向后的附缀。比如英语的 not 在口语中经常弱读为 n't，附缀于前面的系词、助动词等，出现了 isn't、aren't、haven't、needn't 等形式，这时的否定成分已经类似于词缀。再如普通话否定词在口语中有不少合音形式，如"不用"合音成"甭"，"不要"合音成"别"，苏州话的"勿要 [fəʔ⁵ iæ⁴²³]"合音成"覅"[fæ⁴²³] 等，合音的前提就是"不"、"勿"曾失去声调和韵母附缀到后面的词上，后面的词保留声调，说明没有轻读，是否定词附缀上去而不是后面的词附缀到否定词上。虽然这种附缀具有明显的词汇化的性质，但仍可以看出原有的否定词曾经有过类似词缀化的过程。

在语言接触中也会产生类似情况。比如由于阿尔泰语言的否定及一些情态范畴常用附于动词上的某些词缀形态来表示，与之相邻或曾经相邻的我国西北地区的某些语言受其影响，也出现了否定词强烈倾向于靠近谓词的现象。前面谈到的乌鲁木齐话的"状 + Neg + V"词序就是如此。刘丹青（2008）还例举了关中话否定词的使用情况，认为很多本应该在否定辖域内的成分被"挤"到了否定词前，如"甚不高"表示"不很高"，"很很地不热"表示"不太热"，"甚没吃"表示"没吃多少"等。这种语序和辖域的错配反映的就是否定词"不"在谓词前的附缀化。从系统角度看，该方言中有这种倾向的不限于否定词，还包括情态助动词、某些虚化的副词等。[见刘丹青（2005）及所引王森（2001）]这些独立的词类在位置上靠近谓词应该是进一步虚化的前提，其实这种基本固定的词序已经类似于词缀和词干的顺序。

既然语言在使用和相互接触中都可能出现否定词词缀化的情况，那么是不是语言中否定成分的发展趋势就是词缀形态呢？我们认为其实刚好相反。词缀形态作为整个谓词的一部分，要与其他形态一起承担起表达各种语法意义的功能，常常会出现形式与意义叠加、交叉等不对称现象，这种不对称偏离了语言中的最优透明原则（the transparency principle of optimization），即一种意义对应一个形式。另外，使用助动词作为否定标记，也有和使用词缀相类似的不足，因为助动词上也会经常添加表示其他意义的形态。因此，最自然最简明的否定标记还是使用专用的副词或助词。从语法化的角度看，语言中的否定形式也正是在向这方面发展。

比如乌拉尔语系语言形态变化非常复杂，经常使用助动词来作否定标记，这些助动词本身还可以附加各种形态变化，同时句子的原有动词还要失去部分限定形式。这种否定标记的使用显然增加了语言习得的负担，而芬兰-乌戈尔语族的爱沙尼亚语正在脱离这种形式，从形态词法上向句法方式方面发生了转变。

（3）John　　ei　　söö kala.

（人名）　NEG　吃　鱼
　　约翰不吃鱼。（Ramat，2006：562）

例句中使用了没有词形变化的否定形式 ei，这是独立使用的副词的一个特点。如果这种结构类型是由于第三人称单数的缘故，那么下例显示的是，即便主语是复数时否定标记也可以使用没有变化的 ei。

　　(4) John　ja　Mary　ei　kohtunud koolis.
　　　（人名）和（人名）NEG　会见　学校
　　　约翰和玛丽没有在学校见面。（Ramat，2006：562）

与此类似的是英语的 ain't。上面谈到，否定词 not 在使用中有词缀化的倾向，可以出现 isn't、aren't 等形式，其实这种形式还需要进一步发展，因为它们仍要表达人称、时态等语法意义，不符合最优透明原则。am not 最初在某些场合使用了没有词形变化的 ain't 缩略形式，随后 isn't、aren't、haven't、hasn't 等也逐渐以该形式作为了统一替代品。虽然目前 ain't 还不被标准英语所接受，往往认为是粗俗用语，但实际上它却更符合否定词的发展方向。

值得注意的是，否定标记除了使用副词、助词等形式之外，还可以使用没有显性语言形式的零形态，这种情况上文是当作词缀来处理的。不过，这种情况只在古泰米尔语找到了例句，我们还不太明白常常作为句法和语用重心的否定成分被省略的具体机制。但从生成语法的角度，抽象的否定算子一定是存在的。

由上可知，语言否定标记的语类属性可以是副词、词缀、助词、助动词。

第五章 结 论

本书大致描述了 242 种语言中否定范畴标记的句法位置及相关问题，主要结论如下：

（1）否定标记的句法位置只能是句子的三个敏感位置：句首、谓头和句尾。

虽然句子表达否定意义的手段有三类：词汇手段、语法手段和语用手段，但在语法手段方面，目前发现的绝大多数是添加（否定标记），使用重叠的只有卡托巴语，所以重叠手段在全句否定范畴表达中是否具有类型学意义还有待考察。当然，添加操作又有些个性差异：多数语言只添加一个否定标记，而有些语言则添加两个甚至多个；有的语言只添加否定标记，有的则同时添加助动词。

尽管从表面上看，否定标记的线性位置相当灵活，至少可以出现在谓词前、谓词后、谓词前和后（框式）、句首、句尾等位置，并且这些位置还表现出使用频率上的次序。根据本文的统计，在 SVO、SOV、VSO、VOS 四种语序语言中，最常使用的是谓词前的位置，其次是谓词后位置。在所有语序的样本语言中，否定标记的句法位置按占用频率从大到小为：谓词前＞谓词后＞句首＞框式＞句尾，并且谓词前占了绝对优势。而实际上对于作为表达全句功能范畴的否定标记来说，只会出现在相应的能对全句功能作出反应的三个敏感位置，占用的频率是谓头＞句首＞句尾。

对于动词居首语言的句首否定成分和动词居尾语言的句尾否定成分，实际均是谓头位置。不过语言中确实存在着纯粹的句首否定成分，尤其是 SOV 和 SVO 语言中的词缀或助词性否定标记，这些语言的否定标记固定地添加在句首；也确实存在着不少纯粹的句尾否定标记，尤其是在某些非动词居尾语言中。

而谓头和句首（或句尾）耦合的特点，使得表达否定范畴的句法操作手段受到了句法位置的限制。三个敏感位置各自独立存在时，一般认为由于受制于移位条件的约束以及词法条件的限制，句首和句尾两个句子敏感位置上只能进行"加标"这一种句法操作，而谓头位置则可以为更多类型的句法操作提供平台，比如移位或者重叠。以谓头重合于句首为例，则敏感位置上的句法表现会发生相应变化：首先，加标手段不受影响；其次，以往被许可的谓头上的移位手段由于移位落脚点的不存在而失去了句法上的动因；最后，针对谓头上语法成分进行的重叠手段将在句首位置继续使用。因此这个重合位置的句法功能并不是句首和谓头功能的简单相加，它的相应句法手段应该有加标和重叠两种。

总之，否定标记的添加作为否定功能范畴实现的句法手段之一，其在句法位置等方面的表现完全符合全句功能范畴规则的精神，从这个侧面证实了该规则的普遍性。

(2) 从句法生成统一性来看，否定标记的可诠释特征 [iNeg] 都需要在 [Spec, NegP] 与否定中心的非诠释特征 [uNeg] 进行匹配核查，添加在不同句法位置的差异表现在具体操作方式上。

添加在谓头位置的否定标记,可以因具体语言词项特征的不同而产生标记本身或谓词等词项的移位,造成分布于谓词前或后的线性语序;添加在句首或句尾的否定标记,则因受制于移位条件的约束以及词法条件的限制,会产生隐形操作,[iNeg]作为孤零零的形式特征移到[Spec, NegP]接受核查,而作为功能标记的语类本身则留在原地;添加在谓头和句首(或句尾)巧合位置的否定标记,特征直接在该位置核查,标记本身也不再移位。三个位置触发不同的句法反应,复杂多变的表面线性位置由此出现。

如果说否定标记只能添加三个句法位置上是句法的必然,那么在具体语言中出现在哪个位置上则就是语言的个性,应该和具体词性以及该语言词类特征、音韵有关,有时可能是偶然的词汇化因素,而和语义无关。

(3)否定标记的语类属性有副词、词缀、助词、助动词。按照被使用的语言数量的多少依次是:副词>词缀>助词>助动词。

语言中表达全句否定范畴的语法标记多数使用了独立的副词,尤其是在SVO、SOV、VSO、VOS语言中,副词性否定标记的语言都超过了样本语言的半数。使用词缀形态作否定标记的语言也很多,那些具有丰富词缀形态的语言常常使用相应的否定词缀。语言在使用尤其是接触过程中,会导致部分否定成分的词缀化现象。但是由于作为词缀形态和助动词的否定标记不符合语言中的最优透明原则,所以从语法化角度看,语言中否定成分的演化趋势应该是专用的副词或助词。另外,否定标记还可以使用没有显性语言形式的零形态,本文视之为词缀。

否定标记是副词时,主要添加在动词之前;可以在动词之后;可以用框式否定的形式添加在动词前后;可以添加在句尾；可以添加在句首。

否定标记是词缀时，一般附着在动词后或动词前；在有些语言中，如果动词带体词缀，则标记是加在动词后、体词缀前；多数语言的否定标记与多音节动词的语序关系和它与单音节动词的语序关系是一致的，但有些语言的否定标记可以放在双音节或多音节动词之间；如果动词和助动词连用，多数语言的否定标记在二者之前；而有些语言的否定标记添加在二者之间；可以使用框式否定形式，一般有否定前缀则多数会有否定后缀，反之则未必。

否定标记是助词时，可以添加在谓词前，这主要有两种情况：一是标记词汇意义减弱、音节形式简化，甚至直接与后面的谓词有合音现象。二是否定标记后面的谓词为单音节，当谓词为双音节或多音节时，否定标记则类似于词缀需插入谓词之间；可以添加在句首或句尾，是对全句的修饰。

否定标记是助动词时，主要添加在谓词前，可以附加各种形态变化形式，而句子的原有动词常常失去限定形式；可以添加在谓词后，一般也会带有一定的形态形式；也可以添加在句首和谓头重合位置，标记带上形态特征，原有的谓词则失去相应特征。

(4) 否定标记句法位置的发展趋势是向典型的谓前谓头位置靠拢。

"Jespersen 循环"过程中的否定形式，是语用所致，不符合语言经济性的要求，不应该是否定形式的常态，属于不稳定的中间状态，会进一步发展为单一的谓词后或直接过渡到谓词前的否定形式。比如使用框式形式等两个以上否定成分的语言现象，常常是某个（多数是谓词前的）否定标记胜出前的过渡状态；使用谓词后否定标记现象也可能在经历双否定成分的使用过程后逐渐发展为谓词前否定。

（5）否定范畴和祈使范畴同时表达时，否定标记和祈使标记则一定共现，并且有着不同的句法表现。

在很多语言中祈使标记失去了在肯定范畴中的显性形式，否定标记也使用了和陈述范畴中不同的语言形式，还有可能引发了语调等形式的变化。在语类性质上，祈使标记大多是形态或零标记，常附着于主动词之后，否定标记与简单否定陈述句中的形式保持一致。在句法位置上，二者仍然分布在句法的三个敏感位置上，具体分布规律，尚不清楚，而否定标记多在祈使标记之前，不过这不对句法有决定性影响。在推导机制上，两种标记都遵循特征核查原则，分别受到带相应特征的功能中心的吸引，否定标记或其可诠释特征移位到［Spec，TP］位置，祈使标记或其可诠释特征移位到［Spec，CP］位置，推导中起关键作用的是C_{imp}的特征的强弱。

（6）当出现两个及以上的否定成分时，只要否定成分中存在有否定标记，那么具有真正否定语义、充当否定算子的只能是否定标记。

无论是双重否定还是否定一致，如果是两个标记同时使用，则一般是最靠近否定中心的标记是否定算子。作为算子的否定标记带有［iNeg］特征，在句法运算中与否定中心和另一否定成分的［uNeg］特征进行核查，但其句法位置并未受到影响，与仅使用单个否定标记一样，也是添加在句法敏感位置上，最常见的仍是谓头位置。

（7）大多数否定标记的语音成分中都使用辅音中响度最高的鼻音或其他响度较高的低元音。

多数语言都借此来表现否定范畴的语音标记特征，这在一定程度上也比较符合人类的认知机制。从信息认知的角度看，否定标记传达的信息常常被认为是新信息，是自然的语音强调对象，因此，在语音上使用这些响度较高的成分也就成了一种普遍选择。带有较高响度的否定标记在成为语法或逻辑重音的同时，自然也就很容易落脚在句尾、谓头和句尾这些可以容纳语用焦点的位置。当然，否定标记这个语音上的特征是否具有真正的类型学意义还有待更多的语料来支持。

语法分析的目的是找出造成各种语言现象的原因，并给予合理的解释，尽可能地逼近语言的普遍原则。全句功能范畴规则正体现出了生成语法所追求的"语法原则"的核心特点：简单、明晰、有限。但是否真正具有语法原则的普适性，除了已有的研究外，还需要更多"句范畴"的讨论和更多的语言事实来证实或证伪。本文的出发点就在于此，这也是聚焦于否定标记句法位置考察的理论意义所在。本文从类型学的角度，对搜集到的各大语系语言否定标记的句法位置进行了描写和比较，并尽可能地描述和解释它们的差异。但这种尝试至今仍存在许多不足之处，需在以后的研究中逐步完善。

首先，虽然我们在各大语系中都选取了样本语言，但它们在系属和语言地理上分布的明显不均衡大大降低了统计结果的科学性，使相关的类型学特征体现的主要是倾向性。其次，本文语料大多数不是来自直接调查，而是各种相关文献，我们主要关注标记位置的选取角度使得对标记的描写单一而缺少足够的印证，并且大部分例句也没有逐一标示出处，这种局限性既影响到了样本语言的均衡性，也减弱了语料事实的可信度。此外，仅选择对常规句描写，以及在描写基础上的解释远未达到充分程度，比如引起移位的词项特征的产生动因被暂时搁置等等，这些均使得本文尚有较大的提升空间。

参考文献

一 中文文献

白碧波、许鲜明等：《撒都语研究》，民族出版社2012年版。

薄文泽：《木佬语研究》，民族出版社2003年版。

薄文泽：《泰语里的汉语借词"是"》，《民族语文》2008年第1期。

曹志耘主编：《汉语方言地图集》，商务印书馆2008年版。

陈京苗：《汉泰语状语对比研究》，云南师范大学硕士学位论文，2005年。

陈乃雄：《五屯话初探》，《民族语文》1982年第1期。

陈平：《英汉否定结构对比研究》，中国社会科学出版社1985年版。

陈其光：《普标语概况》，《中央民族大学学报》（哲学社会科学版）1984年第4期。

陈永莉：《傣汉壮语的比较研究》，《玉溪师范学院学报》2008年第6期。

陈宗振：《西部裕固语研究》，中国民族摄影艺术出版社2004年版。

戴曼纯：《最简方案框架下的广义左向合并理论研究》，外语教学与研究出版社 2003 年版。

戴庆厦:《关于汉藏语语法比较研究的一些理论方法问题》,《中央民族大学学报(哲学社会科学版)》2002 年第 2 期。

戴庆厦:《景颇语的否定范畴》,见《藏缅语族语言研究》(四),中央民族大学出版社 2006 年版。

戴庆厦:《景颇语参考语法》,中国社会科学出版社 2012 年版。

戴庆厦主编:《西摩洛语语言使用现状及其演变》,商务印书馆 2009 年版。

戴庆厦、陈国庆等:《勐腊县克木语及其使用现状》,商务印书馆 2012 年版。

戴庆厦、蒋颖、孔志恩:《波拉语研究》,民族出版社 2007 年版。

戴庆厦、田静:《仙仁土家语研究》,中央民族大学出版社 2005 年版。

戴维·克里斯特尔编:《现代语言学词典》,沈家煊译,商务印书馆 2000 年版。

戴耀晶:《试论现代汉语的否定范畴》,《语言教学与研究》2000 年第 3 期。

道布编著:《蒙古语简志》,民族出版社 1983 年版。

刀洁:《金平傣语概况》,《民族语文》2005 年第 2 期。

段伶:《白语肯定动词和否定动词》,《民族语文》2004 年第 1 期。

邓方贵:《瑶语标敏方言动词的特点》,《民族教育研究》1999 年第 S1 期。

邓丽娜、厉芹:《泰语与汉语的同异性与对泰汉语教学》,《成都大学学报》(教育科学版)2008 年第 4 期。

参考文献

邓思颖：《汉语方言语法的参数理论》，北京大学出版社 2003 年版。

丁声树：《现代汉语语法讲话》，商务印书馆 1961 年版。

段伶：《白语肯定动词和否定动词》，《民族语文》2004 年第 1 期。

范振强、肖治野：《双重否定：否定之否定》，《安徽大学学报》（哲学社会科学版）2010 第 2 期。

冯倩：《汉俄语否定结构对比分析》，上海外国语大学硕士论文，2004 年。

傅爱兰：《普米语动词的语法范畴》，中国文史出版社 1998 年版。

符昌忠：《海南村话的数词》，《民族语文》1997 年第 3 期。

符昌忠：《海南村语的代词》，《广东职业技术师范学院学报》2002 年第 2 期。

符昌忠：《黎语坡春话概况》，《民族语文》2005 年第 6 期。

符昌忠：《村语动词的虚化和体标记》，《民族语文》2006 年第 6 期。

高尔锵编著：《塔吉克语简志》，民族出版社 1985 年版。

高名凯：《汉语语法论》，商务印书馆 1986 年版。

高永齐：《莽语研究》，民族出版社 2003 年版。

和即仁、姜竹仪：《纳西语简志》，民族出版社 1985 年版。

何山燕：《泰国学生汉语常用否定结构使用情况调查及研究》，云南师范大学，硕士学位论文，2004 年。

何霜：《忻城壮语语气词研究》，中央民族大学博士学位论文，2007 年。

何晓炜：《语段及语段的句法推导——Chomsky 近期思想述解》，《外语教学与研究》2007 年第 5 期。

何彦诚：《侗语下坎话概况》，《民族语文》2006年第5期。
何元建：《生成语法学背景下的汉语语法及翻译研究》，北京大学出版社2007年版。
洪英：《潮安畲语词汇比较研究》，汕头大学硕士学位论文2007年版。
侯桂杰、李千钧：《英、法、汉否定词对比——英、法、汉否定结构对比研究之一》，《黑龙江教育学院学报》2007年第9期。
胡杰：《上博简否定副词"弗"用法考察》，《长沙理工大学学报（社会科学版）》2007年第2期。
胡明扬：《语义语法范畴》，《汉语学习》1994年第1期。
胡清国：《否定形式的格式制约研究》，华中师范大学博士学位论文，2004年。
胡振华编著：《柯尔克孜语简志》，民族出版社1986年版。
黄伯荣主编：《汉语方言语法类编》，青岛出版社1996年版。
黄布凡、周发成：《羌语研究》，四川人民出版社2006年版。
黄美金a：《泰雅语参考语法》，台北远流出版事业股份有限公司2000年版。
黄美金b：《邵语参考语法》，台北远流出版事业股份有限公司2000年版。
惠秀梅：《俄语否定范畴的意义与表达手段—兼与汉语对比》，黑龙江大学博士学位论文，2004年。
贾秀英：《汉法否定句对比》，《山西大学学报》2000年第2期。
贾秀英：《汉法语言对比研究与应用》，中国社会科学出版社2003年版。
蒋光友：《基诺语参考语法》，中国社会科学出版社2010

年版。

姜宏：《试论现代俄语中的否定范畴》，《现代外语》1999年第2期。

姜莉芳：《居都仡佬语调查研究》，中央民族大学硕士学位论文，2004年。

金鹏主编：《藏语简志》，民族出版社1983年版。

李大勤：《格曼语研究》，民族出版社2002年版。

李花：《英朝否定句对比》，延边大学硕士学位论文，2002年。

李锦芳 a：《越南拉哈语与仡央诸语言的初步比较》，《语言研究》1999年第1期。

李锦芳 b：《布央语研究》，中央民族大学出版社1999年版。

李锦芳、吴雅萍：《关于侗台语的否定句语序》，《民族语文》2008年第2期。

李桥春：《剑川白语语法研究》，云南师范大学硕士论文，2006年。

李山、周发成：《论羌语语法中的否定形式》，《民族语文》2002年第1期。

李树兰、仲谦编著：《锡伯语简志》，民族出版社1986年版。

李宇明：《汉语量范畴研究》，华中师范大学出版社2000年版。

李云兵：《拉基语研究》，中央民族大学出版社2000年版。

李云兵：《花苗苗语方位结构的语义、句法及语序类型特征》，《语言科学》2004年第4期。

李云兵：《中国南方民族语言语序类型研究》，北京大学出版社2008年版。

梁敏编著：《侗语简志》，民族出版社1980年版。

梁敏：《俫语概况》，《民族语文》1984年第4期。

梁敏、张均如：《侗台语族概论》，中国社会科学出版社 1996 年版。

廖强：《〈韩非子〉否定副词研究》，西南师范大学硕士学位论文，2003 年。

廖新玲：《闽南话否定词研究》，厦门大学硕士学位论文，2001 年。

林素娥：《汉语否定副词"不""没"的类型学初探》，《广西社会科学》2006 年第 5 期。

刘丹青：《汉语方言的语序类型比较》，《现代中国语研究》（日本）2001 年创刊 2 期。

刘丹青：《汉藏语言的若干语序类型学课题》，《民族语文》2002 年第 5 期。

刘丹青：《语序类型学与介词理论》，商务印书馆 2003 年版。

刘丹青：《汉语否定词形态句法类型的方言比较》，《中国语研究》（日本）2005 年，总 252 期。

刘丹青编著：《语法调查研究手册》，上海教育出版社 2008 年版。

刘黎：《先秦否定副词"不""弗"之比较》，陕西师范大学硕士学位论文，2004 年。

刘梦溪主编：《中国现代学术经典——洪业·杨联陞卷》，河北教育出版社 1996 年版。

刘援朝：《黎语加茂话概况》，《民族语文》2008 年第 1 期。

龙耀宏：《侗语研究》，贵州民族出版社 2003 年版。

陆丙甫：《从语义、语用看语法形式的实质》，《中国语文》1998 年第 5 期。

陆丙甫：《语序优势的认知解释：论可别度对语序的普遍影响》，《当代语言学》2005 年第 1、2 期。

陆天桥：《毛南语的类别名词》，《民族语文》2007年第3期。

罗立方：《甲骨文否定副词研究》，华南师范大学硕士学位论文，2003年。

罗美珍：《西双版纳傣语的语序》，《南开语言学刊》2004年第2期。

吕叔湘：《吕叔湘全集》（第一卷），《中国文法要略》，辽宁教育出版社2002年版。

吕叔湘主编：《现代汉语八百词》，商务印书馆1980年版。

吕叔湘：《疑问·否定·肯定》，《中国语文》1985年第4期。

马宏程：《全句否定范畴标记的类型学特征》，《浙江教育学院学报》2009年第6期。

马宏程、谭明华：《祈使句的标记特征及相关解释》，《湖北社会科学》2009年第2期。

马宏程、熊雯：《生成语法视野下的祈使范畴标记》，《兰州学刊》2009年第4期，又载于人大复印资料2009年第8期。

马宏程、熊雯、徐杰：《全句否定范畴标记的句法位置及相关解释》，《汉语学报》2010年第1期。

马建忠：《马氏文通》，商务印书馆1983年版。

马学良主编：《汉藏语概论》，民族出版社2003年版。

马忠建：《西夏语的否定附加成分和否定形式》，《民族语文》1999年第2期。

毛意忠：《法汉语否定表达法的比较》，《外语教学》1992年第1期。

毛宗武、蒙朝吉：《博罗畲语概述》，《民族语文》1982年第1期。

毛宗武、蒙朝吉：《试论畲语系属问题》，《中国语言学报》

1985 年第 2 期。

毛宗武、李云兵：《炯奈语研究》，中央民族大学出版社 2002 年版。

梅广：《独龙语句尾词研究》，《语言研究》1996 年第 1 期。

木玉璋、孙宏开：《傈僳语方言研究》，民族出版社 2012 年版。

木再帕尔：《论现代维吾尔语的肯定句和否定句之间的变换》，新疆大学硕士学位论文，2003 年。

倪大白：《藏缅、苗瑶、侗傣诸语言及汉语疑问句结构的异同》，《语言研究》1982 年第 1 期。

倪大白：《侗台语概论》，中央民族学院出版社 1990 年版。

倪宏鸣：《维吾尔语和阿美语语言特征对比分析》，中央民族大学博士学位论文，2007 年。

欧阳觉亚、郑贻青：《黎语简志》，民族出版社 1980 年版。

欧阳觉亚：《村语研究》，上海远东出版社 1998 年版。

潘立慧：《仡央语言否定词研究》，中央民族大学硕士学位论文，2007 年。

齐莉莎 a：《鲁凯语参考语法》，台北远流出版事业股份有限公司 2000 年版。

齐莉莎 b：《布农语参考语法》，台北远流出版事业股份有限公司 2000 年版。

钱敏汝：《否定载体"不"的语义——语法考察》，《中国语文》1990 年第 1 期。

瞿霭堂：《嘉戎语概况》，《民族语文》1984 年第 2 期。

瞿霭堂、劲松：《嘉戎语上寨话》，《民族语文》2007 年第 5 期。

邵敬敏、赵春利：《关于语义范畴的理论思考》，《世界汉语教学》2006年第1期。

沈怀兴：《"知不道"和"不知道"》，《语言研究》2005年第3期。

沈家煊：《不对称和标记论》，江西教育出版社1999年版。

沈开木：《"不"字的否定范围和否定中心的探讨》，《中国语文》1984年第4期。

石毓智：《肯定和否定的对称与不对称》，台湾学生书局1992年版。

石毓智、李讷：《十五世纪前后的句法变化与现代汉语否定标记系统的形成——否定标记"没（有）"产生的句法背景及其语法化过程》，《语言研究》2000年第2期。

司提反·米勒（Stefan Muüller）：《阿尔泰语系蒙古语族语言语法比较研究》，中央民族大学博士学位论文，2005年。

宋伶俐：《贵琼语研究》，民族出版社2011年版。

宋永圭：《现代汉语情态动词"能"的否定研究》，复旦大学博士学位论文，2004年。

苏玮雅、艾磊：《白语否定动词各种形式初探》，普一之译，《大理师专学报》1999年第1期。

孙宏开编著：《独龙语简志》，民族出版社1982年版。

孙宏开：《我国藏缅语动词的人称范畴》，《民族语文》1983年第2期。

孙汝建：《句子的否定和句子的局部否定》，《南通师范学院学报》2004年第6期。

汤庆国：《现代土耳其语动词一体化描写》，《解放军外语学院学报》1997年第6期。

唐正大：《关中方言否定结构——兼谈西北方言中否定与状语的辖域》，载《语言研究集刊》（第十一辑），上海辞书出版社 2013 年版。

陶玉华、洪季敏：《德语中的否定形式》，《南京理工大学学报》（哲学社会科学版）1997 年第 3 期。

田德生、何天贞等：《土家语简志》，民族出版社 1986 年版。

汪大年：《缅甸语东友方言》，《民族语文》2007 年第 3 期。

汪国胜：《大冶方言语法研究》，湖北教育出版社 1994 年版。

汪国胜：《湖北大冶话的语气词》，《方言》1995 年第 2 期。

汪国胜：《湖北大冶话的情愿变调》，《中国语文》1996 年第 5 期。

汪国胜：《可能式"得"字句的句法不对称现象》，《语言研究》1998 年第 1 期。

王锋：《试论白语的三种基本语序》，《中国民族语言文学研究论集》（4），民族出版社 2004 年版。

王锋：《试论白语的否定词和否定表达形式》，《大理学院学报》2006 年第 7 期。

王力：《汉语史稿》（重排本），中华书局 2004 年版。

王连清：《京语和越南语虚词的比较》，《民族语文》1983 年第 6 期。

王森：《东干话的语序》，《中国语文》2001 年第 3 期。

王亭：《〈国语〉否定词研究》，暨南大学硕士学位论文，2007 年。

王相锋：《否定句的标记特征》，《外国语（上海外国语大学学报）》1997 年第 4 期。

王燕：《乌鲁木齐话否定副词的用法——兼谈突厥族语言对新疆汉语方言的影响》，《新疆师范大学学报》2007 年第 2 期。

文贞惠：《现代汉语否定范畴研究》，复旦大学博士学位论文，2003 年。

吴碧辉：《湖南省凤凰县落潮井乡勾良村苗语语素的成词能力研究》，湖南师范大学硕士学位论文，2007年。

吴福祥a：《南方民族语言动宾补语序的演变和变异》，《南开语言学刊》2009年第2期。

吴福祥b：《南方民族语言关系小句结构式语序的演变和变异——基于接触语言学和语言类型学的分析》，《语言研究》2009年第3期。

吴静兰：《阿美语参考语法》，台北远流出版事业股份有限公司2000年版。

吴小奕：《跨境壮语研究》，华中科技大学博士学位论文，2005年。

吴铮：《藏缅语否定范畴研究》，中央民族大学博士学位论文，2007年。

[法] 向柏霖：《嘉绒语研究》，民族出版社2008年版。

谢恩临：《都安瑶族自治县下坳乡下坳村汉语西南官话与壮语的相互影响》，广西民族大学硕士学位论文，2007年。

邢福义：《论"不"字独说》，《华中师院学报》1982年第3期。

邢福义：《否定形式和语境对否定度量的规约》，《世界汉语教学》1995年第3期。

邢福义：《小句中枢说的方言实证》，《方言》2000年第4期。

邢福义、丁力、汪国胜等：《时间词"刚刚"的多角度考察》，《中国语文》1990年第1期。

邢福义、吴振国：《语言学概论》，华中师范大学出版社2002年版。

熊学亮、刘东虹：《否定语序的类型学分析》，《外语学刊》2006年第4期。

徐杰：《句子的功能分类和相关标点的使用》，《汉语学习》1987年第1期。

徐杰、李英哲：《焦点和两个非线性语法范畴："否定""疑问"》，《中国语文》1993年第2期。

徐杰：《疑问范畴和疑问句式》，《语言研究》1999年第2期。

徐杰：《"重叠"语法手段与"疑问"语法范畴》，《汉语学报》2000年下卷第2期。

徐杰：《普遍语法原则与汉语语法现象》，北京大学出版社2001年版。

徐杰：《句子的三个敏感位置与句子的疑问范畴——跨语言的类型比较》，刊于单周尧、陆镜光主编《语言文字学研究》，北京：中国社会科学出版社2005年版。

徐杰：《句子的中心与助动词占据的谓头语法位置》，《汉语学报》2006年第3期。

徐杰：《句子语法功能的性质与范围》，《华中师范大学学报》2010年第2期。

徐杰、李莹：《汉语"谓头"位置的特殊性及相关句法理论问题》，《汉语言文学研究》2010年第3期。

徐琳、赵衍荪：《白语简志》，民族出版社1984年版。

徐时仪：《否定词"没""没有"的来源和语法化过程》，《湖州师范学院学报》2003年第1期。

徐世璇：《毕苏语研究》，上海远东出版社1998年版。

徐盛桓：《语言的"有标记"与"无标记"》，《山东外语教学》1985年第4期。

许抗美：《论德语的否定形式》，《南京理工大学学报》（哲学社会科学版）1995年第3、4期。

叶美利：《赛夏语参考语法》，台北远流出版事业股份有限公司 2000 年版。

意西微萨·阿错:《倒话研究》,民族出版社 2004 年版。

尹明花:《英朝祈使句对比》延边大学硕士学位论文,2006 年。

余金枝:《湘西矮寨苗语参考语法》,中国社会科学出版社 2011 年版。

袁毓林:《论否定句的焦点、预设和辖域歧义》,《中国语文》2000 年第 2 期。

张耿光:《〈庄子〉中的否定词与否定句——〈庄子〉语言分析之一》,《贵州大学学报》1995 年第 3 期。

张桂权:《资源延东土话的否定副词及其对句法结构的影响》,《桂林师范高等专科学校学报》2005 年第 3 期。

张华:《〈左传〉否定词"非""未""勿""毋""弗""不"研究》,黑龙江大学硕士学位论文,2003 年。

张焕香:《双重否定的类型学研究-以汉语和英语为例》,知识产权出版社 2013 年版。

张会森主编:《俄汉语对比研究》,上海外语教育出版社 2004 年版。

张济民:《仡佬语研究》,贵州民族出版社 1993 年版。

张济民:《遵义县田坝仡佬语的否定副词和发语词》,《贵州民族研究》1994 年第 1 期。

张景霓:《毛南语动词研究》,中央民族大学博士学位论文,2006 年。

张敏:《从类型学和认知语法的角度看汉语重叠现象》,《国外语言学》1997 年第 2 期。

张秀娟:《排湾语参考语法》,台北远流出版事业股份有限公司 2000 年版。

张诒三：《〈三国志·魏志〉否定副词的特点》，《阜阳师范学院学报》2000年第6期。

张毅：《纳西语否定副词语义分析》，《南昌航空工业学院学报》2007年第1期。

张谊生：《副词的连用类别和共现顺序》，《烟台大学学报》1996年第2期。

张永利：《噶玛兰语参考语法》，台北远流出版事业股份有限公司2000年版。

张振羽：《杜诗否定副词研究》，《湖南科技学院学报》2005年第10期。

赵秀英：《汉语的"补语"概念在意大利语中的表现》，《语言教学与研究》1991年第4期。

赵燕珍：《赵庄白语参考语法》，中国社会科学出版社2012年版。

赵燕珍、李云兵：《论白语的话题结构与基本语序类型》，《民族语文》2005年第6期。

郑贻青：《壮语德靖土语的否定方式》，《中央民族学院学报》1992年第2期。

中国大百科全书语言文字卷编委会、中国大百科全书出版社编辑部编：《中国大百科全书·语言文字》，中国大百科全书出版社1988年版。

钟进文：《西部裕固语描写研究》，民族出版社2009年版。

仲素纯编著：《达斡尔语简志》，民族出版社1982年版。

中央民族学院少数民族语言研究所编：《壮侗语族语言文学资料集》，四川民族出版社1983年版。

周植志、颜其香、陈国庆编著：《佤语方言研究》，民族出版社2004年版。

二 外文文献

Akmajian, A. 1984. Sentence Types and the Form – Function Fit. *Natural Language and Linguistic Theory* 2.

Anderson, G. D. S. 2006a. Khasi. In Keith Brown, ed., *Encyclopedia of language and linguistics*. 2nd edition, Oxford: Elsevier.

Anderson, G. D. S. 2006b. Santali. In Keith Brown, ed., *Encyclopedia of language and linguistics*. 2nd edition, Oxford: Elsevier.

Anderson, G. D. S. 2006c. Nivkh. In Keith Brown, ed., *Encyclopedia of language and linguistics*. 2nd edition, Oxford: Elsevier.

Anderson, G. D. S. 2006d. Yukaghir. In Keith Brown, ed., *Encyclopedia of language and linguistics*. 2nd edition, Oxford: Elsevier.

Anderson, G. D. S. 2006e. Burushaski. In Keith Brown, ed., *Encyclopedia of language and linguistics*. 2nd edition, Oxford: Elsevier.

Appleyard, D. 2006. Oromo. In Keith Brown, ed., *Encyclopedia of language and linguistics*. 2nd edition, Oxford: Elsevier.

Ashby, W. J. 1976. The loss of the negative morpheme ne in Parisian French. *Lingua* 39, 119 – 137.

Auger, J. 2006. Variation in French. In Keith Brown, (ed.), *Encyclopedia of language and linguistics*. 2nd edition, Oxford: Elsevier.

Barnwell, Katherine. 1969. *A grammatical description of Mbembe*

(*Adun dialect*), *a Cross River language*. PhD Thesis, University College London. 转引自 Bond, Oliver. *A questionnaire for negation: capturing variation in African languages*. In: 5th World Congress of African Linguistics, Addis Ababa University, Addis Ababa, Ethiopia. 11th August 2006.

Becker – Donner, E. 1965. *Die Sprache der Mano*. Vienna: Herman Bóhlaus.

Bereczki, Gábor. 1990. *Chrestomathia Ceremissica*, Tankónyvkiadó, Budapest.

Berghüll, Liisa. 2006. Negation in Mauwake, a Papuan language. *SKY Journal of Linguistics*, vol 19. Available from: http://www.ling.helsinki.fi/sky/julkaisut/SKY2006 _ 1/1.4.2.%20BERGHALL.pdf. [Accessed on 28 December 2008].

Bond, Oliver. 2006. *A questionnaire for negation: capturing variation in African languages*. In: WOCAL 5 (5th World Congress of African Linguistics), Addis Ababa University, Addis Ababa, Ethiopia. 11th August 2006. Available from: http://www.soas.ac.uk/linguistics/research/research – projects/negtyp/39436.pdf [Accessed on 9 February 2009].

Bond, Oliver. 2007. *Towards a canon for negation*. In Peter K. Austin, Oliver Bond and David Nathan (eds.), *Proceedings of Conference on Language Documentation and Linguistic Theory*, pp. 39 – 49. London: Department of Linguistics, SOAS. Available from: http://www.soas.ac.uk/linguistics/research/research – projects/negtyp/41772.pdf [Accessed on 28 December 2008].

Booker, K. M. 2006. Creek. In Keith Brown, ed., *Encyclopedia of language and linguistics*. 2nd edition, Oxford: Elsevier.

Broadwel, G. A. 2006a. Muskogean Languages. In Keith Brown, ed., *Encyclopedia of language and linguistics*. 2nd edition, Oxford: Elsevier.

Broadwell, G. A. 2006b. Zapotecan. In Keith Brown, ed., *Encyclopedia of language and linguistics*. 2nd edition, Oxford: Elsevier.

Brown, Keith. (ed.) 2006. *The Encyclopedia of Language and Linguistics*, 2nd edition. New York: Elsevier. 《语言与语言学百科全书》（第二版），上海外语教育出版社 2008 年版。

Bruce, L. 1984. *The Alamblak language of Papua New Guinea (East Sepik)*. Pacific Linguistics, Series C, No. 81. Canberra: Australian National University.

Bybee, Joan. 2003. Cognitive processes in grammaticalization. In M. Tomasello (ed.) *The New Psychology of Language*, Volume 2. New Jersey: Lawrence Erlbaum Associates Inc.

Carstens, V. 2000. Concord in minimalist theory. *Linguistic Inquiry* 31, 319–355.

Charachidzé, G., 1981. *Grammaire de la langue avar (langue du Caucase Nord – Est)*. Editions Jean – Favard, Paris.

Chomsky, N. 1993. A Minimalist Program for Linguistic Theory. In Kenneth Hale and Samuel Jay Keyser, (eds.) *The View From Building 20: Essays in Linguistics in Honor of Sylvain Bromberger*, 1–52. Cambridge, Mass: The MIT Press.

Chomsky, N. 1995. *The Minimalist Program*. Cambridge, Mass:

The MIT Press. 外语教学与研究出版社 2008 年版。

Chomsky, N. 2001. Derivation by phase. InKenstowicz (ed.), *Ken Hale: A Life in Language*. Cambridge, MA: MIT Press, 1 - 52.

Chomsky, N. 2004. Beyond explanatory adequacy. In A. Belletti (ed.). *Structures and Beyond: The Cartography of Syntactic Structures*. Oxford: OUP.

Cornyn, William. 1944. *Outline of Burmese Grammar*. Language Dissertation 38. Supplement to Language vol. 20, no. 4. Baltimore: Linguistic Society of America.

Croft, W. 1990. *Typology and Universals*. Cambridge: Cambridge University Press.

Dahl, Östen. 1979. Typology of sentence negation. *Linguistics* 17, 79 - 106.

Deen, Kamil Ud. 2006. Object Agreement and Specificity in Early Swahili. *Journal of Child Language* 33, 223 - 246

Donaldson, Tasmin. 1980. *Ngiyambaa: The Language of the Wangaaybuwan*. Cambridge Studies in Linguistics 29. Cambridge: Cambridge University Press.

Drubig, Hans Bernhard. 2001. Focus construction. In M. Haspelmath et al. (eds.) *Language Typology and Language Universals. An International Handbook*. Berlin /New York: de Gruyter.

Dryer, Matthew S. 1988. Universals of negative position. In Michael Hammond, Edith Moravcsik, and Jessica Wirth, (eds.) *Studies in syntactic typology*, Typological Studies in Language 17. Amsterdam: Benjamins.

Dryer, Matthew S. 1992. The Greenbergian word order correlations. *Language* 68. 81 – 138.

Dryer, Matthew S. 2003. Significant and non – significant implicational universals. *Linguistic Typology* 7.

Dryer, Matthew S. 2005. Negative morphemes. In Martin Haspelmath, Matthew Dryer, David Gil and Bernard Comrie, (eds.) *World atlas of language structures*, Oxford, UK: Oxford University Press.

Dryer, Matthew S. 2008. Word order in Tibeto – Burman languages. *Linguistics of the Tibeto – Burman Area* 31: 1 – 88. Available from: http: //linguistics. buffalo. edu/people/ faculty/dryer/dryer/DryerTibetoBurmanWordOrder. pdf [Accessed on 9 February 2009].

Dryer, Matthew S. 2013. *Order of Negative Morpheme and Verb*. In: Dryer, Matthew S. & Haspelmath, Martin (eds.) The World Atlas of Language Structures Online. Leipzig: Max Planck Institute for Evolutionary Anthropology. Available from: http: //wals. info/chapter/143. [Accessed on 28 March 2013].

Dryer, Matthew S. & Haspelmath, Martin (eds.) 2013. The World Atlas of Language Structures Online. Leipzig: Max Planck Institute for Evolutionary Anthropology. (Available online at http: //wals. info, Accessed on 9 November 2013.)

Furtado da Cunha, M. A. 2007. Grammaticalization of the strategies of negation in Brazilian Portuguese. *Journal of Pragmatics* 39, 1638 – 1653.

Givón, T. 1979. *On Understanding Grammar*. New York: Academic Press.

Givón, T. 1984. *Syntax—A functional - typological Introduction*. Vol. 1 Amsterdam: John Benjamins Publishing Company.

Gordon, Raymond G., Jr. (ed.) 2005. *Language Family Trees*: Sino - Tibetan, Tibeto - Burman, In *Ethnologue*: Languages of the World, Fifteenth edition. Dallas. Online version, Available from: http://www.ethnologue.com/show _ family.asp? subid = 90150 [Accessed on 8 January 2009].

Graczyk, R. 2006. Crow. In Keith Brown, ed., *Encyclopedia of language and linguistics*. 2nd edition, Oxford: Elsevier.

Greenberg, J. H. 1966. *Language Universals*. Janua Linguarum Series Minor, 59. The Hague: Mouton.

Haddican, W. 2004. Sentence polarity and word order in Basque. *The Linguistic Review* 21, 87 - 124.

Haiman, John. 1985. *Natural Syntax*. Cambridge: Cambridge University Press.

Han, Chung - hye, 2001. Force, negation and imperatives. *The Linguistic Review*, (18).

Hartmann, R. R. K. & F. C. Stork.《语言与语言学词典》(黄长著等译),上海辞书出版社 1981 年版。

Hawkins, J. A. 1983. *Word order universals*. Academic Press.

Haspelmath, Martin. 1993. *A grammar of Lezgian*. Berlin, Germany: Mouton de Gruyter.

Herburger, E. 2001. The Negative Concord Puzzle Revisited. *Natural Language Semantics* 9.

Herring, C. Susan & John C. Paolillo. 1995. Focus in SOV languages. In Downing & Noonan (eds.). *Word Order in Discourse*. Amsterdam: John Benjamins Publishing Company.

Honda, Isao. 1996. *Negation: a cross – linguistic study*. Buffalo, New York: The State University of New York dissertation.

Hopper, Paul. 1994. Phonogenesis, In William Pagliuca, (ed.), *Perspectives on Grammaticalization*. Amsterdam: Benjamins.

Horn, L. R. 1989. *A Natural History of Negation*. Chicago: University of Chicago Press.

Horn, L. R. 2010. Multiple negation in English and other languages. Laurence R. Horn (Ed.). The Expression of negation. Berlin/New York: De Gruyter Mouton. 111 – 148.

Isac, Daniela. 2002. Surrogate imperative forms: negation as a licensor of force. In 25th GLOW conference in Amsterdam. Available from: http://www.meertens.knaw.nl/glow2002/isac.pdf (Accessed on 28 September 2013).

Jaggar, P. J. 2006a. Chadic Languages. In Keith Brown, ed., *Encyclopedia of language and linguistics*. 2nd edition, Oxford: Elsevier.

Jaggar, P. J. 2006b. Hausa. In Keith Brown, ed., *Encyclopedia of language and linguistics*. 2nd edition, Oxford: Elsevier.

Jespersen, Otto. 1917. *Negation in English and other languages*. Copenhagen: Ejnar Munksgaard.

Jespersen, Otto. 1933. *Essentials of English Grammar*. New York: Holt, Rinehart and Winston.

Junker, Marie – Odile. 2004. Focus, Obviation and Word Order in East Cree. *Lingua* 114: 345 – 365.

Kahrel, Peter. 1996. *Aspects of negation*. Amsterdam, The Netherlands: University of Amsterdam dissertation.

Kálmán, Béla. 1965. *Vogul Chrestomathy*, Bloomngton, Indiana University.

Kämpfe, Hans-Rainer, & Alexander P. Volodin. 1995. *Abriß der tschuktschischen Grammatik. auf der Basis der Schriftsprache.* Tunguso – Sibirical. Wiesbaden, Germany: Harrassowitz.

Kaplan, L. D. 2006. Inupiaq. In Keith Brown, ed., *Encyclopedia of language and linguistics*. 2nd edition, Oxford: Elsevier.

Kim, Alan Hyun – oak. 1988. Preverbal focusing and type XXIII languages. In Michael Hammond, Edith Moravacsik & Jessica Wirth (eds.) *Studies in Syntacitic Typology*. Amsterdam: John Benjamins Publishing Company.

Kimball, Geoffrey D. 1991. *Koasati grammar. Studies in the Anthropology of North American Indians.* Lincoln, NE: University of Nebraska Press.

Kitano, H. 2006. Kapampangan. In Keith Brown, ed., *Encyclopedia of language and linguistics*. 2nd edition, Oxford: Elsevier.

Klima, Edward S. 1964. Negation in English, In J. Fodor & J. Katz (eds.) *The Structure of Language: Readings in the Philosiphy of Language*, Englewood Cliffs, New Jersey: Prentice – Hall Inc.

Koehn, Edward & Sally Koehn. 1986. Apalai. *Handbook of Amazonian languages*, vol. 1, ed. by Desmond C. Derbyshire and Geoffrey K. Pullum. Berlin, Germany: Mouton de Gruyter.

Koptjevskaja – Tamm, M. 2006. Circum – Baltic Area. In Keith

Brown, ed., *Encyclopedia of language and linguistics*. 2nd edition, Oxford: Elsevier.
Kozmács, István. 1998. Udmurt nyevkönyv, Szeged-Kecskemét.
Kropp, Dakubu M. E. 2006. Akan. In Keith Brown, ed., *Encyclopedia of language and linguistics*. 2nd edition, Oxford: Elsevier.
Laka, Itziar. 1990. *Negation in syntax: on the nature of functional categories and projections*, Doctoral dissertation, Cambridge Mass.: MIT.
Lazdina, Tereza B. 1966. *Latvian. Teach yourself books*. London: The English Universities Press.
Lee, Chunmin. 1988. Speech act terms and mood indicators (in Korean). Acta Linguistica Hungarica, 38: 127 – 141.
Lehmann, W. P. 1978. The great underlying – plans. In W. Lehmann. (ed.) *Syntactic Typology*. Austin: University of Texas Press.
Li, Charles N. &Sandra A. Thompson. 1974. An Explanation On Word Order Change: SVO > SOV, *Foundations of Language* 12, 201 – 214.
Lyons. J. 1977. *Semantics*. Cambridge: Cambridge University Press.
MacKay, C. J. & Trechsel, F. R. 2006. Totonacan Languages. In Keith Brown, ed., *Encyclopedia of language and linguistics*. 2nd edition, Oxford: Elsevier.
Mahootian, S. 2006. Code Switching and Mixing. In Keith Brown, ed., *Encyclopedia of language and linguistics*. 2nd edition, Oxford: Elsevier.
Marten, L. 2006. Swahili. In Keith Brown, ed., *Encyclopedia of language and linguistics*. 2nd edition, Oxford: Elsevier.

McCloskey, James 1996. On the Scope of Verb Movement in Modern Irish, *NLLT* 14: 47 - 104.

McQuown, N. A. 1942. *Una posible síntesis lingüística Macro-Mayence*. In Mayas y Olmecas. Tuxtla Gutierrez, Chiapas: Sociedad Mexicana de Antropología.

Meeussen, A. E. 1967. Bantu grammatical reconstructions. *Africana Linguistica* 3, 79 - 121.

Miestamo, Matti. 2005. *Standard negation: the negation of declarative verbal main clauses in a typological perspective*. Empirica Approaches to Language Typology 31. Bern: Mouton de Gruyter.

Miestamo, M. 2006. On the complexity of standard negation. In M. Suominen, A. Arppe, A. Airola, O. Heinämäki, M. Miestamo, U. Määttä, J. N. K. K. Pitkänen & K. Sinnemäki (Eds.), *A man of measure: Festschrift in honour of Fred Karlsson on his 60th birthday* [Special supplement to SKY Journal of Linguistics 19] (pp. 345 - 356). Turku: The Linguistic Association of Finland. [2010 - 01 - 22] http://www.ling.helsinki.fi/sky/julkaisut/SKY2006_1/2.5.2.%20MIESTAMO.pdf.

Miestamo, Matti. 2007. Negation - An Overview of Typological Research. *Language and Linguistics Compass* 1 (5).

Miestamo, Matti. & Beáta Wagner - nagy. 2008. *Negation: Typology and Uralic languages*, Uralic Typological Database (UTDB) Kick - off Conference, Vienna, September 27, 2008. Available from: http://www.univie.ac.at/urtypol/mwn.pdf. [Accessed on 16 January 2009].

Moravcsik, Edith. 1978. Reduplicative constructions. In Joseph

H. Greenberg (ed.), *Universals of Human Language*, *Vol.* 3: *Word Structure*, Stanford: Stanford University Press.

Morimoto, Y. 2001. Deriving the directionality parameter in OT – LFG. In: M., Butt, T., Holloway King, (Eds.), *Proceedings of the LFG01 Conference*. Stanford, California: CSLI Publications.

Najlis, Elena Lidia. 1973. *Lengua Selknam*. Filologį a y Lingį stica 3. Buenos Aires: Universidad del Salvador.

Nedjalkov, Igor. 1994. Evenki. In Peter Kahrel and Ren, van den Berg, (eds.) *Typological Studies in Negation*. Typological Studies in Language 29. Amsterdam: Benjamins.

Nedjalkov, V. P. 1995. Some typological parameters of converbs. In Haspelmath M & König E (eds.) *Converbs in cross-linguistic perspective*. Berlin: Mouton de Gruyter.

Newman, Paul. 1970. *A Grammar of Tera*. University of California Publications in Linguistics 57. Berkeley: University of California Press.

Newton, Glenda. 2008. *Motivating the loss of V – to – C movement in Old Irish*. Paper presented at DiGS X, Cornell University Available from: http://conf.ling.cornell.edu/DiGSX/abstracts/Newton.pdf (Accessed on 13 September 2012).

Newton, Glenda. 2009. Accounting for do – support post – Syntactically: evidence from Old Irish, University of Pennsylvania Working Papers in Linguistics: Vol. 15: Iss. 1, Article 19.

Nurse, D. 2006. Bantu Languages. In Keith Brown, ed., *Encyclopedia of language and linguistics*. 2nd edition, Oxford: Elsevier. 679 – 684.

Nurse, D. & G. Philippson. 2003. Introduction. In Nurse & Philippson (eds.) *The Bantu languages*. London and New York: Routledge.

Payne, John R. 1985. Negation. In Timothy Shopen, (ed.) *Language typology and syntactic description*. Volume I: *Clause structure*, 197 – 242. Cambridge: Cambridge University Press.

Penchoen, Thomas G. 1973. *Tamazight of the Ayt Ndhir*. Afroasiatic Dialects 1. Los Angeles: Udena Publications.

Platzack, C. & Rosengren, I. 1998. On the subject of imperatives: A minimalist account of the imperative clause. *The Journal of Comparative Germanic Linguistics* 1.

Pollock, J. 1989. Verb movement, universal grammar, and the structure of IP. *Linguistic Inquiry* 20.

Quirk, R. et al. 1985. *A Comprehensive Grammar of the English Language*. London: Longman Group Ltd.

Radford A. 1997. *Syntax : A Minimalist Int roduction*. Cambridge : Cambridge University Press.

Ramat, P. 2006. Negation. In Keith Brown, ed., *Encyclopedia of language and linguistics*. 2nd edition, Oxford: Elsevier. 559 – 567.

Ramstedt, G. J. [1939] 1997. *A Korean grammar*. Helsinki, Finland: Finno – Ugrian Society.

Rombandeeva, Evdokija. 1995. *Sygvinskij dialect mansijskogo (vogul' skogo) jazyka*. Mitteilungen der Societas Uralo – Altaica 14, Hamburg.

Rudes, Blair A. *Catawba Grammar and Texts*. Chapter III, viewed by Lameen Souag on 20 April 2006. (p. c.)

Sankoff, G. & D. Vincent. 1977. L'emploi productif du ne dans le français parleà Montréal. *Le français moderne* 45, 243 – 256.

Sapir, J. David. 1965. *A Grammar of Diola – Fogny*. West African Language Monographs 3. Cambridge: Cambridge University Press.

Schwegler, A. 1988. Word – order changes in predicate negation strategies in Romance languages. *Diachronica* 5, 21 – 58.

Schwegler, Armin, 1991. Predicate negation in contemporary Brazilian Portuguese—a change in progress. Orbis 34, 187 – 214.

Shibatani, M. 2006. Japanese. In Keith Brown, ed., *Encyclopedia of language and linguistics*. 2nd edition, Oxford: Elsevier.

Siewierska, Anna. 1988. *Word Order Rules*. New York: Croom Helm.

Skjærvø, P. O. 2006a. Bactrian. In Keith Brown, ed., *Encyclopedia of language and linguistics*. 2nd edition, Oxford: Elsevier.

Skjærvø, P. O. 2006b. Khotanese. In Keith Brown, ed., *Encyclopedia of language and linguistics*. 2nd edition, Oxford: Elsevier.

Sneddon, James Neil. 1996. *Indonesian, a comprehensive grammar*. London: Routledge.

Souag, Lameen. 2006. *Reduplication in Siouan – Catawban*. an MA essay, Available from: http://lameen.googlepages.com/reduplicationinSiouan.doc [Accessed on 28 December 2008].

Spencer, A. 2006. Periphrasis. In Keith Brown, ed., *Encyclopedi-*

a *of language and linguistics.* 2nd edition, Oxford: Elsevier.

Stevenson, R. C. 1969. *Bagirmi grammar.* Khartoum, Sudan: Sudan Research Unit, University of Khartoum.

Stenson N. 1990. Phrase structure congruence, government, and Irish - English code - switching. In Hendrick R (ed.) *Syntax and semantics* 23. New York: Academic Press, Inc. 167 - 197.

Subrahmanyam, P. S. 2006a. Brahui. In Keith Brown, ed., *Encyclopedia of language and linguistics.* 2nd edition, Oxford: Elsevier.

Subrahmanyam, P. S. 2006b. Dravidian Languages. In Keith Brown, ed., *Encyclopedia of language and linguistics.* 2nd edition, Oxford: Elsevier.

Tereshchenko, N. M. 1965. *Nenecko - russkj slovar',* Moscow.

Tikkanen B. 1995. Burushaski converbs in their areal context. In Haspelmath M & König E (eds.) *Converbs in cross - linguistic perspective: structure and meaning of adverbial verb forms - adverbial participles,* gerunds, 487 - 528. Berlin: Mouton de Gruyter.

Tai, James H - Y. 1993. Iconicity: motivations in Chinese grammar. In Mushira Eid and Gregory Iverson (eds), *Current Issues in Linguistic Theory: Studies in Honor of Gerald A. Sanders.* Amsterdam: John Benjamins Publishing Co.

Taylor, John R. 1995. *Linguistic Categorization: Prototypes in Linguistic Theory.* Second edition, Oxford: Clarendon Press.

Teng Shou - hsin. 1974. Negation in Chinese, *Journal of Chinese Linguistics* (*JCL*), Volume 2, Number 2.

Tomlin, Russell S. 1986. *Basic Word Order: Functional Principles*. London: Croom Helm.

Tuller, Laurice. 1992. The syntax of postverbal focusconstruction in Chadic. *Natural Language and Linguistic Theory* 10.

Van der Auwera, Johan, and Ludo Lejeune. 2005. The prohibitive. In Martin Haspelmath, Matthew Dryer, David Gil and Bernard Comrie, (eds.) *The world atlas of language structures*, 290 - 293. Oxford, UK: Oxford University Press.

Van der Auwera J. 2006. Imperatives. In Keith Brown, ed., *Encyclopedia of language and linguistics*. 2nd edition, Oxford: Elsevier.

Van der Wouden, T. 1994. *Negative Contexts*. Ph. D. Dissertation, University of Groningen. Printed in the Netherlands.

Van den Berg, H. 2005. The East Caucasian language family. *Lingua*, Volume 115, Issues1 - 2, 147 - 190, Available from: http://www.sciencedirect.com/science?_ob=MImg&_imagekey=B6V6H-4D16WBB-1-7&_cdi=5815&_user=1529636&_orig=search&_coverDate=02%2F28%2F2005&_sk=998849998&view=c&wchp=dGLzVzz-zSkWA&_valck=1&md5=1e885e4d8582806d2423726a5d03eea0&ie=/sdarticle.pdf. [Accessed on 16 January 2009].

Van Valin R. D, Jr. 2006. Role and Reference Grammar. In Keith Brown, ed., *Encyclopedia of language and linguistics*. 2nd edition, Oxford: Elsevier.

Veselinova, Ljuba. 2006. *Towards a typology of negation in non - verbal and existential sentences*. Paper given at The 80th Annual Meeting of the Linguistic Society of America, January 5 - 8,

2006, University of New Mexico, Albuquerque, New Mexico. Available from: www. ling. su. se/staff/ljuba/Non - verbalNegation01. pdf. [Accessed on 18 August 2008].

Visser, M. W. 2006. Xhosa. In Keith Brown, ed., *Encyclopedia of language and linguistics*. 2nd edition, Oxford: Elsevier.

Wetter, A. 2006. Ethiopian Semitic Languages. In Keith Brown, ed., *Encyclopedia of language and linguistics*. 2nd edition, Oxford: Elsevier.

Whaley, Lindsay J. 1997. *Introduction to typology: the unity and diversity of language*. London: Sage Publications. 《类型学导论—语言的共性和差异》，世界图书出版公司 2009 年版。

Witzlack - Makarevich, Alena. 2006. *Aspects of information structure in Richtersveld Nama*. M. A. thesis. Leipzig university. Available from: http: //www. uni - leipzig. de/ ~ witzlack/MA_ final. pdf. [Accessed on 16 January 2009].

Wolfart, H. C. 2006 Cree. In Keith Brown, ed., *Encyclopedia of language and linguistics*. 2nd edition, Oxford: Elsevier.

Wurm, Stephen A. 1982. *Papuan Languages of Oceania*. Tübingen: Gunter Narr.

Yau, Shun - chiu. 1979. Natural word order in child language. *International Journal of Psycholinguistics*, 6 - 2 (14), 21 - 43.

Yau, Shun - chiu. 1982. *Constraints on basic sign order and word order universals*, Nonverbal Communication Today: Current Research, Mary Ritchie key ed. In *Contributions to the Sociology of Language*, Joshua A. Fishman editor - in - chief. 140 - 153.

Zeijlstra, Hedde. 2004. *Sentential negation and Negative Concord*. Ph. D. thesis, University of Amsterdam.

Zeijlstra, Hedde. 2005. What the Dutch Jespersen Cycle may reveal aboutNegative Concord. In Mary Andronis, Erin Debenport, Anne Pycha & Keiko Yoshimura (eds.) *Proceedings of the 38th meeting of the Chicago Linguistics Society* (Vol. II), Chicago: Chicago Linguistics Society. Available from: http://www.ling.uni-potsdam.de/lip/19/LIP19-Zeijlstra.pdf. [Accessed on 28 February 2009].

Zeijlstra, Hedde. 2006a. The Ban on True Negative Imperatives. *Empirical Issues in Formal Syntax and Semantics*. 6.

Zeijlstra, Hedde. 2006b. Formal Features as a Consequence of Doubling Effects. In C. Davis, A. R. Deal & Y. Zabbal (eds). *Proceedings of NELS* 36. University of Massachusetts.

Zeijlstra, Hedde. 2007. Negation in Natural Language: On the Form and Meaning of Negative Elements. *language and linguistics compass*, Vol 1, Number 5.

Zorc, R. D. 2006. Hiligaynon. In Keith Brown, ed., *Encyclopedia of language and linguistics*. 2nd edition, Oxford: Elsevier.

后　记

　　本书的基础是我的博士学位论文，进入浙江大学中国文学博士后流动站之后，我又对论文做了修改和充实。对否定现象的关注始于当初跟随徐杰教授做的一项国家社科基金课题，至今已有八个年头。我本驽钝且惰，期间幸得诸位师友的悉心指导和帮助，断断续续终成一稿，自知仍因学力不逮而使书稿单薄粗疏。如今付印在即，惶恐惭愧之余，最想表达的就是涌聚已久而难以抑制的感动。这里不揣重复，援引部分学位论文的致谢。

　　读研期间有幸接受了桂子山语言学团队的熏陶，首先应该感谢我的两位恩师——吴振国教授和徐杰教授。他们分别是我的硕士和博士期间的导师，阶段虽不同，但对我的关爱是一样的。蒙师不弃愚陋，悉心栽培，他们不仅在学习和科研上给了我细心指导和热情帮助，而且在生活中也对我关怀备至。舐犊情深，我都将铭记终生。两位恩师精深的学识素养、严谨的治学风范、谦和的人格魅力，深深感染着我，激励我在以后的人生路上不断前进。

　　更要特别感谢邢福义先生带领的整个语言学团队。先生以德隆望尊、成就卓著令我们有高山仰止之感，他开创的"抬头是山、路在脚下"的务实进取之风更使后辈受益无穷；学养深厚、平易近人的汪国胜老师、储泽祥老师、李向农老师也经常耳提面命，谆谆教诲，他们的指点和帮助大大开阔了我的学术视野，启发了我很多有益的思考；风华正茂的谢晓明老师、刘云老师、匡鹏飞老师、姚双云老师、苏俊波老师、罗进军老师等青年才俊，都是我极佳的师友和榜样，他们的真切关注和热情支持，从各个方面给予了我很大的帮助。另外，欧阳老师、肖敏老师也帮我解决了许多资料搜寻等方面的实际问题。所有这些都是我人生中宝贵的财富，我真诚地向您们表示感谢，并衷心希望在以后的生活中能够继续得到您们的指导！

还要感谢王勇老师，这位具有大哥风范的大师兄，无私地提供了很多难得的文献资料，并不厌其烦地为我指点迷津。同门及好友刘丽芬老师、李孝娴师姐、张国华师兄、董秀英、李莹、程书秋、周静、袁海霞、陈翠珠、张玉宏、李德鹏、肖任飞、周毕吉、董祥冬、李丹弟、沈威、洪雁、段少敏、刘鹏、刘茂华、肖升等，他们或在学习中多有帮助，或在生活上关心有加，帮我排忧解难，给我欢声笑语，伴我度过了美好的珍贵时光，真挚情谊给了我温暖，让我感动难忘。真心感谢你们，我的朋友们，我会好好珍惜我们的友谊。

两年前我进入浙大博士后流动站，又幸运得到了合作导师彭利贞教授的特别指点和关照，彭老师的才华和勤勉我早有听闻，如今得以近距离地领略感受后，愈发令我钦佩的还有他的严谨、朴实、乐观。真诚感谢彭老师一直以来的指导支持和宽容理解，以及黄华新老师、方一新老师、王云路老师、汪维辉老师、夏全荣老师、石方红老师和史文磊老师的关怀和帮助。

本书的出版得到了浙江外国语学院原省级重点学科汉语言文字学学科的资助，衷心感谢学科负责人徐颂列教授以及所有给予了我莫大帮助的学院领导和同事，这些时刻伴随、感动着我的温暖将永远激励我开心前行。

感谢诸位前贤提供的研究基础。他们在语言理论和事实方面启示是本书得以完成的坚实基础。尽管文中已尽量对引用或参考过的成果做了说明，便难免仍有遗漏甚至错误等情况，责任由本人承担，不过绝非有意，尚请见谅。

本书还得到了浙江省杭州市哲学社会科学重点课题（A11YY02）、中国博士后科学基金资助项目（2013M541763）、浙江省博士后科学研究择优资助项目（BSH1302100）的支持以及中国社会科学出版社的鼎立相助，在此一并诚挚感谢！

最后要感谢的是我的家人。缘于至亲不言谢的观念，我几乎没有当面表达过我的谢意。这里要感谢我的父母、岳父母、兄嫂、妹妹等家人的无私支持，还有可爱的妻与子带给我的欢乐和幸福。只是现在我的母亲再也无法听到这一句简单的表白，惟将此书献给我亲爱的母亲——我永远的爱和痛。

祝福所有关心着我的老师和亲友，在以后的日子里越来越美满幸福！

马宏程
2014 年冬